洪武

朱元璋的成与败

张宏杰——著

重庆出版集团 重庆出版社

图书在版编目（CIP）数据

洪武：朱元璋的成与败/张宏杰著.—重庆：重庆出版社，
2022.6
ISBN 978-7-229-16772-1

Ⅰ.①洪… Ⅱ.①张… Ⅲ.①朱元璋（1328-1398）—传记
Ⅳ.①K827=48

中国版本图书馆CIP数据核字（2022）第068721号

洪武：朱元璋的成与败
HONGWU ZHUYUANZHANG DE CHENG YU BAI

张宏杰　著

出　　品：华章同人
出版监制：徐宪江　秦　琥
责任编辑：陈　丽
责任印制：杨　宁
营销编辑：史青苗　刘晓艳
书籍设计：别境Lab

重庆出版集团
重庆出版社　出版

（重庆市南岸区南滨路162号1幢）
北京华联印刷有限公司　印刷
重庆出版集团图书发行有限公司　发行
邮购电话：010-85869375
全国新华书店经销

开本：787mm×1092mm　1/16　印张：22　字数：276千
2022年8月第1版　2024年10月第12次印刷
定价：52.00元

序

在中国历史上，朱元璋是一座绕不开的大山。

也许是中国的宿命。元末那场轰轰烈烈的大起义似乎就是为了把朱元璋从社会最底层颠簸出来，使他登上社会的顶端，进行一个恶作剧式的试验：把中国置于一个农民的粗糙大手之中，看他如何摆布。

事实证明，这块广阔而贫瘠的土地的褶皱里掩藏了无数才华璀璨的生命。这个因为绝对的偶然从最底层走出来的农民，向世界证明了他生命不平凡的热度和力度。他的成功完全是自己赤手空拳、九死一生搏来的。在群雄逐鹿的过程中，他所表现出来的勇气、眼光、魄力、坚忍是他人所不能及的。在他传奇般的军事生涯中，其杰出的大局感和处理细部问题的精细程度同样让人叹服。他做事天生分寸感强，精明狡黠又有主见，能当机立断。他夹在陈友谅和张士诚两大强敌之间，审时度势，抓住时机各个击破，奠定了兼并天下的基础。北上中原之时，他又能力排众议，避敌锋芒，利用敌人的内部矛盾直取其虚弱之处，先剪枝叶，再挖老根，强攻与招降并用，迅速底定天下。《明史·太祖本纪》对此总结说："帝天授智勇，统一方夏，纬武经文，为汉、唐、宋诸君所未及。当其肇造之初，能沉几观变，次第经略，绰有成算。"

当他终于削平群雄，登上帝位，由一个赤贫的农民而成为天下的主人时，他也没有表现出一丝的慌乱和底气不足。他敢想敢干，大刀阔斧，对延续了几千年的政治构架大砍大削，对帝国内人民的生活进行全方位的强悍干涉，毫不客气地把自己的个性因素有力地标记在大明社会的方方面面上。这个半文盲皇帝，用三十一年的时间建立了一整套详尽周密，涵括政治、经济、军事、文化在内的国家体制。这套体制的每个细节都体现了他谨慎周密、精明狡黠的个性特征。二百八十年后，夺取了大明江山的清代开国君主顺治皇帝仍然对这套体制赞赏不已。他说唐宗宋祖都不如朱元璋雄才大略。“何也？数君德政有善者，有未尽善者。至洪武所定条例章程，规画周详，朕所以谓历代之君不及洪武也。”

《明史·太祖本纪》中对朱元璋的赞扬也是无以复加的。《太祖本纪·赞》中说：“太祖以聪明神武之资，抱济士安民之志，乘时应运，豪杰景从，戡乱摧强，十五载而成帝业。崛起布衣，奄奠海宇，西汉以后所未有也。惩元政废弛，治尚严峻，而能礼致耆儒，考礼定乐，昭揭经义，尊崇正学，加恩胜国，澄清吏治，修人纪，崇风教，正后宫名义，内治肃清，禁宦竖不得干政，五府六部官职相维，置卫屯田，兵食俱足。武定祸乱，文致太平，太祖实身兼之。”

根据这些说法，朱元璋这个出身极为低贱的君主却成了中国历史上最伟大的帝王，他把中国社会治理到了近乎完美的程度。历史的恶作剧似乎取得了意想不到的效果。不过，时隔三百年，当我们站在中国现代化进程的初始途中回头看时，感受到的与古人所言的并不完全一致。

在中国历史上，那些拥有强悍人格力量的统治者常常会让整个国家轻而易举地屈服于自己的个性、爱憎或狂想。一个人的性格会决定整个国家的性格，一个人的文化素质会影响到整个民族的文化素质，而且这种偶发的影响可能非常深远。

朱元璋的性格和文化水平，使明代历史表现出鲜明的内向性、封闭性和落后性。中华文明的顶点在宋朝，这一点自陈寅恪论定之后，几乎为所有研究中国史的学者们所赞同。宋朝和明朝很近，中间仅隔了八十九年。朱元璋建立明朝的时候，打的是“日月重开大宋天”的旗号。然而事实上，这两个相近朝代反差极大。和宋朝相比，明朝在很多方面不是进步，而是大幅度地倒退。

根据传统的说法，宋朝是一个积贫积弱的朝代，但事实上宋朝的财政收入相当丰厚。据黄仁宇计算，1570—1580年，明王朝平均每年的财政收入是三千零七十八万两，不过是宋朝的百分之十九。更具说服力的是财政收入的构成。宋朝的工商税收占财政收入的百分之七十，农业税只占百分之三十。由此我们可以看出，宋朝充裕的财政收入不是靠加重对农民的剥削得来的，而是国民经济飞速发展、工商业繁荣的结果。而到了明朝，农业税占财政总收入的百分之八十一，工商杂税只占财政总收入的百分之十二。

宋朝和接续它的元朝都以生机勃勃的外向型竞争社会呈现于世界，从海外贸易中获得了巨大财富，在世界贸易格局中也占据非常重要的地位。但明朝实行严格的闭关锁国政策，非但不准国人出海，还将外国“朝贡贸易”的数额限制得极低。

为什么会出现这样的局面呢？这是由大明王朝的开创者朱元璋的独特思路决定的。

朱元璋屡屡说：“农桑为衣食之本。”在他看来，只有实实在在出产了粮食和棉花的活动才是劳动。宋代的财政收入早就实现了货币化，朱元璋却把税收制度倒退了几百年，恢复了低效率的实物征收制和劳役制。“衙门内的传令、狱丁，都由各乡村轮派，即使文具纸张，甚至桌椅板凳公廨之类的修理，也是同样零星杂碎地向村民征收。”用黄仁宇的话来说，洪武型财政的特点就是“缺乏眼光，无想象力。一味节省，以农村内的经济为主，只注重原始式的生产……不顾投资为来日着想”。似乎是未卜先知，当时朱元璋已经敏锐地意识到商人财富的增长可能会对政权构成挑战，于是他把中国几千年来的抑商传统又进一步“发扬光大”。他明令取消全国所有的商业经纪人和中间商，只允许最低限度的商业活动存在。“这种维护落后的农业经济、不愿发展商业及金融的做法，正是中国在世界范围内由先进的汉唐演变为落后的明清的主要原因。”

当我们试图去理解朱元璋时，不能离开“底层文化”或者说“饥饿文化”的背景。事实上，在温文尔雅、充满书香气的上层文化氛围之外，传统中国还一直存在着一个恒定的下层文化场，这种文化是饥饿的产物，实用主义是它的核心，占有和保存为数不多的生存资源吸引了这一文化场的全部注意力。而诸如人的尊严、价值与美之类的优雅话题不属于它的话语范围。它是现实、精明而有效的，不像上层文化那样悠闲雅致、空疏烦琐。人们极为现实而残暴地运用一切手段。这种文化有着顽强的生命力和巨大的破坏力。朱元璋就是带着这样的文化背景登上皇位的。

从土地里走出来的朱元璋用管理一个村庄的方式管理国家。小农式的自然经济、狭隘的家族群居方式，使得朱元璋眼里的世界是封闭的、静止的。天圆地方，日月循环。朱元璋使中国的社会结构大为简化，在庞大的自耕农基础上建立了原始、平面、效率低下的官僚网。他的初衷，就是用僵化的制度去束缚所有社会成员的活动，以求天下永远太平，不出一点乱子。在这个基础上，他颁布了《大明律》，颁布了《大明礼制》，颁布了《大诰》《大诰续编》，颁布了《皇明祖训》。连篇累牍，林林总总，无所不包。他甚至费尽心思地为老百姓制定衣服服色、房屋样式。洪武十四年，他规定农民只能穿绸、纱、绢、布，而商贾只能穿绢、布，农民家里有一人做生意，全家都不能穿绸穿纱。洪武二十二年，他规定农民可以戴斗笠、蒲笠出入市井，不务农的则不许。这些在我们今天看来琐碎得可笑的规定，当时都是朱元璋用来明确社会角色、严格区分阶级的国家法律，谁要违反，轻则杖责，重则充军，绝对开不得玩笑。

从某个角度来看，朱元璋是非常成功的。他不但成功地登上了皇位，而且为子孙后代制定了一套无所不包、永远不变的运行模式，让大明社会在这套模式里永远平平安安地运转下去，使得老朱家的家业永远传下去。朱元璋开创的三百年大明，是中国历史上最稳定的朝代之一。他发明创造的这套落后但实用的制度，保佑他的那些多数昏聩低能、行为乖张的子孙在皇位上坐了两个半世纪。

然而，从另一个角度来看，朱元璋又是失败的。他的统治造成了中国社会经济结构的一次巨大倒退。本来经过一千多年的发展，至宋代，中国的社会结构在小农经济的基础上已有所松动，经济结构趋向开放，政府功能渐趋繁复，财政制度也趋向理性化。朱元璋扼杀了这一发展势头，以他独特的创意，建立了一个超稳定、超低效率的社会。他给整个中国的文化性格打上了深深的农民烙印，使中国由外向转向内向，从开放走向收敛。

大明王朝这超稳定的三百年，正是欧洲历史上最为动荡的时期。1368年前后，欧洲人开始疯狂地投身商业。欧洲大陆的商人们日益受到尊重，自由城市林立。因为商业的带动，工业也开始发展，社会开始多元化，各种自发的社会组织渐具雏形。正是这些动乱，孕育了现代西方文明。大明三百年，正是中国与西方一个大幅度倒退，一个大踏步前进的擦肩而过的时代。黄仁宇因此说：“克伦威尔在马斯顿荒原击败查理一世（的国王军）时，为公元 1644 年，也即是中国所谓崇祯皇帝上煤山的一年，也就是明亡的一年。”

除了顺治帝之外，康熙皇帝对朱元璋也高度推崇。明孝陵至今还树立着一座石碑，上面有康熙手书“治隆唐宋”四个大字，意思是明太祖治国强过唐宋。正因为此，清朝基本上把朱元璋的政治制度原封不动地继承下来，并通过设立军机处等小调整，使这个制度更加完备。这就是中国历史上的“清承明治”。从这个角度来说，朱元璋不止开创了三百年大明基业，他的精神延续了五六百年，极大地窒息了中国社会的活力和生命力。

南京孝陵里，朱元璋的尸骨也许早已在潮湿阴暗的地宫中化作了腐殖质，然而他在民族性格上打下的烙印却一直存在。这是我们今天重新阅读朱元璋的传记和反思朱元璋的成与败的重要原因。

这本书的写作源起于多年之前。我 2006 年出版的《大明王朝的七张面孔》一书的第一章，就是《历史的惯性：朱元璋》，不过篇幅比较短，并不是一部人物传记。后来，我在此基础上进行大幅补充，完善成一部完整的传记，以《朱元璋传》为书名由博集天卷出版公司出版。版权到期后经过修订，由重庆出版社北京华章同人公司以《倒退的帝国：朱元璋的成与败》为书名再版。编辑说改成此书名的用意，是与同样由他们出版的《饥饿的盛世：乾隆时代的得与失》相匹配，以形成系列。此次经过大幅修订后，出版社再次与我商议，觉得上一个书名不妥，容易引起非议，故决定以《洪武：朱元璋的成与败》再版。以上是这本书的出版和改名原委，请读者朋友们谅解。

目录

Contents

序 I

上篇
从流氓到天子

一 什么叫赤贫 02
二 初生鳞甲 24
三 崭露头角 37
四 成功的三个原因 59
五 问鼎天下 76

下篇
历史的惯性

一 构建农民乌托邦 94
二 结网的蜘蛛 122
三 统一思想，禁止奇装异服 146
四 “化民成俗” 159
五 从删《孟子》到给元朝皇帝磕头 178
六 洪武朝的知识分子政策 193
七 学习《大诰》运动 205
八 屠杀功臣始末 222
九 对老乡深情重义 254
十 朱元璋之死 275

尾声

从“黄册库”看明代“祖制”的命运 289

附录

朱元璋大事记 302
明太祖分封诸王表 311
洪武朝功臣世表 313
《皇明祖训》节选 317

上篇

从流氓到天子

一 什么叫赤贫

·1·

古今中外的帝王们中间，大明王朝开国皇帝的出生大概是最草率的了。

元帝国的糟糕统治使贫农朱五四对生育已经不感兴趣。四十七岁的他已经被生活折磨得完全像个老头了。他和四十二岁的陈二娘此时已经有了三男二女，在这个年岁，再怀孩子，会被人笑话，说明他们俩做那件事的劲头太大。然而一不小心，还是怀上了。

朱五四夫妇已经习惯了听天由命。笑话只好由人笑话了，既然怀上了，那就揣着，就好比兜里揣个南瓜。反正装在肚子里，比揣在衣袋里还安稳，并不妨碍陈二娘侍弄鸡猪，插秧锄草。

问题是朱家的房子对这个即将问世的新生儿来说太局促了点。一家七口，挤在濠州钟离东乡三间低矮的茅草房里，房顶有一处已经塌了，一直没来得及修理。粮囤里也没有多余的口粮。一家人一年辛苦到头，粮食还总是不够吃，每年总有一两个月靠吃野菜度日，吃得全家大小面色发青。不过五四脸上并没有愁容，他一辈子经历过的大灾大难太多了，船到桥头自然直，上天既然又把一条小命派发到这个世上来，就总有养活他的办法。

蒙古人征服中国后的第四十九年，元文宗天历元年九月十八日，阳历 1328 年 10 月 21 日的中午，陈二娘吃过午饭，收拾好碗筷，喂完鸡鸭，挪动着小脚，匆匆往地里奔。正是秋播小麦最紧张的时候，一时一晌也耽误不得。走到村东头二郎庙旁边，肚子一阵阵疼了起来，她这才想起，肚子里还装着个孩子呢！没办法，她只好拐进破庙。刚迈进庙门，靠着墙壁大口大口喘气的工夫，肚子里的孩子蠢蠢欲动，陈二娘不由自主地顺着墙壁滑下来。她刚躺到地上，孩子就呱呱坠地了。

哭声十分响亮。

然而没有任何人注意到这个新出生的生命。这孩子在世上就像野地里的一棵草，多他一棵不多，少他一棵也不少。他的存在对这个世界来说没有任何意义。只有朱五四面临着一个非常严峻的问题：孩子生下来，连块裹身子的破布都没有。总不能让他成天这样光着啊！

幸亏二儿子到河边提水时捞了一块破绸子，解了老朱家的燃眉之急。

除此之外，没有任何困难了，连名字都不用费心，这孩子犯“重”字辈，排行第四。不过传统社会习惯大排行，亲兄弟加堂兄弟按顺序排下来，这孩子正好排第八，就叫“重八”。

像一只小猪或小狗一样，重八自生自长起来了。前途、教育、事业是些什么东西，没人费心去想。从小到大，他没穿过新衣服，没穿过新鞋。小时候大人出去干活，就拿一条索子，把他系在桌腿上，任由他在地上哭、坐、爬、吃泥土、玩自己的脚趾头。他刚刚懂事，就成天干活，早起拾粪，白天放牛，晚上还要编草席，困得打呵欠才被叫去睡觉。五四在外面老实懦弱，谁都可以欺负，在家里却是凶神恶煞，看见哪个孩子偷懒，上去就是一顿拳脚，没好没歹。

·2·

二十五岁以前，朱元璋对生活最深刻的感受就是：饥饿。

朱元璋一生中经常做的一个梦，是一桌大鱼大肉摆在面前，可是当他伸手去抓时，却被各种各样的意外打断：饭桌突然消失，大鱼大肉忽然变成一堆土坷垃；或者是，他突然被一只大人的手拎起来，扔到屋外。从梦中惊醒，他会听到自己的肚子里不断发出肠鸣音，饥饿感像一把刀子一遍遍地刮着他的肠胃。

未来的太祖皇帝早年最大的人生理想是能痛痛快快地吃一顿饱饭。

一年到头，朱五四一家都是以世界上最粗粝的粮食来填充胃肠的，而且，即使是这最粗粝的粮食，也总是不够。那口破铁锅，只在过年过节时，才能见点荤腥。

这不是贫农朱五四一家的状况。这是大元帝国里多数农民的景状。不止大元如此，几千年来，这片土地一直是一只巨大的空荡荡的胃。

谓予不信，请看孟子的话。公元前300年，孟轲奔走各国，极力宣扬他的政治主张。而他自视为完美的政治目标不过是“乐岁终身饱，凶年免于死亡”，也就是说，在风调雨顺的年景，大家都能吃饱；在饥荒年份，也不至于饿死人。他用形象化的语言来夸饰自己的政治理想：

> 五亩之宅，树之以桑，五十者可以衣帛矣；鸡豚狗彘之畜，无失其时，七十者可以食肉矣；百亩之田，勿夺其时，数口之家，可以无饥矣。

这沾沾自喜的夸饰带给我们的却是一种酸楚的感觉：一个耕种“百亩之田”的“数口之家”，挣扎奋斗一生，五十岁之前却不能“衣帛”，七十岁之前不能“食肉”。这样的一生，竟然就是我们祖先梦寐以求的“王道”理想！

然而，这个可怜的理想在古代也很少能在这片土地上实现。饥饿和赤贫始终追随着我们的祖先，连同战乱和灾祸，从孟子的时代穿越到汉、唐、宋、明。两千年间，丰衣足食的盛世远少于析骸以爨的悲惨岁月。

·3·

战国后期，中国人就已经懂得精耕细作。汉代的粮食亩产量，据学者宁可计算，就已达到一百四十斤至一百五十斤。这个在现在看来不起眼的产量，却让世界上其他地区追了一千多年也没追上。以英国为例，直到十二三世纪，他们的粮食亩产量才达到九十七斤。按理说，我们的祖先在这片土地上应该能生活得很舒适。

但是，有三个因素剥夺了他们舒适生活的权利。

第一个因素是人口压力。前工业时代，中国人口的增长速度快于绝大多数国家和地区。西欧在从公元 2 年到工业革命前的 1700 年间，年均人口增长率为百分之零点零六五，而中国在从公元 2 年至鸦片战争爆发的 1840 年间，年均人口增长率约为百分之零点一一，高出西欧近一倍。中国古代人口增减循环周期之频繁，增长梯级之多之高，在前工业时代的世界历史上都是绝无仅有的。

因此，中国土地虽然辽阔，但人口密度一直远远大于欧洲。根据赵冈和陈钟毅的研究，中国封建社会人均耕地占有面积，在北宋以前大体上维持在十亩左右。北宋后，人均耕地面积下降到十亩以下，到 19 世纪下半叶，人均耕地面积更剧减到不足三亩。而在 13 世纪，英国农民平均耕地较少的时期，一个农民的可耕地还有十八亩以上。

几千年来，在中国这片广袤的土地上，只要有了一亩闲田，人们马上会生出一个孩子来占据它。填满这张嘴，同时再生出尽可能多的嘴，这个简单的目标吸引了中国人过多的注意力，使他们无力顾及人的其他需求。所以，虽然农业技术在不断地进步，虽然中国农民一直是那样坚忍勤劳，可是广大的中国底层人民一直在半饥半饱中挣扎，永无解脱之日。

朱元璋一家就是典型代表。朱家世代平民，祖上没出过半个有点身份地位的人。元至正十六年（1356），二十九岁的朱元璋攻下集庆（也就是今天的南京），声名已显，霸业初定，第一次有了追根溯源的念头。他隐约记得父亲说过，自己祖上住在南京附近的朱家巷，于是派人找了几天，才发现朱家巷是离南京城四十里的一个小村。当时村中还生活着几家穷困潦倒的朱姓后代，他们听说攻占此地的红巾军大元帅居然是自己的远支本家，大喜过望，一起来到南京城内拜见。朱元璋十分兴奋，与他们亲亲热热地“叙长幼之礼，行亲睦之道”，大家坐在一处，一起回忆老朱家的历史。据老人们说，朱家最早好像是江苏沛县人，算来还是汉高祖刘邦的老乡。不知何时，流落到了南京附近。

大家穷尽所有记忆，仅能上溯五辈。第一辈叫朱仲八。从这个不能登大雅之堂的名字，我们就可以判断出，这个能被大家回忆起来的“开基祖”已经沦为赤贫，以至于连起名字的精力和能力都没有。和他老人家一样，以下数代人的名字无一例外，都是用数字代替的。然而，赤贫的生活条件没有影响朱家的人丁繁茂。仲八生有三个儿子，长名六二，次名十一，三名百六。百六生有两个儿子，长名四五，次名四九。四九生了初一、初二、初五、初十四个儿子。长房初一就是朱五四的父亲。朱五四生于至元十六年（1279）。他还有一个哥哥名叫五一，大他四岁，生于至元十二年（1275）。五一和五四各又生了四个儿子，所以排到朱元璋时，他的小名叫“重八。”

从仲八到元璋，六代之间，平均每人有三个儿子。按这个数字计算，一百多年间，朱家家谱上这一支的朱姓男人已经由仲八一人积累到二百四十三人。这二百四十三人中的绝大多数和他们的祖辈一样，终生赤贫。从朱氏一族的例子可以看出，传统时代底层中国人的生育激情何其惊人。

正是人口压力，导致朱元璋的祖先世代逃难，不停搬家。

朱元璋小时候听父亲讲过，他们这一支离开南京城外朱家巷，是在祖父那一代。因为南京附近的几亩薄田养不活日渐长大的几个儿女，祖父朱初一逃亡到江苏盱眙，其时元灭宋的战争刚过去不久，盱眙人口稀少，荒田颇多。祖父在此“开垦兵后荒田”（郎瑛《七修类稿》），艰苦成家，一家人起早贪黑拼命干活，逐渐有了点家产，“置田产”（郎瑛《七修类稿》），一个铜板一个铜板地积攒，给两个儿子都娶上了媳妇。

就像祖父所希望的那样，家族人丁兴旺，两个儿子加在一起，很快给他生了五个孙子、孙女。辛苦置下的几亩地养不活迅速繁衍的人口，俟祖父一去世，两个儿子就不得不变卖家业，各自寻找地多人少的所在谋生。

朱五四八岁就随父亲从南京逃到江苏盱眙，娶妻生子后又搬到安徽五河，随即搬到灵璧，不几年迁到安徽虹县，五十岁左右又搬到钟离东乡，这一次他住的时间最长，在那里整整生活了十年，并有了朱元璋。朱元璋十一岁那年，朱五四全家再迁到西乡，过了一年，又迁至太平乡孤庄村（今安徽凤阳县西南约十里处的二十营）。总计他六十四岁的一生，凡七次迁移。在每一地，最长不过十年。

并不是这个老实巴交的农民喜欢浪荡，实在是因为以江淮大地之辽阔，却难以找到能养活他这至卑至贱的一户草民的几亩田地。自己的地种不起，只好给人当佃户。《明太祖实录》说朱五四“勤俭忠实”，老实巴交，带领一家人起早贪黑地在租种的几十亩地里辛苦刨食。然而年终算账，大半粮食给了地主，剩下的还是不够吃。加之五四在一路搬迁的过程中，又不断生儿育女，负担越来越重。一年到头辛苦所得，怎么也填不满越来越多的嘴。更可气的是，有时候租种了一片生地，好不容易用血汗把它伺候熟了，一家大小终于吃饱了几天，地主却马上跑来加租，如果不同意，只能被夺佃赶走，另寻出路。搬了一辈子的家，吃了一辈子苦，流了一辈子汗，却总共也没有吃过几餐肉饭，穿过几件不带补丁的衣服。

当然，汗水绝不是白流的。朱五四一辈子当牛做马，换来的是六个儿女一个个长大成人，成家立业。元璋的大哥娶上了媳妇，给五四生了两个孙子；元璋的二哥、三哥虽然倒插门，好歹也算成了家。两个女儿也都出嫁了。虽然儿女们个个都是文盲，一生注定都要在半饥饿中度过，但朱氏一门在中国大地上终于又进一步发展壮大，在这片绝大多数人都艰难求食的土地上，顽强地挤出了自己的一块生存空间。这不能不说是生物学意义上生存竞争的重大胜利。

可惜朱家列祖列宗不及亲见他们的孝子贤孙朱元璋后来在生育竞赛中取得了何等惊人的成就。朱元璋称帝后，把朱氏家族潜在的生育能力发挥到了极限。他本人生了二十六个儿子、十六个女儿。他又鼓励自己的后代多生子女，不必承担任何工作，只需按人头领俸禄。于是，明弘治五年（1492），我们在史书中见到山西巡抚杨澄筹上报的一个令人吃惊的消息：晋府的庆成王朱钟镒刷新了老朱家的生育纪录，到这一年的八月即生有子女九十四人、孙一百六十三人。

庆成王一府的人口增长，仅仅是明代皇族人口爆炸的一个缩影。据王世贞估算，每十几年，明宗室人数就增加百分之五十。另据徐光启推算，明宗室人数三十年左右即增加一倍。朱元璋建国之初，分封子孙于各地，“初封亲郡王、将军才四十九位”。明初宗室人数总共五十八人，永乐年间增至一百二十七人，嘉靖三十二年（1553）增至一万九千六百一十一人，万历三十二年（1604）又增至八万多人（陈梧桐《洪武皇帝大传》）。而据安介生等人口史专家推算，到明朝末年，朱元璋的子孙已经繁衍至近一百万人之多。如果大明王朝能“再活五百年”，那么朱姓子孙迟早会占领半个地球。

·4·

为什么传统时代的中国农民有这么强烈的生育冲动?

我曾经向我那拥有三个儿子和五个孙子的远房大伯请教过这个问题。他说:“你们城里人老了有退休金，我们农村人老了就指着儿子养活哪。再说了，在农村，你这家儿子多，人丁旺，就没人敢欺负你。你家人口少，一打仗都没有个帮手，指定吃亏。”

旧时代的人生活离不开家族。人多势大的家族往往占据上风，人丁稀少的弱族则往往处于受凌虐的地位。在这种情况下，人口自然多多益善。生存竞争的需要使旧家族产生了一种无限扩张人口的内在冲动。

传统时代的中国人，是被锁定在传宗接代链条上的一个环节，篆刻为祠堂牌位上的几个汉字。在传统家庭中，家长是绝对的权威。因此，多生养子孙，是实现和增强这一权威的最重要方式。小时候，小孩子间最常见的骂人方式之一就是宣称“我是你爸爸”，对手的回击当然是“我是你爷爷”，双方就这样在辈分上无限累加上去。当然，另一种路径是由“我 × 你妈”以及“我 × 你奶奶”无限上溯。传统相声以及现在的二人转中，在辈分上占对方的便宜似乎永远能换来大面积的笑声。就像鲁迅所说，最无能的人，也总可以生几个孩子来显示权威，不至于沦落到绝望的谷底。无法实现“向上意志”，那么就向下用力，多生孩子。虽然听起来有点荒唐，这是不是中国人生育冲动的一个心理原因?至于孩子生下来，能不能受到教育，未来的生活能不能幸福，似乎不是他们认真思考的问题。所以，尽管一生都在颠沛流离之中，朱五四还是不遗余力地像倭瓜甩蔓一样东一个西一个地生。

欧洲人很少有像古代中国人这样的生育激情。在欧洲几千年的历史中，堕胎和杀婴一直是控制人口的常用手段。欧洲人老了之后不依靠儿女赡养自己，也根本不知道原来人死后在阴间得靠纸钱作为经济来源，他们认为自己死后或者魂飞魄散，或者直接升入天堂吃喝不愁。因此，从文明源头开始，欧洲人对生育就抱持一种警惕的态度。古希腊思想家一直强调控制生育。亚里士多德认为，人口增殖与城邦的经济政治状况有密切的联系："繁殖如无限制，势必导致贫穷……跟着贫穷，又导致内乱和盗贼。"（亚里士多德《政治学》）他说："凡以政治修明著称于世的城邦，无不对人口有所限制。"他主张，国家应该根据诸如地产多少等经济条件来控制人口。在一个财富资源相对固定的城邦中，人口也应该保持相对稳定。"各家繁殖的子嗣应有一定的限数，倘使新娠的胎儿已经超过这个限数，正当的解决方法应在胚胎尚无感觉和生命形成之前施行人工流产（堕胎）。"

古希腊年轻人的观念比几千年后的中国人更为新潮，他们注重个人成就，不愿过早地因婚姻而影响自己的追求。希腊社会流行晚婚，一般男子结婚都在三十岁左右。古罗马帝国政府虽然大力提倡生育，但收效甚微。那时许多上流社会的人为了不受婚姻的束缚和逃避家庭责任，都选择终生独身。据古代罗马史学家苏维托尼乌斯记载，奥古斯都发现很多男子为了逃避禁止独身法令的惩治，想方设法制造欺诈性婚姻。不少男子特意与年龄远低于最低婚龄的女子订婚（订婚视同结婚，可不受禁止独身法令的制裁）。等未婚妻达到成婚年龄后再毁弃婚约，再与年龄更小的少女订婚，以此坚持独身。

虽然蛮族入侵冲击了希腊一罗马文明，节制生育却被文明化的蛮族继承下来。中世纪时的英国贵族同样自觉地进行生育控制。由于英国实行长子继承制，等待继承的长子一般在继承家产之后才结婚，而那些没有财产的幼子要么去追求女继承人，要么干脆独身。那时候英国上层社会男子结婚的平均年龄接近四十岁，这就是英国古典小说里恋爱的双方通常是四十多岁的中年男子和十几岁的花季少女的原因。只有这样，在上一代人去世或者年迈失去劳动能力时，下一代人刚好建立家庭，继承地产，顺利交接。

所以，在经济腾飞前，西方的人口密度一直小于中国。这使得欧洲人均占有的自然资源大大多于中国，为欧洲人的思想启蒙奠定了良好的物质基础。

·5·

除生育冲动外，导致传统时代中国人生活痛苦的第二个因素是自然灾害。众所周知，朱元璋之所以出家为僧，是因为大元至正四年（1344）的一场大旱灾。

其实，即使逃过那次灾荒，朱家也注定会在另一次灾荒中家破人亡，因为朱元璋的老家凤阳是一个灾害频发之地。在过去，淮河是一条有名的害河。竺可桢教授曾根据大量史料，整理出上自成汤下迄光绪，各个朝代、各个地区水旱灾害的年数，发现淮河流域是我国旱涝灾害发生次数最多的地区之一。据河南省历代旱涝等水文气候史料统计，自 620 年至 1949 年的一千三百三十年间，豫东一地发生旱灾的年数为四百五十三年，涝灾年数为四百四十八年。俗话说的“十年倒有九年荒”的凤阳县，平均每四年就要发生一次较为严重的旱涝灾害。

朱五四搬来搬去，最终搬到一个“十年倒有九年荒”的地方。这当然不能怪他没有眼光。原因很简单，灾害较少的地方，人口密度往往较大，无法容纳新来人口。只有在灾害频繁的地方，人口周期性减少，才让朱五四有了见缝插针的机会。朱五四搬到孤庄村时，这里还没有完全从战争中恢复过来，村落间甚至有老虎横行。《凤阳新书》载当时“自定远抵淮涘，南北数十里，巉岩林莽，虎聚为患，村落震恐，行旅戒严于其途。后元命将军应宜儿赤捕杀殆尽，其患始熄”。可见当地人烟之寥落。当然，这种见缝插针并不是没有代价的，死于至元四年的这场大旱，就是他为前几年勉强填饱肚子付出的惨重代价。

由此，我们看到了造成中国贫困化的另一个重要原因：灾荒。

中国的季风性气候是一种极不稳定的气候。正像我们今天在新闻里总是不断听到各地的水旱灾害消息一样，在历史上，广袤的中国大地上很少有大部风调雨顺的时候，局部灾害无年不有。翻开中国灾荒史，从公元前 206 年到 1949 年共两千一百五十五年间，就有一千零五十六次旱灾和一千零二十九次水灾的记载，水旱灾害加起来几乎平均每年一次。其他的自然灾害，如蝗灾、雹灾、风灾、疫灾、地震等，则举不胜举。如此频繁的天灾，在某种程度上其实也是人祸：三千年前的黄河流域，到处是森林与沼泽，水草肥美，风调雨顺。然而，由于几千年的过度开发，森林被砍光了，沼泽被排干了，黄河成了悬河，土壤蓄水能力严重下降，小旱每每变成大旱。几千年来，北方农民的生活越来越艰辛，与自然环境的恶化不无关系。

据《元史》记载，有元一代近百年间，全国遭遇大水灾九十四次、大旱灾六十二次、大蝗灾四十九次、大饥馑七十二次。也就是说，平均每年都有两三次大灾。最严重的时候，人相食的记录达十余次之多。这就是环境恶化的直接恶果。即以朱元璋家乡的淮河为例，它之所以频频为害，主要是因为人类活动改变了它的自然生态和流向。

而欧洲的气候比较稳定，由于海洋性气候的调节，西欧的气候要比同纬度的中国北方暖和得多，它的降水虽然不及中国南方，但远胜中国北方，足够农业灌溉使用。因此，欧洲历史上很少出现中国北方那种赤地千里的现象。两相对比，诚如邓拓所说："我国灾荒之多，世罕其匹。"（邓拓《中国救荒史》）有的西方学者甚至直呼古代中国为"饥荒的中国"。

·6·

中国贫困化的第三个因素是中国庞大的官僚体系。专制制度的发达使中国官僚体系的早熟和完整举世无匹。官僚体系的庞大，使它在一定程度上脱离皇权，成为一个独立的利益集团，具有无法抑制的疯狂扩张的冲动。每个王朝建立后，官僚队伍的人数都直线上升，与此同时，农民的负担也自然直线上升。生之者寡，食之者众。在每代王朝建立之初的三五十年"清明之治"时，农民的负担会暂时减轻，能积累一些财力来改善生活状况。而过了头一两代皇帝，农民的负担就会迅速加重，生活难以为继。

在历代大一统王朝中，蒙古人建立的大元属于统治技术较为粗糙的一类。蒙古人本不懂农业，当初南下之际，曾想将汉地"悉空其人以为牧地"，也就是说，把农民消灭干净，把良田改造成牧场。还是在耶律楚材的劝说下，窝阔台才改变了主意。耶律楚材打动蒙古统治者的主要理由是：改为牧场，收益不如剥削汉地农民大。

基于这种思维方式，蒙古人的剥削比史上其他任何大一统王朝要更赤裸裸。元朝将全国人分为蒙古人、色目人、汉人、南人四等。为了防止汉人反抗，蒙古人规定，不许汉人学习武艺，不许汉人上山打猎，甚至禁止汉人夜间通行。《元史·刑法志》载："诸夜禁，一更三点，钟声绝，禁人行。五更三点，钟声动，听人行。违者笞二十七，有官者听赎。其公务急速，及疾病死丧产育之类不禁。"也就是说，每天晚上八点到第二天早上六点，老百姓不许上街行走。和这一条相配合的，是在以上时段不许百姓点灯。汉人百姓，生活如同奴隶。

经济上的剥削比政治上的歧视更令底层百姓难以承受。蒙古皇室挥霍起来手笔很大，日常生活奢靡无比，宫廷的花销大得惊人。据天历二年（1329）中政院的报告，“皇后日用所需，钞十万锭，币帛五万匹，绵五千斤”。他们做起佛事来更是漫无节制，最多时一年做佛事五百多次。据延祐四年（1317）统计，每年内廷做佛事，要用面四十三万九千五百斤、油七万九千斤、酥油二万一千八百七十斤、蜜二万七千三百斤。

这些费用最终是由底层社会来承担的。还是以朱元璋家为例：元朝实行职业世袭制，将一部分人另立户籍，承担某种专业性的徭役，如站户（承担驿站的徭役）、矿冶户（开采铁、银等矿）、猎户（从事打猎）、水手户（充当河运与海运的水手）、灶户（负责煮盐）、窑户（烧制瓷器）等。朱家巷的朱家先祖们本来是淘金户，按规定，每年需向官府交纳金子，但南京附近并不产金，于是他们只好靠卖粮换钱，再到远处买金子充数。这样折腾了几年，把仅有的一点家产赔光，才不得不北渡长江。然而到哪里都逃不脱官府的搜括。五四逃到淮北之后，还没有过上几天安稳日子，官府就来收税。按照元朝的规定，淮南淮北的农民要缴纳人头税、农业税和科差。人头税每人两石谷，约合今天的三百六十斤谷。朱五四家三个成丁，就要缴一千零八十斤谷。税粮要由税户自己输纳进仓，按国家规定，每石税再纳鼠耗三升、分例四升，而实际征收的要远远大于这个规定。元代前期官员胡祇遹说：“鼠耗、分例之外，计石二三可纳一石谷。”如此算来，一千零八十乘以百分之一百二十五，就变成了一千三百五十斤。科差主要包括丝料、包银、官吏俸钞三项，是按户缴纳的。元朝规定每户纳丝一点四斤、包银钞四两（银钞二两合银一两）、官吏俸钞五钱至一两。按购买力计算，元代一两银值四石谷，则三两银值两千一百六十斤谷。所以，三丁之家一年要负担三千五百一十斤谷。我们估算朱家那时每个劳动力可生产粮食两千斤，则总产量六千斤中的一多半要交给国家。这尚是国家正式规定的税收，各地政府的层层加税还不在此列。

从战国到明清，两千多年间，中国的农民，只有在农民大起义后建立的新王朝初期，才能够温饱有余，而在其余大多数的时期里，都在仅能勉强维持生存的处境之下。据庞卓恒在《人的发展与历史发展》中的介绍，在正常年景下，中国农民一般状况下每年产品的剩余率不会大于百分之五，而中世纪一个占有全份地的普通英国农奴户的净余率为百分之二十六。他们一年生产的粮食约为四千六百四十公斤，除去租税、种子、口粮后约可净余粮食一千二百二十四公斤。从这个数字来看，中国农民的生活水平和欧洲农奴比起来要低很多。

由此可见，中国官僚阶层对广大农民的剥削，远远严酷于欧洲的庄园主。中国农民被迫在简单再生产中耗尽全部潜能，这使他们无法像西欧的农奴一样，有剩余财力来发展自己的智力，拓展自己的活动空间，由此推动一个又一个促成封建制度解体的重大历史变迁。

·7·

中国文化中携带着“贫穷基因”，或者说，“贫困文化”是中国文化的一部分。

贫穷从来不是好事。贫穷遮蔽了人的眼睛，让他看不到食物以外的东西；贫穷禁锢了人的身体，让他像动物一样不停地被原始欲望折磨；贫穷剥夺了人的力量、尊严和权利，让他在自然、神灵和权力面前自觉软弱、卑躬屈膝。

20 世纪 50 年代，美国学者刘易斯提出了“贫困文化”的概念。他总结的贫困文化的特征，我国从古代直到新中国成立前都具备：如较高的死亡率、较低的估计寿命、较低的教育水平、为生存而进行长期奋斗、典当、过着受束缚的生活、终生忙碌而无闲暇、向往权力、大男子主义、只顾眼前、不信任政府、软弱无能、对地位差异敏感而缺乏阶级觉悟等。这种贫困文化使人们有一种强烈的宿命感、无助感和自卑感。他们目光短浅，没有远见卓识；他们视野狭窄，不能在广泛的社会文化背景中去认识自身的困难。

我们得重新定义文明与财富的关系。财富让人有了多余的时间和精力，来关注自己的内心，关心大千世界，思索那些与胃无关的奢侈问题。财富是文明生长的土壤。

古希腊文明就是建立在滚滚而来的金币之上的。因为贫瘠的土地无法养活自己，希腊人不得不尝试外出冒险。庞大的希腊船队源源不断地输出葡萄酒、橄榄油、陶器，运回粮食和金钱。有位经济史学家断言："公元前 6 世纪至公元前 4 世纪之间，希腊经济正飞速上升……若充分估计不同时代的具体情况，雅典经济给人的印象与 19 世纪的欧洲有点相似。"

富裕起来的平民要求政治权利，最终促进了民主政治的产生。

中世纪之后，欧洲之所以能冲破黑暗，迎来文艺复兴，根本原因也在于随着生产技术的改进，欧洲的农奴变得越来越富裕，并且可以和封建主讨价还价，获得市民身份。他们的教育水平不断得到提高，精神力量不断得到增长，最终推动了商品货币化的浪潮，迎来了资本主义的发展。

而中国却在贫困化的过程中越陷越深。与西方社会的上升趋势相反，中国历史的发展却呈下降趋势。如前所述，中国农民的平均耕地在宋朝以后再也没有回到人均十亩以上的水平。因此，宋代在中国文明史上成了最后一个辉煌的朝代。在那之后，元、明、清三代，贫困化的加剧日益消耗着中国的精神，使中国文化陷入了长期的停顿和倒退。"贫困对人的尊严和人性的堕落所造成的后果是无法衡量的。"（查尔斯·K. 威尔伯语）一个家族衰落之后，其家族成员往往会由往日的信心十足、意气风发而变得精神萎靡、气质鄙俗，而其家长也会日益目光短浅、专制、粗暴。古代中国的变化正与此类似。自宋朝灭亡之后，高贵气质和人文气息在中国文化中越来越淡薄，盛唐时的自信和宋代的优雅也没能复现；相反，拘谨和懦弱日甚一日地在中国人的性格中发展壮大。

赤贫出身的朱元璋，则是中国文明劣化过程中的一个重要推手。

·8·

从降生到这个世界上起到十七岁以前，朱元璋一步也没有离开过农村。世界在他眼里，就是从南冈到北坡之间熟悉的一草一木。他所接触过的人，不过是村子里那百十口老老少少。

朱元璋符合苦大仇深的贫下中农的一切条件。从懂事开始，他就开始了劳动生涯，跟在娘的屁股后面拔草，和小伙伴们上山打柴。十多岁开始，就去给地主放牛。穷人的孩子好养活，虽然吃的是世界上最恶劣的饭食，也没有耽误他长成一副魁梧的身材，只不过容貌丑了点：脑袋很长，下巴宽大，整个一张驴脸。《明史》含蓄地称他“姿貌雄杰，奇骨贯顶”。

虽然出身世代赤贫之家，朱元璋却从小智商奇高，脑筋够用。又因为身强体壮，打架在行，他成了村子里的孩子王。他无师自通，知道怎么摆弄各类性格不同的孩子：那几个身高力壮有本事的，他加以笼络，为我所用。其他那些跟屁虫，他该打就打，该骂就骂。全村的小孩子都归于他的统一领导之下，老老实实听他指挥调遣。

这个未来的皇帝最爱玩的游戏是“做皇帝”。“你看，虽然光着脚，一身蓝布短衣裤全是窟窿补丁，破烂不堪，他却会把棕树叶子撕成丝丝，扎在嘴上做胡须，找一块车辐板顶在头上算是平天冠，土堆上一坐，让孩子一行行、一排排，毕恭毕敬，整整齐齐三跪九叩头，同声喊万岁。”（吴晗《朱元璋传》）谁叩头叩得不响，朱元璋当即走下去，一脚将他踹倒，然后再叫边上的孩子继续打，直到打得他肯把头叩得咚咚响，脑门上叩出大包为止。

朱元璋唯一的文化活动就是听在四邻八乡游串的说书先生讲书，什么“隋唐”、“三国”、“杨家将”、《大宋宣和遗事》。在这些评书里，他知道了“君叫臣死，臣不得不死”，知道了朝廷之上有“忠臣”“奸臣”，知道了“宋太祖一条哨棒，打下四百八十座军州”。直到今天，对于绝大多数中国人来说，这些评书演义，这些传统文化中的粗糙的底层文化产品——而不是那些高雅的“四书”、“五经”、唐诗、宋词——才是他们真正的精神基石，奠定了他们一生思维模式的基础。

朱元璋的童年实在是太平凡了。一般人出名之后，老乡们总会为他附会出一些幼年颖异、天生不凡之类的传说。可怜朱元璋的老乡们制造起这类本不需要太多原料的传说来都觉得有些困难。制造来制造去，不过编出了这样一个笨拙的故事：朱元璋和伙伴们一起在山上放牛，肚子饿了。有人说要是有碗白米饭吃就好了，有人说吃肉才香，越说大家肚中越火烧火燎。朱元璋指着眼前的牛说，这不就是肉吗？想吃咱们宰一头尝尝。有人说，那回去不得被打烂屁股啊？朱元璋说，管他呢，先快活一顿再说。说着抄起一把砍柴斧，就把一头小牛犊给宰了。有人带头，大家也就不怕了。有人帮忙剥皮，有人去捡树枝，生起火来，大家痛痛快快地吃了顿烤牛肉。不一会儿，地上只剩下一条牛尾巴。吃完牛肉，大家才害怕起来，谁也不知道回去怎么交代。朱元璋脑筋一转，把牛尾巴插在山石缝里，和大家约好，就说小牛钻进山洞里了，怎么拉也拉不出来。大家齐声说好，一哄而散。

这么弱智的传说当然不可能是真事。这个本来为神化朱元璋而制造出来的拙劣故事，唯一透露出的真实信息，仍然是贫困和饥饿。

在对一个人精神世界发展至关重要的青少年时期，朱元璋所能接触到的外界资源太少了。史称朱元璋自小资质俊秀。《明太祖实录》载："太后尝谓仁祖曰：'人言吾家当生好人。今诸子皆落落，不治产业。'指上曰：'岂在此乎？'"原来，陈二娘曾找人算了一卦，卦上说他们家会出一个"好人"。二娘对五四说："谁呢？这几个孩子都是一副没出息的样子，我看也许就应在重八身上了。"从朱元璋后来的表现来看，陈二娘的话算是有先见之明。然而，如果不是元末农民大起义把他从原来的生活轨道上颠簸出来，开始了不一样的人生，朱元璋再聪明也不过是一个乡下的穷孩子，注定与土坷垃打一辈子交道。

乡村社会不仅有淳朴的人情和田园风光，也有愚昧、野蛮和对权力的盲目顺从。就在社会最底层的摸爬滚打中，底层文化精神全方位地渗透进朱元璋的身心，而随着命运神奇的改变，登上皇位的朱元璋不可避免地把他性格中的贫困文化因子更为广泛深刻地传播到整个国家和民族的精神里。

终其一生，大明王朝开国皇帝的一举一动都受着农民思维方式的牢牢制约，我们在他的治国大政方针里，可以清晰地分辨出淮河南岸那个小村庄的贫困文化的精神印记。

在凤阳乡下这些农民的眼里，天圆地方，日升月落，小小的村野四周，景色永远不变。老一辈的生活经验对农民们有着持久的影响力，老年人因此有着至高无上的权威。"不听老人言，吃亏在眼前。"

基于乡村生活经验，洪武皇帝的治国理念表现出强烈的静态取向。他治理国家的基本倾向就是把国家的运转方式固定化，使整个社会倒退到"小国寡民""老死不相往来"的原始状态。当了皇帝的朱元璋保持着朴素的农民道德，对天下的老年人施以特别的尊重。他颁布《存恤高年诏》，规定"所在有司精审耆民……年八十、九十，邻里称善者，备其年甲、行实，具状来闻。贫无产业，八十以上，月给米五斗、肉五斤、酒三斗；

九十以上，岁加赐帛一匹、絮十斤；其田业仅足自赡者，所给酒、肉、絮、帛如之”。就是说，各地老年人，活到八十岁以上的，他每月给米五斗、肉五斤、酒三斗，还赐给“里士”爵位；九十岁以上的，每年再多给帛一匹、絮十斤，赐给“社士”爵位；两类老人见到县官，一律平行行礼。

取消宰相制度后，朱元璋一个人忙不过来。他异想天开，认为民间老儒起自田间，淳朴老实、经验丰富，于是从社会底层直接提拔辅政人员。他在洪武十三年九月设立四辅官制度，以“协赞政事”，然后从民间找了几个普通老儒，如王本、杜佑、龚教等分任春官、夏官、秋官和冬官，辅佐自己施政，“眷注特隆”。不过实行了一段时间后，朱元璋发现自己的想法太天真。“诸人皆老儒，起田家，惇朴无他长”，这些老人除了看孙子，确实难以做出别的贡献。于是在洪武十五年，他不得不废除了四辅官制度。

对于外部世界，农民们的基本反应是排斥、恐惧和不信任。封闭的生活状态让他们感觉安全、轻松。他们不爱冒险，只想守着祖辈传下来的生活方式，一成不变地安安稳稳生存下去。虽然取天下依靠的是武力、进取和冒险精神，然而一旦天下安定，朱元璋立刻恢复了农民的保守本性。大元帝国是一个世界性帝国，继承者朱元璋却对外面的世界丝毫不感兴趣。他满足于把蒙古人赶回沙漠，并没有“宜将剩勇追穷寇”的勇气和眼光，深入沙漠彻底歼灭之。日本人不断制造事端，对他进行挑衅，他只是发几道诏书，申斥一顿了事，没动过兴兵远伐的念头。他对曾经给中国带来巨大财富的海外贸易不感兴趣，不但禁绝了海外贸易，甚至禁止渔民下海捕鱼，把海岛上的居民悉数内迁，“以三日为限，后者死”。在《皇明祖训》里，他把十多个邻国列为不征之国，以这些国家“得其地不足以供给，得其民不足以使令”，告诫后代，“切记不可”对它们动心思。虽然没有多少财产需要保护，但中国农民世代对套院墙一直有着不衰的热情。而继秦始皇之后，朱元璋的明代又一次花费巨大的人力物力来重修长城，以至于我们今天所见到的长城，基本上都是明代遗物。

短视的实惠观是孤庄村生活在朱元璋身上打下的另一个深刻印记。底层文化是饥饿的产物，实用主义是它的核心，占有和保存那点为数不多的生存资源吸引了农民们的全部注意力。为了一点粮食、几间草屋，人们可以毫不顾惜地运用体力、脑力，把算盘打到最精，让每一粒米都发挥最大效益。从这一点来看，实惠观是现实、精明而有效的。然而，由于生活经验的限制，农民们目光短浅，缺乏想象力。他们的精明与现实有时不可避免地变成短视和愚昧。农民较少有机会锻炼归类、抽象、推理这些较高层次的思维能力。在他们的头脑里，世界是以实实在在的实物方式存在的，是山、河、土地、树木、庄稼、猪、牛、羊、鸡这些事物的总和。他们计算数字时，脑海里总是要闪过这些事物的形象，或者想象着手指头、脚趾头的样子，才能算得过来。他们不能理解超出实物层面的道理。

和任何一个孤庄村的乡亲一样，是坚定的重农轻商主义者。在他们的眼里，商人都是不劳而获者。他们在土地上辛辛苦苦地用汗水换来实实在在的粮食，而商人们只是把货物运到各地交换一下罢了，货物总量并没有增加，却像变魔术一样变出了许多额外的利润。这无论如何都让他们想不通。因此，朱元璋是中国历史上最为轻商的皇帝。为了贬抑商人，他特意规定，农民可以穿由绸、纱、绢、布四种衣料做的衣服，而商人却只能穿由绢、布两种料子做的衣服。商人考学、当官，都会受到种种刁难和限制。

本来在宋代，中国就实行了税收全面货币化，而朱元璋却使税收制度退化到实物制阶段。“衙门内的传令、狱丁，都由各乡村轮派，即使文具纸张，甚至桌椅板凳公廨之类的修理，也是同样零星杂碎地向村民征取。”黄仁宇说，朱元璋的设计“等于向中外宣布：中国为世界上最大的农村集团，它大可以不需要商业而得意称心”。

第三个影响是强烈的亲族观念。“打仗亲兄弟，上阵父子兵。”农村社会里，血缘关系比任何关系都可靠。成为皇帝的朱元璋对任何人都抱着强烈的猜忌之心，独独对自己的血亲无条件地倚重信任。他对任何人都刻薄寡恩，对自己的亲人却奉之唯恐不厚。

虽然有历代藩王之乱的前车之鉴，朱元璋还是视而不见，固执地让他的孩子们分享皇帝的权力，以防止帝国大权落入外姓之手。他的孩子都被封为亲王，拥有雄厚的兵力，有的甚至“带甲八万，革车六千”。大臣们指出他封建诸王的严重弊端，他却认为这是离间他的骨肉，于是把进言者抓来囚死狱中，这一安排在他身后终于酿成了靖难之乱。他规定了历代以来最薄的官俸，同时又规定了历代最厚的皇族俸禄。他规定他的亲属和后代们都要世世代代安享富贵，不必从事任何职业，以至于皇族的供应成了明中期之后国家最沉重的财政负担。

农民生活给朱元璋留下的印记异常深刻，他终生都保持着浓厚的农民习性、农民作风和农民气派。

中国农民是世界上最能吃苦耐劳的。他们在计算生产成本时，从来不把自己的劳动算进去，好像体力和精力是最不值钱的东西，可以任意耗用。有农村生活的艰苦打底，朱元璋是中国历史上最勤政的皇帝之一，他从来不惮于给自己增加工作量。从登基到去世，他几乎没有休息过一天。在遗诏中，他说：“三十有一年，忧危积心，日勤不怠。”据史书记载，从洪武十八年（1385）九月十四日至二十一日，八天之内，朱元璋批阅内外诸司奏札共一千六百六十件，处理国事计三千三百九十一件，平均每天要批阅奏札二百多件，处理国事四百多件。仅此一端，即可想见他是多么勤奋。

在享受方面，农民是最严厉的克己主义者。几千年的贫困生活积累下来，使他们的节俭习惯甚至发展成了一种盲目的本能，而不是一种手段。朱元璋的节俭，在历代皇帝中堪称登峰造极。当了皇帝后，他每天早饭

“只用蔬菜，外加一道豆腐”(陈梧桐《洪武皇帝大传》)。他所用的床，若无金龙在上，“与中人之家卧榻无异”。他命工人给他造车子、造轿子时，按规定应该用金的地方，都用铜代替。朱元璋还命人在宫中开了一片荒地来种菜吃。洪武三年(1370)正月的一天，朱元璋拿出一块被单给大臣们传示。大家一看，是用小块丝绸拼接缝成的百衲单。朱元璋说：“这些是做衣服的边角料，我让人缝成一块布，省得丢掉可惜。”(此制衣服所遗，用缉为被，犹胜遗弃也)他对浪费是如此深恶痛绝，有一天退朝，见到两个太监穿着新靴子在雨中走路，他大怒，立即把他们叫住痛斥：“靴子虽然不值什么钱，可是做一双得费多少工！汝何不爱惜，乃暴殄如此！”叫人把两个太监按在地上狠狠打了一顿。又有一天，朱元璋见一个官员子弟穿着一身价值五百贯的华丽衣裳，大不适意，于是教训官员子弟道：“如今你借父兄的光，生长于膏粱纨绔之下，农桑勤苦，邈无闻知。一件衣服花了五百贯！这是农民数口之家一岁之资也，而尔费之于一衣。骄奢若此，岂不暴殄？自今宜切戒之！”

和每个农民一样，朱元璋有着强烈的乡土观念。他手下的功臣绝大多数都是自己的老乡。登基之后，他觉得哪个地方也没有老家好，越来越想念淮河南岸的那个小村。“圣心思念帝乡，欲久居凤阳。”凤阳本是贫瘠之地，立国之初，他却坚持把国都定在那里。虽然大臣们多次劝谏，他也毫不动摇。农民们在生活中一再节省，盖房子时却会倾其所有。同样，为了经营中都凤阳，一贯坚持轻徭薄赋的朱元璋也劳民伤财，不惜耗费人力物力，先后征用了几十万军人和工匠，花钱唯恐不多，用料唯恐不精，为求坚固，还往石缝里灌铁汁。不料工匠们不胜劳役，用“厌胜法”表示愤怒。气急败坏的朱元璋把大批工匠杀掉，他衣锦还乡的计划也因此而落空。要不然，淮河南岸那个“十年倒有九年荒”的贫瘠小村，就真的成了大明王朝的首都。

二 初生鳞甲

·1·

元至正四年（1344）春，朱重八还不满十六周岁。放到现在，不过是一个初三的学生，正懵懵懂懂地处于好奇、甜蜜、惆怅、早恋甚至会离家出走的青春期之中。十六岁的朱重八却过早地遭遇了命运的猛烈一击。

俗话说“羊马年好种田”，然而1343年这个羊年却一夏无雨，粮食减产一半。转年又是数月不雨。地裂得像小孩子的嘴，往上浇一瓢水，“滋滋”冒烟。庄稼枯黄瘦小，死活不肯离开地皮。所谓祸不单行，就在人们想尽一切办法挽救这点儿庄稼的时候，一场浩大的蝗灾袭来，大地上残存的一点绿色也被一扫而光。

本来就不敢多下的米，做每顿饭时又少放了一碗。从草木返青开始，人们就四出剜野菜、剥树皮，掺在粥里吃。两碗野菜稀粥吃进肚里，一泡尿又都撒光了。人们饿得头昏眼花。六百多年前的那个春天，如果走进安徽凤阳，你会看到不少人走路都摇摇晃晃的，连坐在墙脚的年轻人都瘦得浑身皮肤起褶。孩子们关节突出，面黄肌瘦，眼睛越发显得大。只有小肚子鼓鼓的，其实装的不过是野菜汤。

上天显然是存心和人们过不去。就在人们的身体已经虚弱至极的时候，瘟疫又来了。症状是突然发高烧，上吐下泻，人很快虚脱，一般挺不过三五天就死了。一开始人们还没有在意，当每个村子边上都添上几座新坟的时候，恐慌才笼罩了整个凤阳。人们明白，这是上天又来“收人”了。不少人家打起包裹，锁上院门，开始逃难。

朱五四逃了一辈子难，如今已六十四岁，须发皆白，身躯佝偻，实在逃不动了。已经一个多月没有吃饱过的老人，身体虚弱到了极点。习惯于欺凌弱者的病毒首先把他列为攻击对象。老头全身高烧，嗓子红肿，躺在床上绝望地呻吟。请大夫对这户人家来说是太奢侈的事情，他们所能做的，只是在观世音菩萨面前烧上两炷香，然后听着老汉的呻吟，等着他死去。

四月初六,五四终于结束了一生的苦难，撒手去了。然而，对于朱家来说，这只是灾难的开始。就在五四去世前三天，元璋的大哥重四也倒下了，在大嫂的哭声中挺了六天，四月初九去世。死亡名单上的第三个人是大哥的长子。最后，二十二日，五十九岁的老母陈氏终于给这个名单画上了句号。

转眼间，人丁兴旺的朱家九口中死了四口。而在此次灾荒之前，二嫂、三嫂都已先后病故，二哥的独生子也夭折了。现在，朱家只剩下元璋和他的二哥重六，以及大嫂王氏和她的一双小儿女。

相比起大伯朱五一一家，朱元璋家还不是最惨的。朱五一一家十四口，在这次大灾中死了十三人。只剩下重五哥的媳妇田氏逃过了这一劫。

自打降生到这个世界上的那一刻起，朱元璋感受最多的就是这个世界的严酷。在这个寒冷的世界上，只有家庭给朱元璋带来了一点点温暖。如今，连这点为数不多的温暖和亲情也没有了，他生命中唯一一点可贵的东西被命运剥夺了。

·2·

朱五四被土地榨干了一切，大地却没有准备他的葬身之处。入土为安是一个中国人对生活最后的，也是让人无法拒绝的要求，即使明天就要饿死，今天朱氏兄弟俩也要把父亲的尸身安置妥当。然而，大难之际，赤贫之家想要找一块坟地，实在是太难了。走投无路之下，兄弟俩厚着脸皮去求地主刘德，以为毕竟主佃关系多年，他再怎么狠心也不至于忍心让一个老佃户曝尸荒野吧。谁知刘德不但没有一丝怜悯，反而“呼叱昂昂”，把兄弟俩痛骂了一顿赶了出来。朱元璋后来回忆说：“田主（刘）德不我顾，呼叱昂昂，既不与地，邻里惆怅。”

好在中国农村大地不光有饥饿和寒冷，还有着世代不绝的淳朴和仁厚。老朱家的惨景，让邻里都为之忧愁。刘德的一位远房本家刘继祖是村中另一个大户，看到此情此景，派儿子刘英把元璋兄弟叫到家里，给他们吃了一顿热饭，然后说，你父母都是老实忠厚之人，死后不能没个葬身的地方。我村东那块地，地角那半分，地势比较高，做坟地可以，你们要是不嫌弃，就送给你们吧。

兄弟二人闻听，双眼含泪，跪下用力磕了几个响头。刘继祖忙把他们搀了起来，说快回去准备准备吧！

其实也没有什么可准备的。因为连一粒余粮都没有，更何谈棺材。不但没有棺材，翻遍整个屋子，也找不出一件完整的衣服可做寿衣。没办法，只好让父母穿着那身千疮百孔的破烂衣裳，卷在那张露了许多洞的芦席里入了土。兄弟二人都饿得脱了相，也没力气挖深墓穴，只好草草埋了了事。朱元璋后来回忆当时的情形说：“殡无棺椁，被体恶裳，浮掩三尺，奠何肴浆！”

家破人亡，亲人离散，兄弟俩也准备像父祖当年那样，分头去逃难。

在这个世界上，穷人的生命比一只蚂蚁还脆弱，这一分手，分散在茫茫人海，也许永世不能相见了。想到这里，兄弟俩抱头痛哭。多年后，朱元璋在《皇陵碑》中这样回忆当年的惨景："兄为我哭，我为兄伤，皇天白日，泣断心肠！"

哭声惊动了隔壁的汪大娘，老人家挪着小脚，过来安慰兄弟俩。大娘说，二哥一个人出去还行，重八年龄太小，怎能一个人出门！不如到村头皇觉寺里当个和尚吧！再说你爸妈当初也想把重八送到庙里当和尚来着。

原来朱元璋出生后不几天就得了肚胀病，一直不吃奶。朱五四到处求医，总不见效，就和陈氏商量把重八舍给寺庙，应许等朱元璋大了送来做和尚，求佛祖保佑他平安无事。

不过，想当和尚也不是那么容易的。因为庙里同样口粮紧张，不送点礼打通关节，轻易进不去。同一方水土的人，如同一根藤上的瓜，心都是连在一起的。虽然自己也是穷得揭不开锅，汪大娘还是掏出压在箱底的钱，替元璋买了香烛礼品，让儿子陪元璋到了庙里。

· 3 ·

朱元璋在皇觉寺半饥半饱的小和尚生活，只过了五十天。作为新入寺的和尚，他年龄最小，地位最低，所有扫地打水做饭上香之类的杂活全是他的，吃饭时他却是最后一个。干了一天活饥肠辘辘，到口的却常常只有半碗残茶剩饭。朱元璋在家中虽然也吃不好穿不暖，但毕竟是家中的老小，从小到大都是受关心、受照顾的角色，到了庙里，实在难以适应。有一天，朱元璋打扫伽蓝殿，一不小心被伽蓝像绊了一下。朱元璋正一肚子怨气无处发泄，顺手就给了佛像几扫帚。过了几天，大殿香案上的供品被老鼠偷吃了，老和尚责骂朱元璋没好好照看。朱元璋更是生气，心想这个泥胎菩萨大模大样地坐在上面充当神灵吓唬人，连自己跟前的供品都看不住，害得我跟着挨骂，实在可恨！于是他拿了支秃笔，在伽蓝菩萨塑像的背后写了几个歪歪扭扭的大字“发去三千里”，意思是说将伽蓝菩萨充军发配三千里。少年朱元璋性格中强悍泼辣的一面，在这些细节中被保留下来。

谁承想这半饥半饱、挨打受累的日子，后来居然也成了美好的回忆。不久全县大饥，寺庙里的粮仓也迅速空了下去。第五十一天，老和尚把几个和尚叫到一起，宣布粮食已尽，只好封仓，叫大家各谋出路。

对朱元璋来说，唯一的出路就是乞讨了。因为虽然当了五十天和尚，但还没来得及学习念经做佛事，别无谋生手段。寺院生活唯一的收获是把他从一个农民变为流丐的时间推迟了五十天，而且还给了他一套比一般乞丐体面一点的行头：一套僧装、一个木鱼、一只瓦钵。一般的乞丐叫“要饭”，他则可以聊以自慰地称为“化缘”。名目虽异，内容则一。

虽然是自学成才，但朱元璋的诗文通脱自然，朴茂雄强，颇有可观之处。请看他在《皇陵碑》中是如何描述自己的三年流浪生活的：

> 居未两月，寺主封仓，众各为计，云水飘扬。我何作为，百无所长。依亲自辱，仰天茫茫。既非可倚，侣影相将。朝突炊烟而急进，暮投古寺以趍跄。仰穷崖崔嵬而倚碧，听猿啼夜月而凄凉。魂悠悠而觅父母无有，志落魄而佒佯。西风鹤唳，俄淅沥以飞霜。身如飘蓬逐风而不止，心滚滚乎沸汤。一浮云乎三载，年方二十而强。

这一百二十余字，是关于朱元璋流浪生涯的唯一记载，文辞直白，情辞并茂，将少年朱元璋流浪路上的形单影只、艰苦悲凉表现得相当动人。

可惜，相对于流浪生涯对朱元璋的一生轨迹的重要性，这一百二十余字无疑是太寥寥了。我们必须在这一百二十余字之外深入探索，来推断这三年风雨对他的影响。

当朱元璋背上破包袱，拎上木鱼和瓦钵，走出皇觉寺破败的大门的那一刻，世界在他眼里变了。在此之前，他朱元璋是被许多套定位系统牢牢锁定在大元社会里的一个细胞：不论是户籍本、家谱，还是和尚度牒，都表明他是被这个社会牢牢控制着和规定着的。他是大元朝濠州府钟离县太平乡孤庄村的一个男丁，是朱氏和陈氏家族亲戚网中一个不可缺少的结点，经纬分明，一目了然。他未来的生活本来是恪守三纲五常、乡规民约，信奉鬼神，尊敬长上，安分守法，勤苦成家，春种秋收，娶妻生子，生老病死。

可是，因为这一场大饥荒带来的巨变，他身上所有的锁链都被扯断了。父母不存，兄弟失散，一切家族亲戚关系都被割断了，只剩下他孤零零一个人。官府不再管他，甲长不再管他，甚至现在连寺庙也不再管他。平生第一次，他一无所属，在这个世界上失去了定位。

现在，展现在他面前的天地是无序、混乱、凶险的。失去了家族和寺院的庇护，他就像一只断了缆绳的小船，任何一股大浪打来，都有可能吞没他。他深知，从此之后，可以依靠的，只有自己了。

他沿着乡村小路，一直向南走去。老和尚说南边年景好点。路边的景色变得越来越陌生，经过一个大村子，他挑了一家高门大户的院子，有点胆怯地扣动了门环。

· 4 ·

可以想见，从一个重信誉、好面子的农民家庭出来的孩子，第一次向人家开口要饭要突破多大的心理障碍。

过了老半天，门开了，门里人探头看了一眼，不耐烦“咣”的一声又把门关上了。朱重八心里一凉。正当他犹豫不决转身要走的时候，门又开了一条缝，一只拿着勺子的手伸了出来。重八赶紧把瓦钵伸过去，勺子一倾，一把生了虫子的糙米哗哗滑落：“今天已经来过三个化缘的了，就这点了，快走吧！”

中午，朱元璋就在村边的破庙里找了几块石头，支上瓦钵，倒上水，把米煮得半生不熟，勉强填了填肚子。

艰苦的流浪生活就此开始了。他先是向南一直走到合肥，接着又往西走到河南固始。随后的几年中，他又相继流浪到河南信阳、临汝，往东折向河南淮阳，经河南鹿邑、安徽亳县，又回到过安徽阜阳。一路跋山涉水，云水飘扬。可以想见，一个十七岁的孩子在乞讨路上会品尝到多少常人体会不到的饥饿、孤独和艰辛。他吃过大户善人施舍的白面馒头，也吃过草根、野菜。他住过高门大户的下人房，住过村边的破庙，也曾睡在山洞山崖里，睡在雪地里风雨中，天为幕地为席。他一路念过佛号，也帮人打过短工。在许多城镇，他和乞丐们打过架，有的时候，他也加入当地丐帮。实在饥饿难耐的时候，有几次他还做过小偷，趁农忙村民们都下地的时候，跳墙进入人家家里，偷厨房的食物、柜里的银钱，也偷院里的鸡鸭。

传说深秋的一天，朱元璋走到一个叫剩柴村的地方，已经几天水米没粘牙，忽然在村边发现了一棵柿子树，上面挂着几个霜打过的红柿子。他攒起最后的力量，爬上树去，一口气吃了十几个，总算活了下来。发迹之后，至正十五年（1355）朱元璋带领大军又一次路过这里，发现那棵柿子树还在。朱元璋不禁感慨万端，下马抱树痛哭，又脱下自己的红袍，披在树上，说：“封尔为凌霜侯！”

朱重八三年游荡，相当于在社会大学读了三年书。由于悟性高，他的成绩也非常出色。经过最初的不适应，他已经成了流浪的老手。这种生活让他大开眼界。

和平静的孤庄村比起来，外面的世界实在是太复杂、太庞大、太繁华了。他见到了在孤庄村里无论如何不可能见到的社会百象。

元末人口日益繁盛，政府统治力下降，社会越来越多元化，世相越来越纷繁。仅就骗子来说，就多如牛毛。如今中国社会上的种种骗术，千百年前就已经流行于江湖。元代的文献记载过于简略，我们可以引用《武林旧事》所载宋代市井的情形来参照一下：

商业繁华之区，人口密集，游手好闲的人实在太多了。有所谓“美人局”(以妓女为姬妾，诱引少年人)，柜坊路局(以赌博、游戏、结党等手法骗钱)，水功德局(以求官、觅举、恩泽、迁转、讼事、交易等为名，假借声势，脱漏财物)，不一而足。又有买卖物货，以伪为真，至以纸为衣，铜铅为金银，土木为香药，变换如神，谓之“白日贼”……以至顽徒如“拦路虎”“九条龙”之徒，尤为市井之害。故尹京政先弹压，必得精悍钩距、长于才术者乃可。

三年行走于险恶的江湖，朱元璋对中国的社会有了深入的了解。在和各色人等打交道时，他认识了善良、慷慨，也见识了冷酷、邪恶；领略了勇敢、义气，也见到了苟且、堕落。三年流浪生活，让他对人性有了深刻的认识。在朱元璋晚年，他颇为得意地对子孙们说自己“阅人既多，历事亦熟”“人之情伪，亦颇知之”“人情善恶真伪，无不涉历”。这知人的本领，相当程度上就是在三年江湖生活中历练出来的。

江湖深刻地改变了他的性格。走出孤庄村时，虽然已经表现出与一般孩子不同的胆大聪明，他本质上毕竟还是一个质朴的农村少年。流浪生活大大损坏了他的道德素质。对天天都在饥饿线上挣扎的他来说，活着就是目的，吃饱就是价值。“人不为己，天诛地灭”，实用主义不可避免地成了流浪儿的生命哲学。只要能弄到吃的，什么事他都做过。他抢过比他更饥饿的人的粮食，替人背过尸体，甚至掘过坟盗过墓。长时间的混迹江湖，使朱元璋习惯了原本不可想象的偷盗和欺骗。

他从一个逆来顺受、习惯于被动的农民，变成了一个大胆狡黠的野兽。走出了孤庄村，他的生活第一课就是敢于冒风险。如果不是几次在关键的时候偷到了吃的，他早就饿死在流浪的路上了。在机会和风险面前，如果不采取主动措施，就得付出惨痛代价。他曾多次和街头的乞丐们打架，很多时候是一对多。在这种情况下，关键时刻那股不要命的狠劲救了他。三年下来，冒险精神成为他性格特征的一部分。在机会面前，他反应敏捷，富于主动精神和进攻性。因为他知道，被动就等于死亡。

他从一个富于同情心的人变成了把人不当人的冷酷无情的人。生活的苦难早已磨钝了人们的痛感神经。而江湖上历来崇拜暴力，江湖上的英雄是杀人不眨眼的黑社会老大。江湖经历使他明白，要想在这个世界上生存下来，心一定要硬、要冷、要狠。“量小非君子，无毒不丈夫”，经历过多次惨痛教训后的他认定，只有那些最狠毒的人，才能在恶性生存竞争中抓住也许是唯一的机会。从外面的世界回到孤庄村，人们发现，这个少年已经长成了成人，眼睛里的热情、天真不见了，却多了一丝瘆人的阴凉之气。用史书上的话来说就是“志意廓然，人莫能测”。

·5·

从卑贱的贫农到高贵的天子，其过程并不像苹果由青变红那么简单。淮河南岸那间塌了屋顶的茅草房和南京城内金碧辉煌的奉天殿，这两者之间的距离对朱重八来说遥远得以光年计。如果说聪明伶俐的穷孩子朱重八是块品质不错却深埋于穷山僻野的铁矿石的话，那么，有那么几个机缘使这块原本极为普通的矿石变成了特种钢材：元末的社会动荡如同一场大地震，把这块矿石从地底下颠簸出来；三年流浪生涯，把这个本分的农民孩子从一块土坷垃似的矿石炼成了一块乌黑的生铁，使他的身体与心灵变得同样坚硬冷酷；而随后的多年战争，则似血与火的熔炉，让朱元璋百炼成钢。

对朱元璋个人来说，从赤贫到天子的奇迹发生在他身上是一件极端的几乎不可能的小概率事件。一万种机缘凑在一起，才造就了他这位布衣天子。然而，对中国历史来说，从流氓到开国天子，却几乎是一个规律。光辉灿烂的数千年历史中，那些丰功硕德的历代开国皇帝，除了第一个皇帝秦始皇和北魏隋唐等有少数民族血统的开国皇帝以外，几乎都出身江湖。

惊讶吗？这就是事实。如果熟读中国历史的话，你会得出这种出人意表的结论。王学泰在《游民与中国社会》中为我们举了这样几个例子：

汉高祖是个不折不扣的流氓，就像司马迁那部文笔生动的《史记》中记载的那样：(高祖) 从小游手好闲，不事家人生产作业。成年后做了小吏，成天和那些衙役勾肩搭背，“廷中吏无所不狎侮”，好酒及色，又没钱，便跑到酒铺赖酒喝。

刘邦的本家刘备是个织席小贩，没什么文化。“先主不甚乐读书，喜狗马、音乐、美衣服……少语言，善下人，喜怒不形于色。好交结豪侠，年少争附之。”其素质作为颇类当今黑社会小头目，故能结识关张，共同起事。

南朝的第一个开国皇帝刘裕，家本寒微，住在京口，一直以卖鞋为业。为人剽悍，仅识文字，因好赌而破家，落魄至极。

五代时五个开国皇帝均为流氓兵痞出身。十国的开国之君也大半如此，比如前蜀皇帝王建“少无赖，以屠牛、盗驴、贩私盐为事，里人谓之‘贼王八’”，吴越王钱镠“及壮，无赖，不喜事生业，以贩盐为业”。

正史对大宋开国皇帝赵匡胤的出身多有掩饰，其实他亦出身游民，其父流浪于杜家庄，做了当时谁都瞧不起的倒插门女婿。匡胤少而流浪四方，从军后才渐渐发迹。

阅读这些开国皇帝的传记，你会发现一个共同的特点：在他们从社会最底层的农民和城市贫民到皇帝的路途中，都有一个流氓化或者流民化的过程。

因此，三年流浪对未来的皇帝朱元璋来说，其重要性怎么强调都不过分，这是朱元璋生命中的大关节，是他从赤贫到皇帝必须经过的一道手续、一次培训、一次考试。从农民到游方僧的变化，不仅仅是衣着的改变，而且是一次心灵的质变：从老实巴交的农民变成胆大妄为的流氓。流氓是皇帝的蛹。

中国的顺民是天下独一无二的物种。中国历代农民是被无数条绳索牢牢捆缚在土地上的。各级官僚的层层控制、宗族制度的严密约束、乡规民约的不断教化，以及除土地之外没有谋生的空间，使农民们如同树木一样，生长在土地上，每年结出果实，供官府摘取。由于历代不断进化的愚民统治，使他们目光短浅、头脑封闭、因循守旧。他们怕皇帝，怕官吏，怕暴力，怕鬼神，他们什么都怕。他们没有进取精神，总是被动承受命运。鸦片战争后来到中国的西方观察家们对那时的中国人印象最深刻的是，中国人在任何不合理的现象面前都选择了忍耐。“这种忍耐力导致了在中国所看见的最悲惨的景象：富人的食物多得吃不完，很容易夺取，然而近处却有成千的人默默地饿死了。对这种古怪现象，中国人已经习以为常。”外国人感到奇怪的是，灾荒年月那些饥饿绝望的难民，“却不团结起来向地方官员要求一些救助”。外国人反复询问这些灾民，得到的回答是：“不敢。”（明恩溥《中国人的气质》）

因此，指望这些被愚化了头脑和被除去爪牙的驯服动物在历史上留下痕迹是不可能的。要让他们重新长出牙齿和利爪，只有一个办法，那就是砍断他们身上的条条绳索，把他们放逐到正常社会之外，放逐到皇权、族权、三纲五常的教化之外，让他们在风雨冰霜中重新披上鳞甲，恢复原始野性。而历代无能的统治者正是不断地做着这样的事。他们的低能统治把大批农民逐出土地，离开土地的农民只能靠流浪为生，就像朱元璋一样。

一旦披上鳞甲，他们就注定会在历史上独领风骚。社会其他阶层的头脑和视野很容易被几亩地几本书牢牢控制，而江湖之人却得天独厚，他们经历复杂，对社会各个层面的人的心理都有所了解。长期混迹江湖，给了他们精明的头脑，使他们更容易参透中国社会的秘密，更深入地掌握中国社会的潜规则。1959 年，毛泽东谈论刘邦的成功时说："刘邦能够打败项羽，是因为刘邦和贵族出身的项羽不同，比较熟悉社会生活，了解人民心理。"

由于在正常社会里没有身份和地位，游民们没有羞耻感这个障碍，做起事来不循常轨，敢为常人所不敢为，善于脑筋急转弯，敢于闯红灯或者绕红灯。项羽用刘邦的老父亲胁迫刘邦投降，刘邦却说："你我曾经结拜，我父就是你父。如果你一定要煮杀你的父亲，那么希望你也分一杯肉羹给我吧！"项羽无论如何想不到刘邦会给出这样的回答，他自以为一定会起作用的威胁只好作废。这就是流氓战胜贵族的典型例子。

长期的风霜给了他们一颗黑心，他们有常人所没有的强大意志力、野蛮性，这些在乱世中往往是决定性的力量。他们能杀人不眨眼，他们能壮士断腕，以求全生。那些受过良好教育的知识分子也许同样精明，但是他们的禀赋柔弱，没有摧锋折刃的胆量，没有厚脸皮和黑心肠，因此只能做这些绿林豪杰的助手和谋士，跟在他们身边吃一点他们掉下来的残渣剩饭。所以，历代开国帝王虽然利用知识分子，但大都瞧不起知识分子。刘邦看到读书人戴着端正的帽子，就叫人取下来，往里撒尿。朱元璋和张献忠杀起读书人来如割草芥，把文官当成奴隶一样挫辱折磨。

有了头脑、脸皮和黑心，他们已经初步具备在一个恶性竞争的社会里成功的能力。再加上上天赐予的机会，他们当然会惊天动地，青史留名。

三　崭露头角

·1·

赵翼对朱元璋的评价被许多人认为十分准确：盖明祖一人，圣贤、豪杰、盗贼之性，实兼而有之者也。

我认为更准确的说法应该是：朱元璋是一个流氓化了的农民。“农民”为体，“流氓”为用。骨子里，他永远是一个克勤克俭、谨小慎微的农民。江湖经历又向他的血液里注入了与众不同的泼辣。他的流氓手段帮助他在与群雄周旋时长袖善舞、纵横捭阖，而令他笑到最后的却是他比别人多了一份农民式的谨慎、持重。

史称朱元璋“地主阶级化”前是一个伟大的农民起义领袖，是率领汉人推翻蒙古人统治的民族英雄。岂知他走上英雄领袖生涯的原因实是迫不得已。

虽然在大元统治下朱氏一家经常颠沛流离，食不果腹，但朱元璋对蒙古皇帝没有痛恨之意，反而甚至充满感戴之情。草民一食一饭，都是朝廷所赐，这种观念在世代安善良民的朱家根深蒂固。洪武三年(1370)，朱元璋曾对臣下说：“元主中国百年，朕与卿等父母皆赖其生养。”终其一生，朱元璋始终把元朝入主中国，享受汉人膏血视为“奉天承运”“顺天应人”，理所当然。

因此，朱元璋一开始没有“积极投身革命”就可以理解了。在他流浪江湖的几年中，大元天下已经是烽烟处处，而史料并没有留下朱元璋“向往革命”的蛛丝马迹。那时，白莲教遍布乡野，朱元璋不可能不有所耳闻目睹，但是没有他参加白莲教的任何记载。为了生存，他可以偷可以抢，但是从来没想过“造反”。他对这个词连想都没有去想。在外流浪三年之后，大饥荒终于离开了凤阳。朱元璋结束了流浪生涯，回到皇觉寺。虽然多年来目睹元朝反动统治的残酷暴虐，或多或少受到白莲教“革命思想”的影响，朱元璋还是选择了老老实实做一个前途黯淡的和尚，并且在冷冷清清的庙里一待就是三年。小时候父母格外疼爱他，送他读了几个月私塾，但他大字还没识满一筐，父母就供不起了。这次，在寺庙中，他开始认认真真地跟老和尚学念经，认识了千把字。

朱元璋为人做事的特点是认真敬业。从他登基后仍然对佛教保持了浓厚的兴趣这一事实来看，在三年的和尚生涯中，他对佛教经典确实是下了点功夫的。《皇明本纪》说他从此“始知立志勤学”。《剑桥中国明代史》说“在这时他似乎开始学习认字并简单地研修佛教经文。他的理解力很好，记忆力也很强”。他认认真真地学习做道场、吹法螺，这是和尚收入的最大来源。后半生他有几种可能的选择：也许是继续做和尚，也许积点钱买几亩地还俗做农民，也许会学门技术，做个木匠或者瓦匠。只有当兵不在选择之列。“好铁不打钉，好男不当兵”，当兵是风险最大的职业，实在不符合他谨慎的本性。

然而，身在乱世，人的命运就是如此离奇，你越怕什么，什么就会偏偏来到你身边。朱元璋重做和尚的第三个年头，农民起义的烈火烧到了皇觉寺边。

白莲教和朱元璋的“专业”，也就是佛教关系很深，或者说，白莲教是佛教净土宗的一个变种。

天下事物，只有足够简易才能流行，这是永远不变的规律。要说正宗，中国佛教当然要以千辛万苦从印度取回真经的三藏法师玄奘创立的唯识宗为正宗。然而事实是，唯识宗因为经典太浩繁，逻辑太细密，不适合普通人的智商而迅速式微。中国特色的净土宗却因为它的简便易行而大行其道。

净土宗修行起来特别方便。它不需要你钻研什么佛经，也不需要你苦苦修行，它只要你会说“阿弥陀佛”四个字就可以。它的理论是，一声阿弥陀佛可以免除几十亿劫的罪过。只要你不停地念佛，积累的功德就越来越多，就可以往生净土。

所以，净土宗迅速深入民间，南宋之后，“家家阿弥陀，户户观世音”，底层信众完全被它垄断。

白莲教是净土宗的一个变种。它的教义也同样简单，只不过它的组织比较严密。净土宗虽然也结社，但社内关系松散，讲究平等，而白莲教将平等的关系变成严格的师徒关系，从上到下，形成了一个严格的师徒网络，成为政治动员的有力武器。当腐败蔓延、统治力衰微之际，往往是这类民间宗教兴盛发展的时期。一旦势力发展壮大，起义就不可避免。

大元王朝自建立以来，政治就没有稳定过。蒙古贵族没有采纳汉族王朝的嫡长子继承制，为了攫取最高权力，政治高层不时发动宫廷政变，爆发武装冲突。从至元三十一年（1294）元世祖去世到元统元年（1333）元顺帝即位，四十年间居然换了九个皇帝，平均不到五年就发生一次政变。统治集团忙于内斗，对民生大计无心过问。白莲教势力因此轻松席卷了大江南北。

至正十一年（1351）五月，韩山童、刘福通等人率三千白莲教教众斩白马乌牛起事。他们宣称教首韩山童是宋徽宗的第九世孙，应做皇帝。刘福通是上天派下来辅佐韩山童的大将。起义军头裹红巾，身穿赤衣，被称为“红巾军”。

大元王朝已经成了一个烂透的梨子，只等一声震动就会掉落下来。刘福通一呼百应，各地无数底层豪杰应声起事，大半个中国沸腾起来。农民大起义的浪潮很快波及朱元璋的家乡。至正十二年（1352）二月，濠州出现了郭子兴领导的红巾军。

原来，至正十二年正月十一日，安徽定远的大地主郭子兴、孙德崖等五人借白莲教声势起兵，也以红巾为号，“衣巾皆绛”。附近农民几万人，“弃农业，执刀器”，纷纷前往投奔。二月二十七日，郭子兴等五位“节制元帅”率领这支队伍，一举攻占了濠州，皇觉寺所在地区被纳入农民军的势力范围。

乱世里没有清静之地。起义军三天两头来庙里搜粮食，找吃的。不几天，元军又驻扎到附近。他们不敢与农民军正面交锋，每天到各村抢劫，见人就抓，当作“乱民”送到长官那里报功领赏。朱元璋登基后在《纪梦》一文中描述当时的情况说，红巾军“陷濠城而拒守之，哨掠四邻，焚烧闾舍，荡尽民财，屋无根椽片瓦，墙无立堵可观。不两月，越境犯他邑，所过亦然”。而官军则“声攻城而逡巡不进，惟是四掠良民，得之则以绛系首，称为‘乱民’，献俘于上，请给其功”。在这种“造反军”与“反造反军”的拉锯战争中，最倒霉的就是既不“造反”又不“反造反”的广大平民百姓。用朱元璋的话来说，就是“良善者生不保朝暮”。和尚们在庙里成天提心吊胆，看这样子，保不齐哪天就被官兵抓去充当“乱民”，被砍掉脑袋。没办法，他们只好白天揣个饼子，躲到山里，等太阳下山了，再回来睡觉。

岂料在两军夹缝间，如此苟且偷生都不可能了。那天和尚们下山，庙已经没了。原来农民军来庙里找吃的，一粒粮食也没找着，一生气，一把火把庙给烧了个精光。

朱元璋彻底走投无路了。再出去流浪吧，烽烟处处，天下已经没有安静的地方。兵为刀俎，民为鱼肉。看来在这个武力决定一切的时候，只有拿起武器，才有可能活下来。可是，当什么兵，也是个问题。“出为元兵，恐红巾至，欲入红巾，畏元兵至，两难莫敢前。”他在《纪梦》中这样描写自己当时的心情：“予当是时，尚潜草野，托身缁流，两畏而难前。欲出为元，虑系绛以废生；不出，亦虑红军入乡以伤命。”

在残垣断壁里忍饥挨饿躲藏了几天，他意外地收到同村的一个哥们汤和给他捎来的纸条。原来这个哥们已经加入红巾军，说现在在军中大碗喝酒、大块吃肉，快活得很，劝他也快快参加。

他还是拿不定主意。谨慎的天性让他一次次拖延，不到最后关头，绝不选择军人这个职业。这时，命运给了他最后一次推动力，大师兄告诉他，红巾军给他捎信的消息已经被人知道了，有人想向官军举报他呢。

事已至此，他还是没下定决心。他找到一尊没被烧坏的菩萨像，想让菩萨给出出主意。他点上香，磕了头，拿起神案前的两块木片，按老和尚教给他的卜卦法卜算起来。

朱元璋在《纪梦》中这样描写自己的占卜过程：

> 于是祷于伽蓝，祝曰：“……民人尽乱，巾衣皆绛，赤帜蔽野，杀人如麻。良善者生不保朝暮。予尤恐之。时祝神避凶趋吉，惟神决之……”

看来朱元璋对农民起义军的看法确实不怎么样，在他看来，他们完全是一群强盗嘛。所以，朱元璋的第一卦是问应该逃走还是继续当和尚？如果是应该逃往他乡，那么两块木片落在地上应该都是正面；如果继续当和尚，就一正一反。

很显然，他的头两项选择里没有当兵。

摇了半天，扔到地上，结果是两块木片都是反面。看来这两者都不为神佛所赞同。

那么继续算吧。“祝曰：莫不容予倡义否？若是则复阴之。以珓掷地，果阴之，方知神报如是。”就是说，难道神是要我参加红巾军吗？如果是那样的话，应该是反面。一扔，果然是反面。

一个伟大的农民起义领袖的命运就这样被两块木片确定下来了。革命与反动之间就这样一念之隔。不过这个一念之差一直让朱元璋感觉不好意思。后来，他不断强调自己加入起义军实在是迫不得已，是人生的一大污点。他说自己加入起义军是“昔者朕被妖人（红巾军）逼起山野”（《与元臣秃鲁书》）。他又说：“朕为淮右布衣，暴兵（红巾军）忽至，误入其中。”（《明太祖实录》卷三七）在《皇陵碑》中，他又说：“元纲不振乎彼世祖之法，豪杰（那些起义领袖）何有乎仁良（也没什么好东西）。”这固然是因登基即位后为维护皇朝统治不得不以造反为非，也未尝不是他参加革命大业时的部分真实思想反映。

·2·

至正十二年闰三月初一，一个穿着破烂袈裟的年轻和尚来到濠州城下，向守门的士兵喊话，要求进城去参加红巾军。这和尚身材高大，黑长脸，大鼻子、大耳朵、大下巴，双目炯炯有神。守兵觉得他身上有点什么与众不同的地方。面对雪亮的大刀，这个人沉得住气，并不害怕。鉴于城外元军密布，守兵认为面前这个人有可能是元军的奸细。守兵发一声喊，几个人按住朱元璋，五花大绑，拉到护城河边准备砍了。宁可错杀一千，不可放过一个，这是形势的需要。在这些处于初级阶段的革命者看来，可以随便杀人也是起义者的一种特权。

选择了当兵就是选择了风险，朱元璋早有心理准备。没有想到的是还没当成兵就可能先成了刀下鬼。不过朱元璋并没有惊慌失措，他的第一反应是声嘶力竭地呼喊，试图吸引更多的军人来围观，也许会有人出来制止这几个守兵的野蛮行径。

这个做法救了他。正在城外巡视的义军元帅郭子兴听到了他的呼喊，驰马赶到，想看看发生了什么事。郭子兴从这个二十四岁的小和尚眼里看到了一点与众不同的内容。冰凉的刀片贴在脖子上，这小和尚的眼睛里却看不到慌乱。从这个心灵的窗口，你能看到的是他的大脑在紧张地运转，迅速地做着各种判断，以求拯救自己于危局。他沉着地回答郭子兴的问话，神态恭敬，语言流利，逻辑周密，三言两语就使郭子兴确信他不是间谍。

否极泰来。护城河边这意外的一遇，开启了朱元璋成功的序幕。这个机智勇敢的年轻人给郭子兴留下了如此深刻的印象，不久，他就把朱元璋调到元帅府做了自己的亲兵。

郭子兴在这个年轻人身上不断发现珍贵的品质。他发现这个年轻人头脑异常清楚，说话条理清晰，做事谨慎周密。在朱元璋身上，一点也没有年轻人常有的轻浮鲁莽，有的是这个年龄段的人所缺乏的沉着老练。使朱元璋注定出类拔萃的品质是，不管做什么事，只要着了手，他都会全心全意地做好。既然选择了军人生涯，他就强迫自己竭尽全力，去做一个出色的士兵。郭子兴交给他的几件事，他都办得妥妥帖帖。出兵打仗的时候，他很勇敢，“从旁翼卫，跳荡无前，斩首捕生过当”，出色地履行了亲兵的职责。郭子兴试着让他带小队出征，每次打仗他都身先士卒，而得到了战利品从不独吞，总是和大家平分。时间不长，他就成功地在小队里树立了威信。

郭子兴知道自己碰到了一个难得的人才。渐渐地，在有些事情上，他开始找朱元璋商量，让这个年轻人帮他拿拿主意。朱元璋的意见常常超出他的意料，然而经朱元璋分析解说之后，郭子兴又觉得确实很有道理。起义之初，集权制还没有建立起来，濠州城中，义军五位元帅名位相当，不分高下。传统中国人天生没有享受“民主”“平等”这些价值观的习惯，五位元帅明争暗斗，各不相让。郭子兴在五位元帅中排位本来在最后，却心高气傲，“素刚直，不屈人下”，和其他四人关系都很僵，有时甚至赌气不参加元帅会议。每逢这个时候，朱元璋就耐心劝解，说大事初起，大敌当前，军心不稳，一旦真的内斗起来，起义肯定失败。此时此际，只有委曲求全，小心翼翼维持合作局面，等实力壮大了再想办法。再说，多参加元帅会议，有事大家一起商量，接触的机会多了，矛盾也就慢慢可以化解了。郭子兴听了，觉得还真是这么个理，于是就又穿戴整齐，出门去参加会议。

时间久了，郭子兴对朱元璋越来越欣赏，以至于他把自己的干女儿马氏许配给了朱元璋。这个赤贫农民的儿子，前流浪汉和和尚，现在成了义军元帅的女婿。

·3·

虽然成了首领的干女婿，但初入义军的朱元璋当然只是一个小角色。不过这个小角色很快就发挥了大作用。

至正十二年九月，原来占据徐州的一支农民起义军被元军击败，在首领赵均用、彭大的率领下投奔濠州。名为投奔，这支队伍的兵力却远超郭子兴部，而且赵彭二人起兵较郭子兴为早，在白莲教中的辈分更高，在教徒中的名气也更大，所以他们投奔后“鸠占鹊巢”，郭子兴等五人反倒成了配角。五位元帅之间的关系本来就一团乱麻，又来了两个外来者，而这两个外来者本身也不团结，结果更是乱成了一锅粥。在没有用枪杆子一决高下之前，中国式的合作者只会在无穷无尽的猜忌、内斗、纠缠中煎熬。每当元军围城紧急之际，城内诸支起义军合成一气，共同对敌。形势稍一好转，起义军首领就展开你死我活的残酷斗争。五位元帅暗暗分成两派，分别依附赵彭二人。郭子兴对脾气火爆的彭大比较服气，对看上去木讷内向的赵均用不那么看得起。不想赵均用面蔫心狠，怀恨在心，趁郭子兴出门上街之时，派人把他绑架了，秘密关押在郭子兴的老对头、五位节制元帅之一孙德崖的祖父家里，准备好好收拾他一顿。

郭家上下闻听这个消息，慌了手脚，他们不知道郭子兴是被谁绑走了，也想不出到哪里去找。大家聚在一起商议了半天，仍然大眼瞪小眼，谁也拿不出什么主意。

朱元璋当时正率兵在城外打仗，闻听郭子兴失踪，急忙连夜赶回城里。郭家上下一见他，个个牵衣痛哭。还是朱元璋头脑清楚，听他们说完情况后很快判断出是怎么回事。朱元璋说："我公素厚彭而薄赵，祸必赵发，此非彭不可解。"意思是，郭子兴平时亲近彭大，疏远赵均用，赵均用一定是绑架案背后的黑手。朱元璋说，只有利用彭与赵之间的矛盾，才能解决这个问题。

第二天一大早，朱元璋带上郭家人找到彭大进行投诉，又找出例证对彭、赵关系进行了一番挑拨。彭大果然大怒，说："我在此，谁敢尔！"立刻呼唤左右，带上亲随以及朱元璋等，四出寻找郭子兴，最后找到了孙德崖祖父家里。朱元璋率人爬上屋顶，揭瓦掀椽，下到屋里，只见郭子兴脖子上套着木枷，双脚系着镣铐，浑身已被打得皮开肉绽。几个人七手八脚打开枷铐，把他背回家。

就在城内几方势力面临火拼之际，元中书左丞贾鲁率领大军包围了濠州城，濠州危在旦夕。几位领袖不得不同意讲和，共同守卫城池。他们凭借城高濠深，粮食充足，坚守了七个月，元军无计可施撤兵而去。

元军撤围后，由于死伤惨重，兵源紧张，郭子兴遂命朱元璋回乡招兵买马。这一安排是由于朱元璋在营救郭子兴过程中出了大力，郭子兴对朱元璋更加放手使用，有意提拔。

至正十三年六月，朱元璋回到老家。此时离他当初投奔红巾军不过一年三个月，当初落魄的小和尚现在居然成了红巾军的军官，骑着高头大马，身穿绸缎衣服，出手大方，今非昔比，也算得上衣锦还乡了。这个示范效应自然非同寻常，十天时间，朱元璋就招了七百人，把他们带回濠州交给郭子兴。郭子兴十分高兴，提升他为镇抚，并把这七百人交给他统率。从此，朱元璋正式成为一名带兵的小军官。

这次招兵在朱元璋的崛起史上十分重要。朱元璋从七百人中挑出了三十多人，作为自己的亲兵护卫。谁也不会想到，这次挑选的三十多人在中国历史上赫赫有名，他们是：徐达、周德兴、郭兴、郭英、张龙、张温、张兴、顾时、陈德、王志、唐胜宗、吴良与吴祯兄弟、费聚、唐铎、陆仲亨、郑遇春、曹震、张翼、丁德兴、孙兴祖、陈桓、孙恪、谢成、李新、何福、邵荣、耿君用与耿炳文父子、李梦庚、郁新、郭景祥、胡泉、詹永新等。朱元璋的这批亲兵，后来都成了大明开国元勋。除了耿再成、花云在开国前战死外，这些当初走投无路的泥腿子后来都跻身公侯之列。

有生以来，朱元璋的社会地位第一次有了提升，老朱家五代以来，也头一次有人有了正式名字。因为重八这个名字实在是上不得台盘，所以改名为德裕（元璋是后来再次改的），并起了个官号叫兴宗，取字国瑞。从此，大家改口称朱元璋为“朱公子”。有生以来，朱元璋第一次有了地位，也有了可以看得见的前途。

朱元璋发现自己喜欢上了军人生活，他甚至发现自己原来天生就是一个军人。军人生涯固然风险最大，可是收益也最高。如果不是参加义军，很难想象，以朱元璋的出身和素质，会如此迅速地出人头地，在社会阶层上获得令人炫目的晋升。在参军以前，朱元璋的全部人生资本不过是一身力气。战争让他第一次发现自己的另外两项资本：头脑和勇气。

在危机重重的战场上，在错综复杂的人际关系中，朱元璋发现了自己的与众不同。他发现，自己比大部分人更敏锐、更精明、更缜密。他总是能比别人更早一步、更高一层、更多几步地在复杂的形势中判断出事情的发展，他总是能轻松地猜透很多人的心理。他知道如何赢得上司的信任，如何赢得下属的拥戴。他知道自己在什么时候应该进，在什么时候必须退。他异常谨慎，但这并不妨碍他在关键的时候敢于冒险。事实上，他在战场上的勇气为别人所不及。这是因为他早就盘算明白了，在刀光剑影中，只有勇敢，只有以气势震慑住对手，才有最大的概率生存下来，懦弱者反而死得更快。

朱元璋有时也奇怪，自己以前为什么没有发现这些优点？其实很好理解。承平岁月，朱元璋有再高的智商、再大的勇气也没有用。等级、地位、政权，重重压迫着他，如同五行山压在孙行者身上，让他的这些优势没有空间施展。他的智商只能用于在田间地头和穷朋友开开玩笑，他的勇气也仅止于在荒郊野外遇到野兽时心里不慌，对于改变他的命运并无作用。

所以，战争真是太神奇了。它斩断了朱元璋身上的重重绳索，它颠覆了他过去的一切常识，它开启了他的想象力。他的大脑有生以来头一次跳出三亩地一头牛这个思维定式，发现一个普通人可以抵达的世界是如此广阔，广阔得让人不敢相信：连彭大、赵均用那样的普通农民，现在居然都称了“王”。“王”是什么？是社会金字塔的第二层，再往上，那就是皇帝啊！

彭大、赵均用都有可能当皇帝，他朱元璋为什么不能呢？

·4·

至正十三年冬，朱元璋向郭子兴提出一个令人意外的要求：把自己的七百名部下交给别人统率，自己只带领汤和等二十四名亲兵离开濠州，向南方去发展势力。

郭子兴大惑不解，问：你在这待得好好的，我待你也不薄，你怎么要走？

朱元璋回答说：我这正是为您老人家考虑。您想想，濠州城小首领多，你们七位首领挤在这，谁也施展不开，早晚有一天得火并。所谓狡兔三窟，我到外面去开辟一片新领地，万一濠州有事，您就可以远走高飞啊！

郭子兴一想，还真是这么回事，于是放手让朱元璋离去。

离开自己投奔的第一支农民起义军独立发展，这是朱元璋酝酿已久的想法。他后来在《纪梦》一文中这样描写自己做出这一决定的前因后果：

> 当时，予虽在微卒，尝观帅首之作，度之既久，甚非良谋。明年春，元将贾鲁死，城围解，予归乡里，收残民数百，献之于上官，授我为镇抚。当年冬，彭赵僭称，部下者多凌辱人，予识彼非道，弃数百人，内率二十四名锐者，南游定远。

也就是说，当朱元璋还是一个普通士兵的时候，他就暗暗观察起义军首领们的所作所为，感觉他们得过且过，享受一天是一天，这样不是长久之计，而成了军官后，他判断赵彭二王并非能成大事之人，自觉和他们一起混下去没有前途，所以才决定“南游定远”，自己开辟根据地。

事实确实如此，赵彭二人的水平并不比郭子兴高多少，他们只热衷于抢劫财物，管理军队的手段仅仅是黑社会式的打和杀。朱元璋内心深处很看不起他们。

通过对赵彭二帅的了解，朱元璋已经明白全国各地那些名头极响的“王”“帝”“大元帅”是怎么回事了。大部分农民领袖目光短浅，秀才娘子的宁式床就是他们的最终奋斗目标。因此，他们注定只能是革命道路上的铺路石，成不了大事。谁能成大事？得是他朱元璋这样的人。因为他天生拥有与众不同的自制力和判断力，凡事都用一生的长度来衡量。所以，他一眼就看出其他人“燕巢幕上”的荒唐和可笑，毅然与他们决裂。

南下发展，可以看作是朱元璋对自己的人生大局进行明确规划的起点，而一旦给他更大的空间，他的能力就能挥洒无余。南下的路上，朱元璋的江湖手段得以牛刀小试。出发不久，他听说定远张家堡有一支三千余人的地主武装，孤军乏粮，在元军与起义军之间左右为难，不知投向哪一方为好。朱元璋亲自前去招降，到了张家堡，巧舌如簧，封官许愿，这支武装的首领大为心动，答应来投朱军。朱元璋大喜，回去等候。不料没几天，有人来报，说张家堡的这支武装又变了卦，准备他投。朱元璋一听到消息，当机立断，骑马赶到张家堡外，派人去请首领，说有要事相商。首领一到，朱元璋立刻缴了他的械，派人把他押回朱军，然后又派人到张家堡，说首领又变计，转投朱军。手下不知是计，三千义军放火烧了兵营，跟随而来。首领无法，只好承认了既成事实。就这样，三千地主武装被朱元璋软硬兼施，用欺骗手段招降成功。

朱元璋一路又大量招入那些被灾荒赶得走投无路的农民，“不逾月而众集，赤帜蔽野而盈岗”。大军向南，一举攻下了滁州，队伍发展到了三万人。

就在朱元璋兵势大张之际，郭子兴却陷入危局。原来两虎终于难共一山，正像朱元璋所预测的那样，彭大与赵均用火并，彭大被干掉。郭子兴落入老对头的手里，只因赵均用顾忌朱元璋在滁州的三万兵力，才没敢动手收拾郭子兴。郭子兴不安于位，请求赵均用放他去守滁州。朱元璋也派人花钱买通赵均用的左右，让他们帮郭子兴求情。赵均用居然恩准，郭子兴逃出虎口，带领自己的一万人马来到滁州，朱元璋交出兵权，重受郭子兴节制。郭子兴眼看自己兵势大盛，队伍旗帜鲜明，军容整肃，不禁大喜。

·5·

按理说，朱元璋现在是郭子兴手下最大的功臣，理应被加官晋爵，专心倚任：现在郭子兴麾下有四万军队，四分之三是朱元璋手创。然而，传统中国的人际关系就是这么奇怪，朱元璋功劳越大，郭子兴对他的感情就越复杂。这个干女婿的能量实在出乎他的意料。这个小部下当初只带了二十四名亲兵出来开辟根据地，郭子兴还曾经担心他是否会有去无回，让干女儿守寡。做梦也想不到短短一年多，朱元璋就将三万训练有素的大军拱手奉上，而他经营了这么多年，才不过一万多人马。两人能力高下，岂不一目了然?

所谓功高震主，一支队伍中只能有一个核心、一个权威、一个效忠对象。朱元璋功劳太大，太得军心，郭子兴坐享朱元璋的经营成果，心里感觉不那么踏实。所以，他迟迟不给朱元璋晋升，反而还不断找他的毛病。郭子兴的两个儿子郭天叙、郭天爵也同样是心胸狭窄之辈，不想让这个干姐夫抢了自己的风头，一有机会就风言风语地挑拨几句。朱元璋的前部下中也有人看风头不对，在郭子兴面前挑拨离间，汇报朱元璋独立带兵时的种种过失。郭子兴本来对朱元璋就不放心，再加上众口铄金，怎么看朱元璋怎么别扭，因此开始刻意打压朱元璋。他先是把朱元璋视为亲信的将校和幕僚全部调走，接着又剥夺了朱元璋的实际权力，“自是四方征讨总兵之权”，朱元璋“皆不得与”，年纪轻轻就退居二线了。关系最恶化的时候，郭子兴甚至因为一言不合，把朱元璋关了起来，不让他出门。朱元璋全靠妻子马氏几次偷偷给他送吃的。有一次马氏将刚刚烙熟的烙饼揣在怀里给他送去，把胸口烫红了一大块。这块疤痕，使得朱元璋终生对这位结发妻子都很尊重。

虽然是自己一手创立的军队，但一旦交出兵权，朱元璋发现自己居然一无所有。朱元璋当然气愤，当然郁闷，但以他对人情世故的洞察，他一下子就看透了郭子兴的内心。虽然有自己练出的三万士兵做后盾，但朱元璋并不想和郭子兴闹翻。因为农民的宗法意识是根深蒂固的，他朱元璋再能干，也是郭子兴的女婿和部下。以下犯上，以小反大，不管他多么有能力，也会立刻为千夫所指，使人心丧尽。论资历、年龄、地位，他还得依靠郭子兴。

朱元璋知道怎么赢回郭子兴的信任。郭子兴对他越过分，他就越恭顺谨慎。都说女婿是半子，他这个干女婿把自己完全摆到孝子的位置上，君要臣死，臣不得不死，父要子亡，子不得不亡。朱元璋任打任骂，从不发一句怨言。你越是怀疑我，我越是对你忠心耿耿，你不让我管事，我就老老实实在家里替你管家；你让我带小队出征，我就拼命打仗，一往无前。所谓路遥知马力，日久见人心，时间长了，郭子兴一家上下都感觉对不住朱元璋。

郭子兴也感觉不用朱元璋，自己做事总不大顺手。其他人出的主意，总不如朱元璋高明；判断事情，总没有朱元璋清楚。加上左右亲信也开始为朱元璋说好话，几个月后，郭子兴终于消除了对朱元璋的怀疑，重新加以任用。朱元璋再度成为郭子兴手下最有发言权的将领，郭子兴处理大事小情，多以朱元璋的意见为准。

以前屈居人下，现在却成了四万大军的统帅，又连续击退了元军的几次进攻，郭子兴志得意满，动了称王的念头。当初他毁家起兵，孤注一掷，为的就是博一个称孤道寡。如今自立一方，何不过一把南面称王的瘾呢？部下闻听他有此意，也纷纷赞同。

只有朱元璋立马提出反对意见。朱元璋说，滁州无险可守，非称王之地，我们现在只有一座孤城加上周围几个乡镇。称了王，只得了一个虚名，却树大招风，会引起朝廷的注意，势必集重兵前来进攻，到那时后悔就晚了。

朱元璋反复劝诫，郭子兴听后沉默不语，不过称王之事，最后还是不了了之。从这个结果看，朱元璋实际上又成了这支军队的主心骨。

确实，当时郭子兴的四万多军队，只困守滁州一城，占地有限，粮食储备也非常紧张。不但称王不现实，生存都面临危机。朱元璋建议郭子兴南取和州（今安徽和县），扩大势力："困守孤城，诚非计。今惟和阳可图。"

朱元璋还为郭子兴策划了攻取和州的具体方略。他说，和州虽然"城小"，但防守坚固，"可以计取，难以力胜"，即可以用诈城之策攻取此城。

史书记载朱元璋的原话是："向攻民寨时，得民兵号二，其文曰'庐州路义兵'，今拟制三千，选勇敢士，椎髻左衽，衣青衣，腹背悬之，佯为彼兵，以四橐驮（骆驼）载赏物驱而行，使人声言庐州兵送使者入和阳赏赉将士，和阳兵见之必纳。因以绛衣兵（当时红巾军皆着红色服装）万人继其后，约相距十余里，候青衣兵薄城，举火为应，绛衣兵即鼓行而趋，破之必矣。"

也就是说，他以前攻打地主武装时缴获了两张号牌，叫"庐州路义兵"。不如按这个样子仿制三千个，派三千精兵，穿上地主武装的服装，胸前背后缝上这个号牌，伪装成乡团，带着四匹骆驼，装上奖赏物资，号称是庐州地主武装派使者来犒赏和州军队。再派一万人尾随其后，等前队入城后内外夹击，必能一举而下。

至正十五年正月，郭子兴采用了这个计策，顺利袭取了和州，统治范围扩大了一倍。论功行赏，他升任朱元璋为统率和州兵马的总兵官。换句话说，朱元璋成了郭军中的第二号人物。

虽然朱元璋是凭借赫赫战功升到此位，但是许多总兵官对此心怀怨言，原因当然是他年纪轻，资历浅，蹿升太快，太得宠。他们仗着是郭子兴的老部下，又比朱元璋年长许多，在朱元璋面前倚老卖老，朱元璋经常指挥不动他们。特别是郭子兴的妻弟，攻取和州的张天祐，看到总兵官的职位没有给他而是给了出谋划策的朱元璋，更是暗自不服。每次总兵官集体议事时，因朱元璋位列总兵官之首，所以理所当然坐在第一把交椅上，那些老资格的军官因此大为不惬，在背后飞短流长，说什么朱元璋是靠着“娇客”的身份蹿上去的，说什么出生入死不如娶个好老婆。

朱元璋以他极高的天分，在以术驭人方面制造了一个典型案例。为了树立自己的威信，朱元璋想出了一个办法。他叫小兵把会议大厅的椅子撤了，换上长凳。这样在开会时，各人就可以自由挑选自己的座位。第二天朱元璋有意迟到，进会场一看，诸将果然都老实不客气，那时以右为尊，他们把右手边都坐满了，留给他最左面一个位置。朱元璋一句话没说就坐下了。开会了，讨论军事问题，排在右首的人先发言。这些大老粗吭哧半天，也说不出几句有水平的话。最后一个轮到朱元璋，他侃侃而谈，分析得入情入理，大家听了，不得不点头称是，按朱元璋的意思去办。这样的情景出现几次后，再开会时，大家都自觉把右手边的位置给朱元璋留出来。朱元璋的威信就这样彻底树立起来了。

·6·

攻占和州，粮食问题解决了，元军几次进攻，都被朱元璋指挥部下击败。郭子兴一军顺风顺水，发展势头不错。不料就在这个时候，至正十五年三月，郭子兴得了重病，一命呜呼了。

郭子兴一死，形势马上就复杂起来。滁州、和州失去了主帅，这支“郭家军”成了周围几方势力眼中的肥肉，大家都想吞之而后快。而郭军内部，也开始了争权夺势的暗斗，朱元璋一时身处内忧外患之中。

外部威胁最大的势力是小明王。白莲教教主韩山童起义后不久就被元军捕获杀掉了。刘福通找到韩山童的儿子韩林儿，奉他继任教主。至正十五年二月，也就是郭子兴去世前一个月，刘福通又拥立韩林儿为皇帝，号小明王，建立政权，国号为宋，建元龙凤，定都亳州。得知郭子兴死后，大宋农民军当然也想收编这支军队，壮大自己的实力。

同时，郭军内部，形势也有点复杂。郭子兴去世之后，留下两个儿子郭天叙、郭天爵，一大一小两位夫人和一位妻弟张天祐。郭天叙乃郭子兴的嫡长子，以父死子继的惯例，最有资格接父亲的班。就是张天祐，从亲缘上说，也比干女婿朱元璋更近些。郭子兴一死，这两个人都跃跃欲试。

恰在这时，至正十五年四月，也就是郭子兴死后一个月，大宋小明王政权派使者来到和州，联络郭家军。郭天叙和张天祐知道自己不是朱元璋的对手，因此十分愿意让小明王做自己的靠山。于是张天祐随使者前去亳州朝拜小明王。到了亳州，张天祐大讲军心如何拥戴故主，如何愿意故主之子接班。结果他如愿以偿，从亳州带回了小明王政权的任命状：以郭天叙为都元帅，张天祐为右副元帅，朱元璋为左副元帅。也就是说，朱元璋成了三把手。

朱元璋的第一反应当然是十分光火。谁不知道现在这支军队主要听他指挥，郭张二人搞这个小动作，实在太不自量力。几位亲信也劝他拒绝这个任命，但朱元璋毕竟非同寻常之人。他转念一想，接受这个任命也有好处。小明王政权距离自己很远，鞭长莫及，接受了封号，并不等于受他们的实际控制。同时，接受这个任命毕竟可以避免郭家军的内部分裂。他深知郭天叙年轻没经验，张天祐虽然年岁大，但优柔寡断，缺乏智谋。遇到复杂的形势，还是需要自己出来做主。给郭张两人一个虚名，并不影响自己对这支军队的实际控制权。在这个忧患时刻，他暂时只能以退为进。

因此，龙凤元年（1355）四月，朱元璋和郭天叙、张天祐一起接受小明王的封号，在和州建立都元帅府，奉龙凤为正朔。果然如朱元璋所料，主帅新死，孤军难立，外部形势如此紧张，郭张二人也没有主意，不知道怎么应付，因此凡事都是听朱元璋的。朱元璋虽位居第三，实际上却成了都元帅府的主帅。

久驻和州也不是长远之计。朱元璋决定打过长江，攻占太平（今安徽当涂），向江南发展。江南本是著名的繁盛之区，更何况还有虎踞龙盘的集庆（南京）的诱惑。

六月初二，朱元璋亲率水陆大军万余人，乘坐风斗快船和筏子，以常遇春为先锋，开始了渡江战役，目标是对岸的采石。一千多艘大小船只，分列两队，扬帆竞发。常遇春膂力过人，射得一手好箭，以勇猛著称，他不负使命，带领几只小船，一马当先，强行靠岸，挥戈杀向元兵。元兵伸手抓戈，他顺势跃上江岸，左冲右突，元兵四散逃窜。

接着，朱元璋指挥军队又乘胜攻占了太平，在江南立下脚来。

·7·

渡江攻占采石、太平，朱元璋迈出了通往帝业的第一步。不过，太平处于元军四围之中，因此要巩固这个刚攻下的新城必然还要经过一番波折。朱元璋进入太平城不久，就被元“义军”(也就是主动站出来镇压起义的民间武装) 元帅陈野先率数万大军包围。

破解围城，朱元璋已经经验丰富，指挥自如了。他和汤和亲率精兵出城迎战，而派徐达等人率大军从另一城门出发，绕到敌后，趁敌人的注意力全部被朱、汤二人吸引时从背后突然袭击。陈军大败，陈野先本人被俘。

陈野先所率虽然不是元朝的正规军，但是威名久著。朱元璋早就闻听陈野先的勇猛能战，这次见到这位败军之将长得魁梧英发，极想让他成为自己的左右手，遂全力劝降，并宰白马乌牛，祭告天地，和他结为兄弟。陈野先的两万部下都归朱元璋所有。

朱元璋的威信进一步提高，兵力进一步增强。在他人看来，形势一片大好，朱元璋却敏锐地意识到自己面临着深刻的危机。

朱家军表面上发展迅速，如同发面馒头一样膨胀了数倍。然而过快的发展也埋下了隐患，那就是内部并没有真正融合统一。这支军队存在着三个权力中心：一个是朱元璋，一个是郭天叙、张天祐，第三个则是陈野先。

郭天叙、张天祐二人虽然表面上对朱元璋言听计从，但内心深处对郭家军变成朱家军一直心有不甘。况且两个人在名义上地位高于朱元璋，因此在军队中总是一股离心力量。特别是对于那些郭子兴的嫡系旧部来说，这两个人的号召力其实是大于朱元璋的。大敌当前之时，这种离心力不大看得出来，但是一旦危险远去，他们势必要和朱元璋争权夺利。

更为直接的隐患是陈野先。朱元璋对陈野先寄予很大希望，以为此人可以成为他的左膀右臂，然而不久后他就失望了。他发现陈野先表面上信誓旦旦，但实际上根本瞧不起他们这些农民军，认为他们成不了大事，暗地里还和元军保持密切接触。那么，如何处理陈野先部这两万人，就成了个棘手的问题。

投入起义军之后，朱元璋经历了无数次的义军内部斗争。他深刻认识到，只有建立起强有力的一元化集权领导，才能实现队伍的真正统一。而要建立一元化领导，就必须消灭多核心。

经过长时间的反复思考，一个大胆的计划在朱元璋的头脑中形成了：以借刀杀人之计，神不知鬼不觉地除掉郭张二人。

攻占太平之后，朱元璋的下一个计划就是攻取集庆。此城是他渡江作战的最大目标，也是他的天下蓝图中未来根据地的核心。能否攻占此城，关乎他的天下大计之成败。按理说，这场战争朱元璋应该派出最精锐的部队，亲自挂帅，精心组织，力求必胜。但是朱元璋不按常理出牌，派出了一支奇怪的组合：一支由郭天叙、张天祐带领，另一支由陈野先带领。一个由东，一个由南，两路夹击集庆。

说也奇怪，一是这两支军队都不是朱元璋的嫡系；二是朱元璋通过安插在陈野先身边的奸细，已经掌握了陈野先与集庆城内元军勾结，准备里应外合、击败朱军的消息，却“姑许之”，仍命他带兵与郭、张二军一起进攻集庆；三是朱元璋居然没有把如此重要的情报告诉郭张二人。

朱元璋的用心因此也就一清二楚了。龙凤元年九月，两路大军出师，郭张二人积极用命，率领东路人马一路势如破竹，攻破元将设在城外的营垒，直趋东门，准备第二天发起进攻。陈野先也到达南门，并且当天傍晚设酒宴请郭、张两位元帅。郭张二人毫无防备，高高兴兴应约前去，结果被陈野先抓住杀掉。陈野先与元军内外夹攻，红巾军被打了个措手不及，败退溧阳。从此，郭子兴的旧部全归朱元璋指挥，朱元璋成为这支队伍名副其实的都元帅，郭家军彻底成为朱家军。

朱元璋借刀杀人之计操作得实在高明，他以损失几万军队和攻城战役彻底失败为代价，来清洗两位并非急待铲除的对手。这种看似不合情理的安排将他的计谋遮掩得完全不露痕迹。在他看来，用这样巨大的代价来换取自己对军队的绝对领导，无疑是值得的。

郭张二人死后，朱元璋只剩下一个隐患：郭子兴的小儿子郭天爵。朱元璋分两步处理这个人。郭张二人死后，他以体恤故主的姿态，让年纪不大的郭天爵做自己的二把手，授予他“江南等处行中书省右丞”一职。不过天爵太年轻，所授之职只是一个虚位，并不管事。朱元璋这样做，只是为了把天爵拴在自己眼皮子底下，控制他的活动自由。到了至正十八年，朱元璋已经彻底巩固了自己的权威，等人们把郭子兴忘掉之后，他找了个小小的借口，以郭天爵“怨望”“谋叛”，将之逮捕杀掉了。

通过代价巨大的清洗，朱元璋的一元化集权领导终于建立起来了。朱元璋带领这支被他熔为一炉的军队，于第二年二月一举攻下了集庆，将之改名为应天。

四 成功的三个原因

·1·

二十五岁以前，朱元璋一直沉沦于社会最底层，命运悲惨，一无所有。

从二十五岁到二十八岁，朱元璋的命运曲线出现了一波迅猛的上升：

二十五岁那年，他投身郭子兴军，当年，成为郭子兴的干女婿。二十六岁，因为招来徐达等七百名军人，从普通亲兵升为镇抚，成为中级军官。二十八岁，郭子兴去世，他就成为郭军的实际领袖。短短三年多，他就从一个社会最底层的穷和尚上升为元末义军“群雄”之一。

从二十八岁到四十一岁这十三年，则是他正式走上帝王之路的十三年。虽然这十三年也有过大惊大险，但他基本上是节节上升，一路走高：

二十九岁，他率军攻下江南重镇集庆（后改名应天，就是今天的南京），正式建立了自己的根据地。

三十岁那年，他连续攻占了长兴、常州、宁国、江阴、常熟、徽州、池州、扬州等地，建立了属于自己的根据地。

三十一岁和三十二岁这两年，他攻取了富庶的浙江东部，根据地扩大了一倍，与陈友谅、张士诚并为江南三巨头。

三十三岁、三十四岁这两年，他两次击退陈友谅的进攻。

三十五岁、三十六岁这两年，朱元璋从守势转入攻势，在鄱阳湖大战中击败了自己进军帝位路上的最大对手陈友谅。

四十岁这年，经过三年征战，他消灭了另一个劲敌张士诚，江南已经尽为他所有。

四十一岁，他在应天（南京）称帝。同年，徐达北伐成功，元帝北逃。

回顾朱元璋从乞丐到帝王的道路，实在是太顺利了。中国历史上另一位著名的布衣皇帝刘邦，在称帝前经过了被项羽“发配”到四川、称帝后诸将接连叛变等大起大落，没有朱元璋顺利。从社会最底层到社会最高点，朱元璋却如同一支一路上涨的绩优股，没有什么悬念。

其实，论狡猾机变，朱元璋在元末群雄中不过中等偏上水平。那些游民出身的起义领袖，哪一个不是世事洞明、人情练达。比起首鼠两端、凶残厚黑，朱元璋并不见得胜过他们多少。论起战略战术，朱元璋虽然胜人一筹，但也做不到步步高明。

朱元璋之所以在群雄中脱颖而出，决定性的因素在于他身上有那些草莽群雄所没有的另一些至关重要的品质。

· 2 ·

朱元璋帝业成功的第一个原因，是他善于争取人心。

历代农民起义者虽说是历史中最先进因素的代表，但绝大部分人素质并不高。从各地义军领袖的绰号我们就能看出一二：什么“棒胡”“韩法师”“芝麻李”“金花小姐”……他们一般都出身流氓无产者，之所以能成为乱世英雄，是因为他们有常人所没有的勇敢和残酷。文化素质低下、眼界狭窄、目光短浅却是他们的通病。这些绿林英雄领导下的众多好汉，起兵之初没有完整计划，起兵之后热衷于“走府过县”，烧杀抢掠。他们并不像传说中的那样“劫富济贫”，一心帮助阶级兄弟。他们连阶级兄弟也抢，在大户逃亡净尽的时候，他们甚至主要靠抢阶级兄弟们的财产为生。就拿郭子兴的队伍来说吧，“郭子兴的队伍原来纪律很差。刚起义时，他们占领濠州，‘哨掠四邻’，往往不分青红皂白，不仅剥夺地主富豪，也打劫一般平民的财产，有时甚至放火焚烧庐舍，弄得人家屋无根椽片瓦，墙无立堵可观。‘不两月，越境犯他邑，所过亦然。’攻占和州，仍未改旧习，‘破城横暴’，随意砍杀掳掠，抢劫妇女，闹得百姓妻离子散，民心惶惶”（陈梧桐《洪武皇帝大传》）。

朱元璋却从不像那些好汉那样放任自己，今日狂歌痛饮，明朝弃尸马前。他参加起义，不是出于一时的冲动，也不是出于对“大块吃肉、大碗喝酒”的向往。这是他经过深思熟虑后做出的慎重选择，他要的是安身立命，飞黄腾达。人无远虑，必有近忧。只有那些看出五步之外棋局变化的人，才能笑到最后。

这个后来被证明是中国历史上最残酷的皇帝之一的人，此时对百姓摆出的却是一副和善的面孔。他深知战争中人心的向背取决于军队的纪律。他对手下大将说：“我每次听说你们攻下一城后不乱杀人，就打心眼里高兴。林子里有老鹰，别的鸟就不来了。你军纪不好，百姓们就会逃跑。”所以，独自带兵不久，他就开始注意军纪问题。至正十五年，朱元璋攻占和州之后，手下军人照老例烧杀抢掠。朱元璋首次召集手下大小头目，郑重宣布：“城破之后兄弟们都抢了不少女人。我规定，以后只许抢没结婚的少女，那些结了婚的，一律给我放回去！”（《皇朝本纪》）他召集全城的男人到州衙门前集合，把那些抢来的已婚妇人列队送出，让夫妻相认。全城百姓奔走相告，感激涕零，朱元璋成了和州人的大恩人，他的恩德被和州百姓久久传颂。

朱元璋渡江作战，是为了给自己夺取天下奠定基础。以前的奋斗是为了生存，以后的奋斗却是为了发展。要发展，就要立足长远。因此，他必须树立一股新风，让天下百姓耳目一新。

在渡江战役之前，朱元璋部的习惯是攻下一座城后，总要大抢几天。然而从渡江战役开始，朱元璋定下了攻城后禁止抢掠的新规。攻占太平后，有个小兵不遵军令动手抢劫，即被朱元璋的亲兵队斩首示众。当然，朱元璋不会亏待有功将士，太平路的富户们“识相”，“捐献”了一大批金银财帛，朱元璋下令分给诸将士。将士们虽然没有上街掳掠，所得倒也不比抢劫少多少，一个个又转怨为喜。此举以后成为定制：破城之后不再抢劫，而是集中没收大户的财产，平均分配，军人、百姓两相无事。老百姓因此对朱军感激涕零。

中国老百姓就是这样容易满足。在乱世之中，握有暴力的人不全力残害他们，他们就会感激不尽。在后来朱元璋攻灭张士诚的战役中，张士诚兵尽粮绝，走投无路，举火自杀。因为他只烧了自己的王府，没有烧掉全城百姓的房屋，城内百姓对他感激得无以复加，一直尊敬地称呼他为“张王”。在很长一段时间里，每逢张士诚的生日七月三十日晚上，苏州人就烧九四香（张士诚原名九四）、点地灯来纪念他。所以，朱元璋军在元末诸军中“独不嗜杀”，很快就赢得了老百姓的衷心拥护，这为他建设根据地打下了良好的基础。

朱元璋抓军纪，经常以身作则。亲征婺州时，朱元璋有次睡不着觉，半夜上街散步。街上的巡逻士兵因实行宵禁令出面阻拦。随行小先锋张焕告诉巡军，这是位“大人”，要求放行。巡军拒不答应，说：“我不知是何大人，只知犯夜者执之。”第二天，朱元璋就赏给巡军二石米，“后不夜出”。

这个时候的朱元璋，自我要求极严，一副清新向上之气。部下进献战争中得来的金玉装饰的马鞍辔，他退了回去，说：“吾方有事四方，所需者文武才能，所用者谷粟布帛，其他宝玩非所好也！”江西送来缴获的一张陈友谅用的镂金床，他下令砸毁，说：“此与孟昶七宝溺器何异！”文人学士听到这些话，纷纷感动涕零地说：此真非寻常人能及也！

当然，这种展示自制的行为有时难免流露出土匪气。《国初事迹》载：“太祖亲征婺州，有侄男子进女子一人，约二十岁，能作诗。太祖曰：‘我取天下，岂以女色为心，诛之于市，以绝进献。’”

就是说，他在征婺州的过程中，他侄儿给他进献了一名女子，二十岁左右，不光漂亮，还会作诗。这位侄儿知道朱元璋正在进行文化学习，以为此举也许能讨朱元璋欢心。不料，朱元璋却大不高兴，说：我以天下为念，哪有心思琢磨女色。

于是他下令把这位才女推到街头，当众斩首。目的是通过这种方式告诉其他将领，不必再献这类“东西”了。本来杀掉的或者说受处罚的应该是他的侄子而不是这名女子，不过朱元璋和时人都不这样认为。所以《国初事迹》才这样公然记载，将此作为朱元璋“英明伟大”的证据。

在朱元璋的军纪面前，没有任何人可以享受特殊待遇。不管层级多高的将领违反军纪，朱元璋都毫不宽容。胡大海领兵围攻绍兴，他的儿子胡三舍、王勇等三人犯酒禁，朱元璋命人拉出去砍头，都事王恺出面求情：“胡大海现总兵攻绍兴，可以本官之故饶他。”朱元璋大怒，说：“宁可胡大海反了，不可坏了我号令！”当下就拔刀把胡三舍等三人杀死。

连亲情在纪律面前也不起什么作用。他的亲侄朱文正是大饥荒后幸存的唯一朱姓亲人，跟随朱元璋打仗屡立战功。然而朱文正恃亲恃功，胡作非为，“专求民间闺女，用则数十日，不用即投之于井，为数甚多”。朱元璋大为恼火，后下令以“不谏阻”的罪名杀掉朱文正的部下郭子章、刘仲服、卫达可及王三元帅，将其随从头目五十余人挑断脚筋，甚至准备将朱文正处死。直到马夫人出面苦苦劝阻，朱元璋才免朱文正一死，将他解送凤阳守护先人坟墓。朱文正耐不住寂寞，逃跑“谋奔敌国（指张士诚）”，抓回来后，被朱元璋一顿鞭子活活打死。

经过雷厉风行的整顿，朱元璋的队伍终于变成一支军容整肃、纪律严明、服调遣、听指挥的队伍，攻城略地，“秋毫无犯”“市井宴然”，官员也一个个奉公守法，不敢胡作非为。

朱元璋的这些与众不同之处，不仅使底层百姓感激涕零，也使地方精英敏锐地发现他是可以依靠的主子。因此，当他在太平禁止抢劫之后，太平路的老儒陶安拜见朱元璋，说：“我辈今有主矣。”为什么？因为朱元璋让他们在纷乱无序的乱世中看到了建立有序政治的一线希望。各地精英人物因此纷纷来投，朱元璋的大名被广为传颂。

·3·

攻占集庆之后，朱元璋踌躇满志，心潮澎湃。他登上城楼，极目远眺，这座城池果然如同想象中一样雄伟壮丽，周围形势也果然如传说中一样虎踞龙盘。他的帝业计划第一步顺利完成，他相信，凭借自己与众不同的大脑，他的最终目标也一定会水到渠成。

历代农民起义军大部分是流动作战，打到哪儿是哪儿。朱元璋却不是这样。他做事，从来稳扎稳打，步步为营。吃掉一块地方，就要彻底消化，将之建成自己的根据地，然后再向外扩展。

要建立根据地，最重要的是解决军队的粮食问题。对于农民起义军来说，军需往往是最让他们头疼的问题。和元末大部分农民军一样，朱元璋军以前解决粮草供应问题的方式有两种：“稍粮”“检刮”。

所谓“稍粮”，又称“寨粮”，是一种有组织、有纪律、比较文明的抢劫。以前朱元璋军出征之时，都不带粮食，而是随行随抢。具体抢法是在远近乡村山寨“书押大榜（张贴告示），招安乡村百姓，岁纳粮草供给”。也就是说，命令各村村长、里甲交纳粮食草料。如果拒绝呢？那当然是敬酒不吃吃罚酒，杀无赦了。但是，这种抢劫和我们下面提到的“检刮”比起来，对元末百姓来说已经是一种极大的恩惠了。许多军队实行的是“检刮”。“检刮”二字从字面上就可以看出端倪：“检刮者，尽取而靡有孑遗之意。”也就是见什么抢什么，翻箱倒柜，扒房掘地，如梳如篦，一点不留。军队走了，老百姓也随之一无所有。不仅农民军如此，甚至有的官军也是这样。比如湖广苗军元帅杨完者，因为元廷不向他们提供军饷，他们就四出抄掠，“所过无不残灭”。所以，一支寨粮的军队，一般来讲不会被百姓拒绝，他们再穷再苦，也会勒紧裤带，挤出点东西来，把“军爷”们打发走，然后还要感谢苍天让他们遇到一支文明之师。

如今，有了自己的根据地，朱元璋决定改变解决粮食问题的方式，不便再强行征取：他决定在自己的占领区实行“屯田”。龙凤四年（至正十八年，1358年）二月，他任命康茂才为营田使，专门负责兴建水利。又分派诸将在各处开荒垦地，立下规矩，用生产量的多少来决定赏罚。他发布命令说：“若兵食尽资于民，则民力重困。故令尔将士屯田，且耕且战。……自今诸将宜督军士，及时开垦，以收地利，庶几兵食充足，国有所赖。”几年工夫，屯田就成绩显著，仓库皆满，军食丰足。龙凤六年闰五月，朱元璋正式下令废除“寨粮”制度，全面实行百分之十的“十一税”，大大减轻了农民的负担。

除了减轻农民负担，朱元璋还对自己地盘内农民夺取地主土地的情况予以事实承认。龙凤四年亲征婺州之时，他“命籍户口”，也就是开始登记百姓的地产。当时许多地主逃亡，土地被贫民占领，朱元璋对现状一律予以承认。由于朱元璋的支持，许多地区的农民都积极行动起来，夺取地主的土地和财物。如朱元璋的军队打到诸暨，地主赵淑携带田契逃入深山穷谷，他的家产全都被农民夺占，“无纤毫存”。朱元璋亲征婺州，地主俞元瑞从乡下逃往处州城里，处州被攻克后，他也遭到农民的清算，“家业荡然，遗田数亩而已”。朱元璋还“令民自实田”，也就是发动群众进行田产清查，不许地主瞒报土地，少交赋税。这些措施使地盘内的土地分配平均化，大大刺激了小农的生产热情。

事实证明，朱元璋的眼光确实远高于其他农民军首领。屯田政策和承认农民夺取地主土地，彻底缓解了军民、“民民”之间的紧张关系，老百姓欢呼如堵，纷纷来投。朱元璋的地盘内人口剧增，秩序井然，农业生产迅速恢复，为朱元璋的政权提供了有力的财政支持。打仗，很多时候较量的是战场背后的经济实力，朱元璋由此有了远比他人丰厚的资本。

随着政治地位的不断上升，朱元璋越来越深刻地认识到，一个出色的政治家必须是一个高明的演员。在开国之前，朱元璋最拿手的是扮演仁慈的角色。

朱元璋对自己地盘内的人民关怀备至，总是把他们的疾苦放在心上。龙凤四年（1358），他亲征婺州，召见当地民众代表，询问他们对军队有什么不满。一位民众代表说，守将邓愈随便征发老百姓筑城，不给一分报酬，还要自带工粮，老百姓颇有怨气。朱元璋立刻严肃地批评了侍立一旁的邓愈，命令他立刻停工。

为了凸显自己的仁慈，他对地盘内的老百姓采取轻刑政策。龙凤三年十二月，朱元璋下令释放监狱里的所有轻重罪囚。次年三月，他又分派官员巡视各地，大面积减轻刑罚。有的官员不理解朱元璋的政策，认为“去年释罪囚，今年又从末减，用法太宽，则人不惧法，法纵弛，无以为治”。也就是说，有部下说他用刑太宽，他却说：“老百姓受的苦够多的了，如今归顺于我，我当然应该照顾照顾。用刑应该以宽厚为本，对人应该以仁慈为本。我要尽最大努力，使老百姓不受冤狱之害。”

在登基之前，朱的部队一直是“仁义之师”，朱本人一直是行“王道”的表率，由此民心归附。岂料据有天下，全国人民被纳入他的牢笼之后，他从宽厚仁慈一变而为苛刻残酷，举起手中的鞭子和屠刀，宰割天下，残杀功臣，成为让所有人都心惊胆战的魔王。其实，变的并不是朱元璋的本性，而是时势。登基前，他有求于各个社会阶层，需要获得他们的支持。登基后，百姓已经成为他牧下的牛羊，他当然改而以屠刀和鞭子指挥他们前进。

·4·

除了善于笼络民心，朱元璋也十分擅长收买对手的“军心”。龙凤二年，朱元璋俘虏了陈兆先军三万六千人。朱元璋很欣赏这支军队的战斗力，为了征服军心，他从俘军中挑出五百名精壮，说要给他们安排特殊任务。这些人不知道朱给他们什么任务，惶惶不安。到了晚上，朱把自己的亲兵撤走，让这五百人做自己的侍卫。自己钻进帐篷，脱下战甲，倒头就睡。这五百人感动不已，从此死心塌地效忠朱元璋，三万六千名俘虏也由此军心安定，很快成了朱军的主力。

在鄱阳湖大战中，陈友谅因军事进展不顺，心情不好，对俘虏的朱军大开杀戒，表现得毫无风度。朱元璋却利用俘虏，大造政治攻势。他听到陈友谅杀俘的消息之后，命令全部释放陈军俘虏，有伤的派大夫治疗，然后悉数发给路费，遣送回家。两相对比，高下立判，这个举动对瓦解陈友谅的军心起到了很大的作用。

对待那些不愿意投降的元朝旧将，其他起义军一般会杀掉了事。朱元璋却以极大耐心，千方百计劝降，招降之后，也敢于放手使用。元朝都元帅康茂才在应天战败，被朱元璋劝降。后来他作战有功，第二年就被提升为秦淮翼水军元帅。元朝“义兵”元帅朱亮祖先在太平被俘，朱元璋立刻委以重任。不料几个月后他又叛归元朝。后来在战斗中又一次被朱元璋俘获。朱元璋爱其武勇，再次释放他，命他带大队兵马跟徐达等人去攻打宣城。朱亮祖由此倾心卖力，为朱元璋屡立战功。

有些人被俘后拒不投降，朱元璋也不加虐杀。如元朝万户纳哈出在太平被俘，朱元璋“待之甚厚”，百般劝降，纳哈出却表示：“我本北人，终不能忘北。”朱元璋决定放他北返，徐达等人都不同意，“恐贻后患”。朱元璋却坚持己见，发给路费，放他们回蒙古。

有的时候，朱元璋的宽大仁慈甚至到了“演过头”的程度。如元军林元帅在应天被俘，朱元璋让他出任原职，权力不减。但不久后林又拉着队伍逃往杭州。朱元璋得到消息后说：“林思旧主，既去勿追。”不加阻拦，让他逃跑。

后来的历史事实证明，朱元璋的宽大仁慈并不是出于天性，他的过人之处，就在于能长久地把自己的本性深深地掩藏起来。当然，一旦形势变化，不再需要他继续表演时，他会马上露出自己的獠牙。

比如统一战争进入后期，天下大局已定，朱元璋就停止了优待俘虏的政策。龙凤十二年（1366），大将徐达攻下张士诚领地内的高邮，朱元璋要求将那些没用的俘虏一杀了之：因为大元天下马上会成为他的囊中之物，他不再需要用优待俘虏的政策来收买敌人的军心了，留着这些俘虏，只会浪费自己的粮食。然而，徐达不能准确理解朱元璋的意图，杀俘不够彻底。接下来攻打淮安时，他也没有继续杀俘，气得朱元璋于龙凤十二年三月写了一封信，责问他为什么不多杀人：“吴王旨令说与总兵官徐达，攻破高邮之时，城中杀死小军数多，头目不曾杀一个。今军到淮安，若系便降，系是泗州头目青旛黄旗招诱之力，不是你的功劳！如是三月已过，淮安未下，你不杀人的缘故，自说将来！依奉施行之。”

再如龙凤十一年（1365）十月，朱元璋再派徐达、常遇春率领二十万大军出征张士诚，俘虏了张军六万人。朱元璋签发了亲笔密令，要求处死大部分战俘：“吴王亲笔：差内使朱明前往军中，说与大将军左相国徐达、副将军平章常遇春知会，十一月初四日捷音至京城，知军中获寇军及首目人等六万余众，然而俘获甚众，难为囚禁。今差人前去，叫你每（们）军中将张军精锐勇猛的留一二万，若系不堪任用之徒，就军中暗地去除了当，不必解来。”这封亲笔信显示，这一役朱元璋部至少坑杀了降卒四万。

·5·

朱元璋成功的第二个原因，也是他与普通武夫最大的不同点，是他的知识分子政策。

草莽群雄最容易犯的错误是在对待知识分子的态度上：一方面，他们因为本身文化程度太低，在知识分子面前难以摆脱自卑感；另一方面，他们的粗豪气质又与知识分子格格不入，十分反感知识分子的酸文假醋。所以，大部分起义军领袖对读书人没有好感，抓到之后多是一杀了之。朱元璋却不一样，也许是受父母的影响，他从小就知道敬重读书人。

正如阿Q不敢与赵秀才说话一样，投奔起义军以前，朱元璋没“资格”也没机会和读书人打交道。身处社会底层的他对这些满腹诗书的“老爷”满怀敬慕，却高攀不上。起义使一切颠倒了。朱元璋领兵自立之初，就有知识分子主动来投奔他。第一位是定远人冯国用。冯国用家境富裕，从小颇读过一些兵书战策，是朱元璋起兵以来接触过的第一个读书人。朱元璋自然受宠若惊，对他十分重视，一有时间就和他聊天。冯国用在他面前展开一幅地图，向他介绍说，集庆这个地方，古称建康，形势极好，古人常说“金陵龙盘虎踞，帝王之都”。要得天下，就得先占了这个地方，“先拔之以为根本，然后四出征伐……天下不足定也！”

朱元璋有生以来第一次看到地图，一看地图，周围形势包括天下大局一目了然，他不禁大喜。正是在冯国用的建议下，他确定了渡江发展的战略。

在进攻滁州的路上，一个叫李士元的定远人前来求见，他就是日后大名鼎鼎的李善长（据俞本《明兴野记》载，李士元于龙凤二年改名为李善长）。李善长头脑清楚，善于料事，“少有志计，读书粗持文墨”“习法家言，策事多中”，听说朱元璋带兵路过，“谒道旁”求见，想看看这个人是不是个能成事的主儿。朱元璋和他一见如故，聊得十分投机。李善长说，我看到您，马上想起一个人来。

朱元璋问：谁?

李善长说：汉高祖刘邦！他和您一样，也是起自草野。现在的形势，和当初汉高祖刘邦面临的差不多：“秦乱，汉高起布衣，豁达大度，知人善任，不嗜杀人，五载成帝业。今元纲既紊，天下土崩瓦解。公濠产，距沛不远。山川王气，公当受之。法其所为，天下不足定也。”

朱元璋也听说过刘邦这个人，不过从来没有想过这个人和自己有什么关系。听李善长这么一说，他茅塞顿开，连连点头“称善”。知识分子的种种建议，让在黑暗中摸索的他如同遇到明灯，通往皇位的道路在他头脑中一下子清晰起来。他任命李善长为掌书记，从此将刘邦视为自己的偶像，开始不断钻研他的事迹。

通过与读书人的交往，朱元璋深刻地认识到，“知识就是力量”。知识分子眼界宽，计谋多，用之则为力，驱之则为敌。而且这些人在地方上往往影响巨大，“能左右一方老百姓的态度。把他们争取过来，一方百姓也就跟着过来了”。随着和读书人的接触多了，他也知道请读书人成本不高：只要客气点，给足他们面子，让他们吃得好、穿得好，再给个虚职，他们就会感激涕零，为你卖命。“费得不多，赚头极大，真是划算的买卖。”因此，尝到了甜头的他在一路征战过程中，遇到读书人，就尽力延揽。甚至在命令手下的将领出征之时，他也经常嘱咐他们，听说哪个地方有有名的读书人，一定要把他们带回来。有时，朱元璋还派专人携带大量金银财宝，四处打听哪儿有读书人。

徽州老儒朱升学名很大，攻打皖南时，朱元璋仿效刘备三顾茅庐，“微服从连岭出石门，亲临其室”，向他请教夺天下大计。结果朱升说出了一句名言：“高筑墙，广积粮，缓称王。”

朱元璋听人说，镇江有个读书人叫秦从龙，学问很大。徐达出征镇江的时候，朱元璋特地交代他要去拜访此人。徐达找到秦从龙后，朱元璋又派自己的侄儿朱文正和外甥朱文忠（即李文忠）带着大量白银、绸缎前去礼聘。秦从龙来到应天后，朱元璋特意到城门外迎接，安排他和自己住在一处，“朝夕访以时政”“事无大小，悉与咨谋”“称先生而不名”。每年秦从龙生日之际，朱元璋“皆有赠遗，或亲至其家，与之燕饮，礼遇甚厚”。这些做法传出去后，广大知识分子深受感动。

当时的读书人大多数曾与农民军为敌，对朱元璋既疑且惧。朱元璋特地宣布“吾当以投诚为诚，不以前过为过”，只要诚心归附，一概既往不咎。还有一些知识分子瞧不起他这个出身寒微的山大王，嫌红巾军气味不对，躲在山里不肯出来。朱元璋也不以为忤，而是愈加低声下气千方百计劝说，绝不放弃。当浙东大部被平定之后，名士刘基“自以仕元，耻为他人用”，说什么也不肯出来为朱元璋所用。朱元璋叫处州总制孙炎派人去力请，孙炎于是写了一封洋洋数千言的信，反复说明利害，非要他出山不可，又叫他的朋友陶安和宋濂分别赠诗劝说。刘基实在没有办法，这才勉强出山。龙凤六年（1360）三月，他与宋濂、叶琛、章溢三位名士一起来到应天，朱元璋大喜过望说："我为天下屈四先生耳！"随后下令在自己住宅西边盖一座礼贤馆，把他们请到那儿去住。跟刘基说话，朱元璋从来都称刘基为"老先生"，他在给刘基的信中这样开头："元璋顿首奉书伯温老先生阁下。"(《慰刘基书》《谕刘基书》等，见《全明文》)语气恭敬虔诚得无以复加。

朱元璋的知识分子工作做得很到位。他的谦虚、热情、耐心、豪爽、推心置腹折服了大批文化人。许多乱世中生计断绝的读书人，本来通过朱元璋军"不嗜杀人"这一迹象就已经看到了"做稳了奴隶"的希望，如今又得知朱元璋喜欢亲近读书人，便纷纷前来投奔，指望依靠朱元璋重建三纲五常的理想社会。朱元璋的投入获得了百倍、千倍的回报，知识分子不断对朱讲解各种道理，朱听得喜不自胜。朱元璋说："我读书，常常从中受益。……读书明理，让人在日常事务中能用道理去分辨，可以叫人少犯错误。"论者多认为，朱元璋的知识分子政策是他最终从群雄中脱颖而出的根本原因。比如方孝孺就说：元末"地大兵强，据名号以雄视中国者十余人，皆莫能得士；太祖高皇帝定都金陵，独能聘至太史金华公(宋濂)而宾礼之……识者已谓天下不足平"。

正是因为知道读书人的作用如此巨大，所以在自己大力招揽任用读书人的同时，朱元璋又制定了一项特殊的政策：不许自己的部下随意任用读书人。他时时刻刻提防自己的将官们和知识分子来往，因此规定，所有前来投奔的儒士，一律由他亲自考察任用，"禁诸将擅用"。他生怕读书人使这些天不怕地不怕的将军大脑开了窍，特意规定："所克城池，令将官守之，勿令儒者在左右议论古今。止设一吏，管办文书，有差失，罪独坐吏。"

这条规定执行得很严格。他的外甥朱文忠在婺州时，将屠性、孙履、许元、王天锡、王袆等儒士收入麾下。朱元璋闻知，因为此时正需要朱文忠效力，所以没有严厉处理文忠本人，却命文忠将这几名儒士押送到应天。一通审问后，朱元璋将王祎、许元、王天锡发充书吏，将屠性、孙履当众处死。

·6·

朱元璋成功的第三个原因是他大局观良好，善于把握时机，有决断能力。

朱元璋一生成功，有三大关节点：一是离开江淮，渡江攻占集庆，开辟新的根据地，创造了独立称雄的基础；二是东征西讨，次序正确地分别消灭了陈友谅和张士诚；三是南略北伐，稳扎稳打地消灭北方的元朝。在三大关节点中又具体部署了若干战役，无论是通盘计划或具体战役，谁者宜先，谁者宜后，谁者轻，谁者重，朱元璋都能精确地做出计算，做到知己知彼，集中用力，有条不紊，稳操胜券。

郭子兴死后，朱元璋实际上拥有了郭军。那时他在淮西已经经营了两三年，小有基础，却能毅然抛弃这一切，挥兵渡江，重新开始。这一决策真是“无比正确”。原来，斯时大元天下早已分崩离析。河南及淮北，全被红巾军据有，他们与北方的元军展开激战，使元军主力被堵截在中原一带，不能南下。当时江南盛产粮食，驻守的元军兵力较少，且被诸雄分割孤立，有利于各个击破。

正是这一决策，显示了朱元璋不凡的眼光，也决定了朱元璋今后的命运。

南渡后，朱元璋采取闷声发大财的策略，趁乱低调发展。朱元璋夺取集庆后，恰好刘福通率领大宋农民军开始大举北伐，把元军打得晕头转向。朱元璋抓住这个机会，迅速攻占了长兴、常州、宁国、江阴、常熟、徽州、池州、扬州等地，建立起了自己的根据地。别人都急不可待地称王，只有他谨守朱升向他提出的“高筑墙，广积粮，缓称王”的计策，力求把自己的声势降到最低，不引起元政府的注意，静悄悄地扩充实力。

有了一席之地后，环顾天下，朱元璋发现自己所处的位置十分取巧：他的东面是张士诚部，占领着江苏大部直到沿海；西面是徐寿辉、陈友谅，占有江西、安徽、两湖；北面是小明王政权。也就是说，他们恰好在北、东、西三面为朱元璋构成三面屏障，把元军的主力挡在外面，而唯一与元军接触的东南浙江方面，元军力量很弱，只有一些孤立、分散的据点，与元朝本部相隔甚远。朱元璋根据这一形势，做出巩固东西两线、出击东南的战略决策。在北线，由于小明王属于他的“友军”，他只留少数兵力维持地方治安；在东线，自江阴至长兴，他派兵构筑一道坚固的防线，以阻挡张士诚的西犯；在西线，也对徐寿辉、陈友谅采取防御态势，以守为攻；主要兵力则向东南方向出击，消灭浙东的元军。经过两年苦战，他攻取了富庶的浙江东部，领地扩大一倍，与徐寿辉（后为陈友谅）、张士诚并为江南三巨头。直到此时，元政府和群雄才对他充分重视起来，而此时他势力已成。

他高明地利用天时地利，在乱局中游刃有余。

形势不可能永远有利于朱元璋。大宋红巾军的三路北伐取得一时胜利之后，由于志得意满，又缺乏统一指挥，很快又被元军击败。从龙凤五年起，大宋红巾军连连失败，被追得东跑西颠。几年来，朱元璋之所以能在江南地区从容发展势力，靠的是大宋红巾军的掩护，如今，北方失去屏障，东西两面又受到张士诚和陈友谅的包围，三面受敌，处境困难。特别是龙凤五年、龙凤七年，元军取得几次决定性大胜，在北方势如破竹，看起来可能马上就要南下，而朱元璋的地盘正处在元军南下的路上。朱元璋不想承担抵挡元军的重任，他从大势判断，做出了一分抗元、九分对付其他农民军的决策，决定结好元朝，共同对付其他农民军。朱元璋两次派使臣前往汴梁，与元朝大将察罕帖木儿“通好”。他的盘算是，如果大元命不该绝，胡运复兴，他可以拜倒在蒙古大汗脚下，不失富贵（吴晗《朱元璋传》）。如果大元最终不行，他此时结好，也可以避免自己直接受到攻击。

元顺帝得知消息，大为高兴，于是派户部尚书张昶带着诏书，前往朱元璋处，授予朱元璋荣禄大夫、江西等处行中书省平章政事。

不料这个时候，大将察罕帖木儿在中原受到陈揉头的顽强抵抗，久攻不下，看来一时南下不了了。朱元璋于是置元朝任命于不理，让张昶等人在自己的地盘外苦苦等了一年，直到龙凤八年十二月，元将扩廓帖木儿与孛罗帖木儿发生大规模的冲突，朱元璋判定他们不会向南发动大规模的进攻，才决心立足江东，自谋发展。于是他正式拒绝元朝的任命，不过仍与扩廓帖木儿保持密切联系，保持骑墙态度，给自己留有余地：“自今以往，信使继踵，商贾不绝，无有彼此，是所愿也。”这种策略，使得朱元璋避免了受到元军的直接进攻。

五 问鼎天下

·1·

在另一个重要问题上，也就是更为人所熟知的与陈友谅、张士诚角斗的次序问题，朱元璋做出的决策也十分高明。

1360 年，以应天为中心的朱元璋势力发展到一定程度，与两侧的陈友谅、张士诚政权接壤，三分江南。雄踞长江上游的陈友谅，跨有长江、汉水之间的广大土地，疆域广阔，军力强大，东南无二。“矜其强大，日寻于长矛大镞之间。”下游的张士诚，“南包杭州、绍兴，北跨通、泰二地”，拥有相当实力。朱元璋中居应天一带，介于东西两大强敌之间，你死我活之势已显。这时，陈友谅恃强，已做好了进攻朱元璋的准备。

对此严重局势，朱元璋进行了审慎的调查研究。先打张士诚，还是先打陈友谅，朱元璋的决策集团分歧很大。绝大多数人认为应该先打张士诚：“张士诚，富而弱，宜先。”张士诚军战斗力较差，以先弱后强原则，先打张士诚顺理成章。只有刘基一人认为：“友谅踞上游，且名号不正，宜先伐之，陈氏既灭，张氏为囊中物耳。”

朱元璋的分析角度与众不同。他在实力之外，更主要地考虑了心理因素。与陈张二人周旋多年，他对二人的脾气性格十分了解。陈友谅是个热血汉子，骄横自大，易于冲动；而张士诚性格内向，进取欲不强。这一差别应该是他选择进攻次序的关键。他对诸将说："友谅剽悍而轻率，其志骄；士诚狡猾而懦弱，其器小。志骄则好生事，器小则无远图。如果我们先攻张士诚，陈友谅必空国而来，大举进攻我方，使我疲于应敌，事有难为；如果先攻陈友谅，张士诚胆小怕事，必不能出姑苏一步为之援。就是说，我们打陈友谅，没有后顾之忧。且陈徒恃勇力，可以智取。"于是采纳了刘基的意见，"决计先伐陈氏"。

朱元璋的这一战略决策，既显示出他在极其复杂的形势中驾驭战争全局的军事才能，显示了他杰出的分析人、揣度人的能力，同时更显示出他敢于以弱胜强的胆略。当时的陈友谅，无论从军事实力还是从战略地位上，都处于绝对优势，而朱元璋的许多将士慑于陈军威势，惧怕与陈军作战，甚至连主要谋士李善长听到朱元璋要诱使陈友谅速来时，也惊慌失措地问："方忧寇来，何为诱致之？"

朱元璋胸有成竹。他抓住陈友谅骄傲轻敌、求胜心切的弱点，决定采取诱敌深入、集中兵力、设伏聚歼的办法，借助应天城池坚固、地形复杂的有利条件，诱使陈友谅的巨舰由浩瀚的大江深入狭窄的河道，舍舟登陆，同自己交战。

他授意陈友谅的老友康茂才亲笔给陈友谅写了一封诈降信："作书遣使伪降友谅为内应，招之速来。"急功近利的陈友谅果然喜出望外，与康茂才约定在江东桥会合，里应外合攻取应天。

龙凤六年（1360）闰五月初十，求战心切的陈友谅冒险率领舟师东下，直趋应天，进入了朱元璋布下的埋伏圈。时值退潮，战船搁浅，朱元璋部内外夹击，把陈友谅军打得晕头转向，士卒被杀和落水而死者不计其数。陈友谅换乘小舟逃走，朱元璋部乘胜追击，占领了陈友谅的大片领土，缴获百余艘巨舰和几百条战船。

这一战是朱元璋与陈友谅部战争中关键的一战，朱元璋利用地形优势，避开汉军水战之长，发挥自己陆战的优势，终于以少胜多。

陈友谅在龙湾大败后，"忿其疆场日蹙"，迫不及待地孤注一掷，决定对朱元璋发动大规模的进攻。他下令特制数百艘大型战舰。舰高数丈，外涂红漆，上下三层，每层都有走马棚，大的可载三千人，中的可载二千五百人，小的可载二千人。龙凤九年（1363）四月，陈友谅亲率号称六十万的水陆大军，携带百官家属，倾巢出动，自长江顺流而下，杀向朱元璋领土中的重镇南昌。

朱元璋闻讯，急率部将徐达、常遇春等带领二十万舟师，抵达鄱阳湖北的湖口。他先派戴德率领部分兵力把守泾江口（今安徽宿松南），再派部分兵力驻扎在南湖嘴（今江西湖口西北），切断陈友谅的归路，同时又派人调信州守军驻屯武阳渡（今江西南昌县东），防止陈友谅向西逃跑，决心把陈友谅围困在鄱阳湖中消灭。

七月二十日，朱元璋部与陈友谅部两军在康郎山（今江西鄱阳湖内康山）水域遭遇，一场规模空前的水战开始了。陈友谅部人多势众，船只体积庞大，"悉巨舟连锁为阵，旌旗楼橹，望之如山"，又有顺流而下的优势，因此开头两天，朱元璋的仗打得相当艰苦，一度抵挡不住陈军的攻势，右军被迫后退。力敌不胜，只能智取。朱元璋命令常遇春等征调七条渔船，装载芦苇、火药等易燃物，在黄昏时趁东北风起进行火攻。天从人愿，东北风越刮越紧，七条渔船不久即飞抵陈友谅的水寨，志大心粗的陈友谅居然对火攻没有任何防备，熊熊大火很快就把水寨中的几百艘舰船烧着了，"烟焰涨天，湖水尽赤，死者大半"，陈友谅弟陈友仁、陈友贵及平章陈普略等悉被烧死。陈友谅企图退守鞋山（今江西鄱阳湖中之大孤山），但已被朱元璋抢先派兵扼守出口，只好于八月二十六日率百余艘舰船冒死突围，在突围中被郭英一箭射中，当场丧命。陈友谅部五万余人缴械投降，陈部原有的疆土，从汉水以南到韶州以北，辰州以东到赣州以西，尽归朱元璋所有。

·2·

朱元璋的判断是正确的。在与陈友谅的几次大战中，懦弱的张士诚始终按兵不动，尤其是鄱阳湖大决战，朱元璋倾巢而出，应天几成空城，朱元璋自己都成天提心吊胆，而张士诚仍龟缩在姑苏城内不敢出援陈友谅。

张士诚控制的郡县，南至绍兴，北逾徐州，西至濠、泗，东抵大海，南北相距两千余里。占领了如此广阔的地盘后，张士诚渐渐失去了进取心，沉醉在小朝廷的腐败生活中，只望能保住这份基业，不再有更高要求。然而，乱世之中，不求进取只能意味着被消灭。

消灭陈友谅后，朱元璋的下一个进攻目标便是张士诚。龙凤十一年（1365）十月，朱元璋调集大军，发动了攻灭张士诚部的大规模战争。十月十七日，徐达、常遇春等率马步舟师，水陆并进，渡过长江，规取淮东。第二年四月淮东悉平。第一阶段战役结束。龙凤十二年（1366）八月初二，朱元璋军开始进攻浙西，很快攻克杭州，紧接着绍兴、嘉兴也不战而降。第二个作战计划宣告完成。

攻下湖州后，徐达引兵北上，会合诸将进攻平江。平江被围数月，外无救兵，内缺粮草，“资粮尽罄，一鼠至费百钱，鼠尽至煮履下之枯革以食”。张士诚两次冒死突围，均未成功。这位懈怠了多年的偏安之主到生命尽头恢复了英雄本色，城门破后，他带领两三万残卒展开巷战，失败后逃回府第，一把火烧死家属，自己也上吊自杀，但被冲入的朱元璋军队救下，俘送应天。

朱元璋命人把这个老对手带上殿来。毕竟曾经做过“天子”，张士诚不屑于再做人臣，倨不为礼。朱元璋好言好语想和他聊聊天，抒发一下英雄豪情，他却瞑目不语。赏给他吃的，他也拒不进食。搞得朱元璋火起，命人把他打到竺桥，“御杖四十而死”。朱元璋的最后一个劲敌就这样被消灭了。

·3·

毛主席最佩服的古代军事家中，朱元璋排名第二。毛主席是这样说的：“自古能军无出李世民之右者，其次则朱元璋耳。”

这个因一念之差投身军队的文盲，后来居然以最伟大的军事家之一的身份载入中国战争史。在群雄逐鹿的过程中，他所表现出来的勇气、眼光、魄力、精细也是他人所不能及的。他在军事生涯中曾经制造过多个经典战例。

朱元璋的军事传奇，产生于脚下这片独特的土地。也许是因为在这片人口拥挤的土地上生存异常艰难吧，中国人把所有的智慧都用在了“琢磨人”上。《老子》《论语》《菜根谭》《增广贤文》《厚黑学》，林林总总，无非讲如何与人相处。所以，中国人的谋略文化特别发达，中国人防范人和算计人的能力特别强。马克思说：中国人“在一切实际事务中远胜于其他亚洲人”。没有哪个民族像中国人这样总结出这么多、这样深刻的弯弯绕绕的生存智慧：“逢人但说三分话，未可全抛一片心”“害人之心不可有，防人之心不可无”“忍一时风平浪静，退一步海阔天空”“世事洞明皆学问，人情练达即文章”“为人且学乌龟法，当缩头时便缩头”“量小非君子，无毒不丈夫”“吃小亏占大便宜”“内要伶俐，外要痴呆，聪明逞尽，惹祸招灾”……

那些智谋大师如姜子牙、诸葛亮、刘伯温等，历来是中国人崇拜的对象，而张仲景、张衡、祖冲之等科学家却不为普通人所知。到现在为止，谋略文化仍然在中国生机勃勃，随便找家书店一看，生存谋略类书籍占据了相当大的面积。中国人谋略化的思维方式与军事思维非常接近。中国人不善于坦诚合作，也不善于公平竞争，而独善于钩心斗角，善于破坏规则，而战场上正是需要随机应变、不择手段。战场上必须用最大的恶意去揣测对方，最大限度地利用对方的弱点，战场上可以光明正大地使用阴谋、欺骗对手，创造性地去示假隐真、欲擒故纵、调虎离山、借刀杀人、引蛇出洞、金蝉脱壳、围魏救赵、暗渡陈仓……

战场是中国人表现才智的最佳舞台。正如西方人说中国人都是天生的商人一样，其实也可以说中国人都是天生的军事家。

所以，中国古代关于实用技术的书籍很少，独兵书最多。现存的中国兵书达两三千部，有名者如《六韬》《三略》《孙子兵法》《吴子兵法》《孙膑兵法》《司马法》《尉缭子》《唐李问对》《将苑》《登坛必究》《虎钤经》《兵经》……历来为问兵者所必习。

所以，中国古代缺少其他门类的专家大家，独大军事家层出不穷。和西方国家不一样，中国不需要什么“军校”来培养人才。中国历史上的伟大军事家，多是自学成才，比如刘邦、韩信、卫青、曹操、岳飞，直至曾国藩、毛泽东。

所以，中国出现朱元璋这样天才的军事家，也就顺理成章了。

· 4 ·

就在对张士诚的战争进行得顺利之时，朱元璋顺手消灭了自己身边的一个累赘：小明王韩林儿。

朱元璋渡江后，全靠北面奉韩林儿为主的红巾军抵抗元军，他才能从容在南方发展。朱元璋也一再利用韩林儿的名义，来为自己的政权提供合法性。占领浙东后，朱元璋树起的“山河奄有中华地，日月重开大宋天”

的大旗，实际上就是韩林儿部的“虎贲三千，直抵幽燕之地；龙飞九五，重开大宋之天”的旗号。这样，朱元璋既可以利用小明王的旗号和复宋的目标来号令军士、争取群众，又可以缩小自己的目标，避免树大招风。

大宋农民军在北方被打败后，小明王落脚在安丰，受到张士诚部的攻击，向朱元璋求援。朱元璋看出小明王还有利用价值，准备救援，部下却纷纷表示反对。大家都说：“假使救出来，当发付何处？”意思是说，就算救出了小明王，如何安置也是个问题。放到应天吧，就得听从他的约束，岂不非常被动；如果不放到应天，又放到哪儿好呢？但是在朱元璋看来，这并不是一个难题。他力排众议派兵往救，然后“设銮驾伞扇迎驻滁州，创造宫殿居之，易其左右宦，侍奉之甚厚”（俞本《纪事录》）。也就是说，途经滁州，朱元璋命造宫殿，把小明王留在那里，厚加供养，但将他左右的宦侍全部换上自己的心腹，对其严加监视。阳为尊崇，实际上韩林儿已成了朱元璋的阶下囚。这样，朱元璋就把小明王完全控制在自己手里，可以挟天子以令诸侯，在天下红巾军诸部中取得了独一无二的地位。

在那之后，小明王就成了朱元璋手里的工具，他高兴的时候，就可以拿来随便用用。比如龙凤九年（1363）三月，在与陈友谅展开决战前，朱元璋命小明王封赠自己的三代，先讨讨彩头：曾祖父朱四九为资德大夫、吴国公；祖父朱初一为光禄大夫、吴国公；父亲朱五四为开府仪同三司、上柱国、录军国重事、中书右丞相、太尉、吴国公。鄱阳湖战役胜利后，朱元璋决定先称王，为以后登基做准备，他仍然以小明王的名义对自己做出正式封赐。

直到龙凤十二年（1366），平定张士诚的战争进展得非常顺利，天下已非朱元璋莫属，韩林儿没有任何继续存在的价值了。朱元璋派大将廖永忠用船到北方去接韩林儿，说要迎他来坐天下。韩林儿辞别了闲居三年的滁州，兴冲冲向应天进发。虽是空头皇帝，妃嫔宫女、太监护卫，都一应俱全。到了江心，韩林儿乘坐的大船便进了水，在护卫和妃嫔的一片惊呼哀号声中渐渐沉没。

“惨剧”发生后，朱元璋“勃然大怒”，立刻命人把廖永忠抓起来，说他办事不够谨慎，以致出此“交通事故”，要重治其罪。无奈众人纷纷说情，朱元璋才“勉强”免了他的死罪，命廖永忠仍回苏州前线，“戴罪”立功。随后，朱元璋下令举行国丧，在应天城内遍挂孝幛，停止娱乐活动一个月，又命人在长江边设小明王灵位，亲率文武百官到江边哭祭，声势弄得十分浩大。

不过，从此之后，朱元璋再也不提自己曾经是韩林儿的臣下，连当年立的一些石碑，也因为曾经用了韩林儿的年号，一律捶毁，文字史料更是消灭得一干二净。

消灭韩林儿后，朱元璋对白莲教的态度也发生了一百八十度大转弯。

朱元璋部本是白莲教大起义的一个组成部分，在起义之初，他也充分利用白莲教教义来发动群众。但是，随着自己独立发展，朱元璋开始逐渐淡化自己这支队伍的宗教性质。因为他知道，宗教狂热只可用于一时，难以持久。

龙凤十二年五月讨伐张士诚檄文的发布，是朱元璋政治生涯中的一个重大事件。在讨伐张士诚的檄文中，朱元璋借声讨张士诚之机，宣布白莲教是妖术，指斥信教者“误中妖术，不解偈言之妄诞，酷信弥勒之真有，冀其治世，以苏困苦，聚为烧香之党……妖言既行，凶谋遂逞，焚荡城郭，杀戮士夫……终不能济世安民”。

朱元璋还宣称，他远在渡江之前，已“灼见妖言，不能成事，又度胡运，难与立功，遂引兵渡江”，不仅否认自己从前信奉白莲教并长期臣属于小明王的事实，而且完全抹杀大宋红巾军对他在江南地区发展壮大势力所起的掩护作用，把自己的胜利一概归之于“天地祖宗之灵”及其“将帅之力”。

抛弃白莲教教义，就意味着皈依到孔子门下。随着夺取天下形势已显，朱元璋开始了尊孔活动。龙凤二年九月，他前往镇江，一入城首先就去拜谒孔子庙。龙凤六年五月，朱元璋下令在应天设立儒学提举司，任命宋元以来金华朱学的传承人物宋濂为提举，正式尊崇儒教。

不过，为了最好地利用白莲教的剩余价值，朱元璋后来决定给自己的新王朝定国号为“大明”。因为经过白莲教的广泛传播，明王出世成了民间熟知的预言。韩山童自称明王起事，韩林儿继称小明王。朱元璋的部下，大多是白莲教的信徒。朱元璋以出自白莲教经典《大阿弥陀经》的“大明”做新王朝的国号，一是表明了新王朝与小明王的继承关系，二是向其他觊觎帝位者暗示，“明王”已经出世，光明世界已经到来，其他人就不必再痴心妄想了。

明朝立国后，朱元璋开始对明教和白莲教进行严厉镇压。洪武三年(1370)，朱元璋颁“禁淫祠”诏：“不许塑画天神地祇，及白莲社、明尊教、白云宗，巫觋扶鸾祷圣，书符咒水诸术，并加禁止，庶几左道不兴，民无惑志。”后来，朱元璋借修订《大明律》，将明教、白莲教列为“旁门左道”，严行禁止。《大明律》规定：“凡妄称弥勒佛、白莲社、明尊教、白云宗等会，一应左道乱正之术，或隐藏图像，烧香聚众，夜聚晓散，佯修善事，扇惑人民，为首者绞，为从者各杖一百，流三千里”，“凡造谶纬、妖书、妖言及传用惑众者皆斩。若私有妖书隐藏不送官者，杖一百，徒三年”。有明一代，白莲教、明教势力一直被牢牢压制。

·5·

朱元璋在统一南方的战争中战无不胜，顺利异常，迅速平定了广大中国南部，只剩下元朝一个敌人，而元朝内部又分崩离析，战斗力并不强。

朱元璋虽被称作驱除外虏的伟大民族英雄，然而他的十五年军事生涯中绝大部分时间里都在与汉人互相残杀。直到此时，他还没怎么和正规元军正式交过手。不过元帝国的实力早已被漫长的战争耗尽了，已经成了一个熟透的果实，朱元璋要做的，只是伸手摘取罢了。

由于接连的胜利，大部分将领主张“直捣元都”，一举统一中国。而朱元璋没有被胜利冲昏头脑。农民的谨慎心态，使朱元璋在指挥作战时从不像其他流民领袖那样凭一时血气之勇。

朱元璋最突出的军事个性是“持重”。朱元璋的一切活动，特别是重大的军事和政治行动都是经过精心筹划，三思而行的。他信奉稳扎稳打、积小胜为大胜的策略，从不追求侥幸。史称老儒朱升的“高筑墙，广积粮，缓称王”九字方针给朱元璋带来了胜利，殊不知这也是朱本身的一贯思想，只不过朱升之策恰与朱元璋的想法相同而得其认可罢了。

朱元璋谨慎的个性在北伐战争中表现突出。在这场战争中，他一如既往地谨慎小心，绝不疏漏对每一个风险点的分析。他分析说，“元建都百年，城守必固，若悬师深入，屯兵于坚城之下，粮饷不足，援兵四集，非我利也”。他力排众议，果断地提出先取山东，撤其屏蔽，旋师河南，断其羽翼，拔潼关而守之，据其户槛，全局在握，然后进兵元都，“则彼势孤援绝，不战可克其都”。

应该说，在当时我强敌弱的情况下，一举攻克元都的可能性还是很大的，但是风险也确实存在。当时的元朝还保有相当的军事实力，只是他们正忙于争权夺利、自相残杀，没有联合起来对付北伐军。朱元璋的军事部署则把风险降到了最小，虽然成本大大增加了。朱元璋宁可多做十倍的努力，也不愿增加哪怕十分之一的风险。

吴元年（1367）十月二十一日，朱元璋命徐达、常遇春率军二十五万，由淮入河，北伐中原。十月二十四日，徐达大军抵达淮安，元朝守将王宣、王信投降。十二月初五，朱元璋部陷东平，孔子五十六代孙、袭封衍圣公孔希学率曲阜县尹和邹县主簿投降。十二月初七，徐达攻克济南，整个山东被纳入朱元璋的版图。

山东平定后，虽然大都近在眼前，但徐达按朱元璋的指示，首先西取河南。洪武元年三月，徐达引舟师溯黄河而上，直趋汴梁；四月初八，与元将脱因帖木儿大战于洛水以北，大胜。

在河南基本平定之后，朱元璋又命冯胜西取陕西，与徐达夹击脱因帖木儿残部。山东、河南、陕西都被纳入朱元璋的版图，攻克大都就没有任何悬念了。

正是按照朱元璋的既定战略，北伐军一步一步，逐渐消耗了元军力量，毫无悬念地取得了胜利，从出师北伐到攻克元大都仅仅用了十个月的时间。

·6·

战争是如此有力的一只重锤，它对人的心态、性格、思维方式的改变是不可逆转的。

来到郭子兴军前的朱元璋已经是一块好铁。上天在不经意间，给了这个社会最底层的孩子一个出色的大脑，而从小经历的艰难困苦、挫折打击，在给了朱元璋健壮身躯的同时，也给了他一颗冷酷的心，给了他高度的自制力。

当然，即使拥有了这些品质，朱元璋也不过是一块不错的铁坯罢了。是战场成就了最终的朱元璋，那个绝对冷酷、精明、狡猾、强大的朱元璋。

战场是练就男子汉的地方。古今中外，顶级的男子汉都是在战场上练就的，因为只有战场，才能提供炼成他们所必需的高温和高压。

战争要求军人具备的第一个素质就是“不动心”，保持绝对的理性。战场是什么样的地方？是一个非常容易犯错误的地方。在战争中，军人承受着常人在常态生活中体会不到的巨大压力。危机重重，千钧一发，生死攸关，在鲜血、尸体、烽烟、呐喊中，一个人很容易失去理智。然而，战场又是一个不能犯错误的地方，每一个错误都得付出惨重的代价。古今中外，许多军事大师都反复强调理性的重要性。老子说：“善战者不怒。”孙子则明确提出：“君主不可以怒而兴师，大将不可以愠而致战。怒气过后，人可以平静下来，但因此而灭亡的国家不可以复存，因此而死去的战士不可以复生。”曹操也说过同样的话：“不得以己之喜怒而用兵也。”

战场上的机会往往只有一次，这就要求军人的思维绝对不能受情绪的干扰，在最复杂的状况中冷静地选择最合理的策略。战场把朱元璋原本就温度相当低的心炼到了零度状态。一个伟大的统帅要能对战士们的鲜血和呻吟无动于衷，要能够把一条条活生生的生命当成自己赌博场上的筹码，要能够把自己最亲近的人亲自送到死亡之地，要能够铲除心中的同情、怜悯、恐惧，要能够做到无情、无欲、无我。这样，他才能做到“泰山崩于前而色不变，麋鹿兴于左而目不瞬”，“猝然临之而不惊，无故加之而不怒”，才能最大限度地避免自己人的死亡和力量的消耗。

战争把朱元璋那本来已经十分精明的头脑锻炼得更加精确。

在战争中，一个统帅所需要考虑的变数太多了。天气、地理、敌情、我情、后勤……战争需要一个人的思维迅速、周密、严谨，把每一个微小的因素都考虑进来，一着不慎，满盘皆输。战争需要军人把自己的大脑变成一台超高性能的计算机，在战场的厮杀呐喊中能进行高速精确的计算。

战争把朱元璋本来就已经谨小慎微的个性修正得更加严谨。在战场上，他变成了一只极具耐性的狼，不把敌人拖得筋疲力尽，不到有九成把握的时候，决不贸然出击。在巨大利害的压迫下，他能寂然不动，长久地忍耐，一旦机会来临，则“动如雷霆”，一举摧垮敌人。

在一次次的危机、逃亡、死亡等绝境中，这块铁中的杂质被命运的重锤一点点砸出去。十余年的军旅生涯，使朱元璋百炼成钢，成了一块品质极佳的钢。他练成了一颗超人之心：铁一样坚硬，冰一样冷酷，水一样沉着，弓弦一样柔韧。这颗心只受利益支配，绝不会被感情软化。这颗心能承受任何巨大的压力，能冷静面对任何艰难的挑战，能发布任何别人所不敢发布的残酷、野蛮和不义的命令。是战场，把朱元璋从一个有七情六欲的血肉之人变成了一台机器，安装了高性能芯片的钢铁机器。大明王朝开国帝王后来在治国中表现出来的铁腕、周密和残酷，都是由这颗心决定的。

大明帝国开国后的种种重大举措，与朱元璋长期形成的战争型思维方式有极大关系。

军事思维是在恶性竞争中形成的思维方式。如学者吴兴明所言：军事谋略的出发点是“在人生在世的多重关系中，它取定人人关系；在人人之间的诸多关系中，它取定利害关系；在利害关系的协同与争斗的双向关系中，它又进而只取定争斗关系”。所谓“与人奋斗，其乐无穷”，就是军事思维的典型表现。

在处理人我关系时，习惯军事思维的人总是以他人为手段，以自我为核心。保存自我，打击他人，这是军人的行为本能。在战争中，只有把所有不利因素都考虑到了，才能立于不败之地。这样，在判断人物上，军事家往往习惯于从人性恶的一面出发，把针对自己的危险因素考虑到点滴不漏的程度。以这种思维方式来应人待物，自然觉得危机无处不在，所以，“恐惧是身处谋略地带人的基本心态”。

这样，我们就不难理解为什么朱元璋刚刚登上帝位，就“寝不安枕，忧悬于心”了。登基的第二天，他告诫侍臣：“创业之初，其功实难；守成之后，其事尤难。”他反复强调消灭危险于萌芽状态的重要性：“忧患之来，常始于宴安者。明者能灼于未形，昧者犹蔽于已著。事未形犹可图也，患已著则无及矣。”

在写给子孙们的《皇明祖训》中，他这样教导后代们：你们做皇帝时，即使安居无事，也要常怀警惕，一时一刻也不能怠慢。这样，你的性命才能安全，国家大权也不会丢掉。如果一看天下太平就放松了防备，万一奸人得手，身家性命不保，国家基业不存！

为此，他不厌其烦地谆谆嘱咐后代皇帝如何注意安全，其小心谨慎已经达到神经质的程度：

“即使与那些朝夕相见、亲近如同骨肉的人接触，也要在心里多加警惕，防人之心时刻不可无！如果要令左右回避，和亲信大臣们商量机密，那么，带刀护卫只许离你们十丈远，不能再远了！

“弄几套盔甲刀枪，放在身边。选几匹好马，养在宫门口，四个城门也要各备几匹！

“每天晚上都要警省，没事常听听城中动静，也可以到院子里去，看看天气星象有没有什么灾难的征兆。如果不出去，则听听市声是不是有什么异常。”

在漫长的军事生涯中，朱元璋习惯了高强度、高密度的脑力劳动，习惯了每时每刻估量形势、算计对手，习惯了激越昂扬的行进节奏，习惯于享受“与人奋斗”的乐趣。从战场上下来的人，最忍受不了的就是没有对手。所以，在陈友谅、张士诚、元朝皇帝一个个消失之后，他开始了寻找对手的漫长过程。原来的老乡和战友，即所谓“淮西勋贵”，就进入了他的视野。朱元璋原本是心胸狭窄之人，对臣下之一举一动悉加注意，经常对臣下的举止表示不满，说："此等愚夫，不学无术，勇而无礼，或闲中侍坐，或饮宴之间，将以朕为无知，巧言肆侮，凡所动作，悉无臣礼。"在他"放大危机"的军人心理形成的放大镜下，臣下日常表现中的小小不谨不敬，都被放大成了叛逆的苗头，他原来的朋友一个个在他的视野里变形成了对手，所以他才举起了屠杀功臣的屠刀。

军事思维的第二个特点是追求实用性。战争以实用为目的，军事思维是非常功利化的思维，本能地要求思维方式简明、实用。朱元璋一生不尚形式，只求实用。在开国后的政治斗争中，朱元璋擅长不受形式的约束，"草鞋无样，边打边像"，各种下作手段无所不用其极。他创造了大村庄式的治国方法，虽然不美观，却非常实用。

除了自己一家一姓的私利外，朱元璋对任何东西都没有真正的信仰。长期的谋略思维习惯，一而再再而三地从权谋中得到好处，使他形成了权谋化的思维习惯。所以，朱元璋的治国方法是无巧不取、无利不谋、无所不为。他竭尽全力维护三纲五常，推崇儒家正统。然而，因为孟子说过民贵君轻，有违他唯我独尊的心态，他居然敢删节《孟子》。他不迷信，但为了蒙骗百姓，就以神道设教，甚至装神弄鬼，用迷信来骇人。他战时喜欢读《孙子兵法》等兵书，对权术运用精熟。战后却对兵书中的机谋权变之术一概斥为卑下之识，反对人们去研究它。他说："用仁者无敌，恃术者必亡。"他远交近攻，对外宽容，对内残忍。对他统治力所不及的少数民族、边疆国家，他一副和善面孔，厚往薄来，大方之至，并且列出周围的不征之国，要求子孙和他们建立长期友好的关系；然而，对于他鞭子所及的臣民百姓，他凶暴残忍，苛刻无情，为了一姓之私，妄图永世囚禁万民，使之成为他的家奴。

战争中的一些具体手段也被保留下来，成为他的治国方法。

知己知彼，百战不殆。朱元璋是中国历史上最善于使用特务的将领之一。他对驾驭特务很有经验。早在天下未定之时，他派卫士何必聚到袁州侦察敌情，何必聚回来向他汇报后，他不相信，问：“汝到袁州有何为记？”何答：“欧平章门有二石狮，吾断其尾尖。”攻占袁州后，他还专门核查此事，核查属实后才放心。史料提供的情况表明，朱元璋的特务侦察手段是相当有效的。正是这些侦察活动所得到的信息，为他做出正确的战略决策提供了可靠依据。

开国后，他在政治生活中一样大用特务，监视全国人民的一举一动，并且明目张胆，毫无顾忌。他首创中国历史上公开的特务机关锦衣卫，豢养大批特务，称为“检校”，四出侦察臣下的活动，专门从事镇压“不轨妖言”的勾当。“检校”专门告人阴私，人人惧怕，朱元璋却十分欣赏，说“有此数人，譬如恶犬，则人怕”（《国初事迹》）。这些人无事不查，无事不报，社会的每个层面都在他们的侦察范围之内。南京各部的小吏原来都戴漆巾，门口挂牌额，“检校”发现礼部小吏有人白天睡觉，兵部门口不设巡警，就把睡觉者的头巾和兵部门牌偷走，报告给朱元璋。朱元璋因此规定，礼部小吏从此不许戴漆巾，兵部不许挂牌额，以为惩戒，从此成了明朝定制。他还特别喜欢侦察别人的私生活，怕别人在背后议论自己。老儒钱宰嫌政务太烦，作诗说：“四鼓冬冬起着衣，午门朝见尚嫌迟。何时得遂田园乐，睡到人间饭熟时！”特务侦知报告。第二天，朱元璋在朝廷上召见钱宰，说“昨日好诗，然何尝嫌汝，何不用忧字？”遂遣钱宰回籍，说：“朕今放汝去，好放心熟睡矣。”

战争时从纪律中尝到甜头，使朱元璋对严守纪律达到了迷信的程度。从严治军，是他的一贯作风。开国之后，这一作风依然延续。他对那些劳苦功高的大臣，也一样说杀就杀，说打就打，廷杖制度即由此而来。对任何违犯他制定的法规纪律的人，他一律毫不手软，绝不放过。驸马都尉欧阳伦是马皇后亲生女儿安庆公主的夫婿，他不顾朝廷禁令，多次派家奴去陕西偷运私茶出边境贩卖。朱元璋毫不手软，得知之后立命抓来赐死。

对至亲之人如此严苛，对待百姓就可想而知了。他说："胡元以宽而失，朕收平中国，非猛不可！"朱元璋在开国后的治国方针就是严刑峻法，靠杀人来震慑万民。他颁布的法令，连篇累牍，林林总总，无所不包，对帝国生活的方方面面规定得无比细致。稍有违犯，则治以非人之刑。在他的治下，贪污六十两，一经发现即被剥皮处死。犯了出行不带"路引"、在家"不务正业"、遇到不法之事没有及时举报等小过，朱元璋的惩治措施动不动就是"全家迁居化外""枭首示众""断手""断足"……翻开他制定的《大诰》，随处可以看到他亲手制造的惨绝人寰的大案。甚至，为了地方上一个皂隶的逃亡，他竟屠杀抄没了几百户。朱元璋描述这个惨绝人寰的案子说："民之顽者，莫甚于溧阳、广德、建平、宜兴、安吉、长兴、归安、德清、崇德蒋士鲁等三百七户……将豪民赵真胜奴并二百余家尽行抄没，持杖者尽皆诛戮。沿途节次递送者一百七十户，尽行枭令，抄没其家。"

下篇

历史的惯性

一　构建农民乌托邦

·1·

吴元年（1367）七月，朱元璋的最后一个劲敌张士诚败局已定。天下大势已定，大臣们都盼他早日称帝。李善长率大臣劝进，朱元璋却示意大家再等一等。朱元璋从来都是领袖集团中最稳重的一个，善于把轻重缓急把握到效率最佳的分寸。虽然前面已经没有大的困难，但战事方殷，还是先集中精力打仗为好。他这样教训群臣："若天命在我，何必汲汲惶惶？"

直到这一年十二月，南方全部平定，北伐大军也势如破竹，再无任何意外了，他才定下心来搞登基大典。古礼三推三让，他不耐烦搞那套劳什子，只一让便答应了。

没做过皇帝的人想象不到坐上那个龙椅前要经过多少繁文缛节。祭天、祭地，祭什么星辰、社稷、太岁、岳、镇、海、渎、山川，甚至还有城隍。饮福、受胙、送神，林林总总。在这些令人疲惫的环节中，有一个典礼让朱元璋真的动了感情，那就是追尊祖先为皇帝、皇后。父亲朱五四被尊为仁祖淳皇帝，母亲陈二娘被尊为淳皇后。朱元璋身穿绘有日月山龙等图案的衮服，戴上平天冠，跪在祖先牌位前读罢册文，略一闭目，父母的面孔又浮现在眼前。他们那菜色的脸与龙袍和皇冠是那么不协调。起兵以来，权力越来越大，事情越来越多，他很少有暇想起往事。只有这一刻，他才猛然一惊，清晰地看到自己是从何等低微的位置爬上来的。一时间，故乡那个四处漏风的茅草屋里的一切清晰地出现在脑海里。两者间的落差让他突然感觉有些眩晕。

他定一定神，心里默默地说："爸、妈，不光你们想不到，儿子自己也没想到能有今天。"

·2·

史学家们争论不休的一个问题，是朱元璋何时背叛了农民，成为地主阶级利益的代言人。

太祖皇帝地下有知，一定会龙颜大怒。

中国历史上另一位农民皇帝刘邦本质上是一个流氓而非农民。在这个意义上，朱元璋可以被称为中国历史上唯一的"农民帝王"。他终生保持着农民趣味、农民气派、农民作风。朱元璋终生关心农民、理解农民、同情农民。更为重要的是，在中国历史上，他是唯一没有背叛"农民理想"的起义领袖，终其一生，朱元璋都在为实现农民乌托邦而艰苦奋斗。从这一点上，我们甚至可以说他是"咱农民自己的皇帝"。

在三十一年的皇帝生涯中，朱元璋从来不讳言自己的出身。在诏书中，他屡屡说自己是"农夫"：

> 朕本农夫，深知民间疾苦。
>
> 朕本农夫，深知稼穑艰难。

他多次对大臣们讲述农民的生活是多么艰苦，教育他们要关心、爱护农民：士农工商，四种职业之中，最劳苦的是农民。他们终年辛勤劳动，很少得到休息。风调雨顺之年，数口之家犹可足食，“不幸水旱，年谷不登，则举家饥困”，“夫农勤四体，务五谷，身不离畎亩，手不释耒耜，终岁勤劳，不得休息，其所居不过茅茨草榻，所服不过练裳布衣，所饮食不过菜羹粝饭，而国家经费皆其所出……必念农之劳，取之有制，用之有节，使之不至于饥寒……若复加之横敛，则民不胜其苦矣”。

正如邹潘在《天潢玉牒》中所说的那样，朱元璋一生诚心爱民，尤其同情贫弱之人，一说起稼穑之艰苦，每每为之涕泣；他对于富豪大户兼并他人土地和贪官污吏榨取百姓钱财深恶疾之，犯者必置诸法。在历史上，像他这样对农民和地主爱憎分明的皇帝，绝无仅有。

当然，朱元璋对农民的关心不仅仅体现在语言中。在他的帝国蓝图中，“农民理想”是最根本的指导思想。在他治国举措的方方面面，无不体现着对农民利益的根本关切。

·3·

为了判断朱元璋到底有没有背叛农民阶级，我们必须首先判明什么是农民阶级的社会理想。

作为自然经济时代的小农，他们的梦想不可能“超越历史阶段”，不可能超越农民们既渴望平等，又迷信权威的矛盾心理。归结几千年来生息在这片土地上的农民们的社会理想，无非以下几点：

第一，在他们的理想社会里，必须有一个严厉、公正、说一不二的明君，高高在上，杀伐决断，慷慨地向农民身上泼洒阳光雨露。这个明君应该强大威严，洞察一切，任用忠臣，摒弃奸佞，像父亲一样赐予他们纪律与安宁。这个明君又应该仁慈无比，轻徭薄赋，像母亲一样关心他们，爱护他们，在灾害年份及时救济他们。

第二，这个社会应该是一个平均主义的社会。“平均”是农民们最大的理想，也是历次大型起义的口号。作为一个弱势群体，农民们懦弱、自私又善良。他们受够了别人的欺凌，最知道受人欺负的滋味，因此，每个人的土地和财富大体平均，谁也不必遭受嫉妒心的折磨，就成了他们千百年来对理想社会的描述。在孔夫子那里，这个农民理想就被文绉绉地描述为“不患寡而患不均，不患贫而患不安”。这句话的最佳白话文解释应该是：“我不怕日子穷，就怕别人不和我一样穷。我不怕东西少，就怕别人比我多。”

第三，作为平均主义的补充，这个社会又应该等级鲜明。天在上，地在下；父为尊，子为卑。“权威主义”的人格结构决定了农民们强烈渴望等级明确、秩序井然的稳固不变的社会。农民们的“平均主义”是小农内部的平均主义，他们从来没有期望过全社会所有成员一律平等，那样“长幼不分、尊卑不明”的自由竞争的社会状态是他们所不敢想象的，他们认为那一定会带来混乱。他们绝对赞成一个社会要有“尊卑上下”，绝对赞成上面赐给他们严明的纪律。他们认为，这样社会才能“四海升平，万民乐业，风调雨顺，君正臣良”。

第四，作为社会最底层的农民，除了害怕天灾之外，最害怕的无非是三种人的欺压：一种是贪官污吏层层盘剥，一种是豪强大户以强凌弱，另一种是地痞流氓为非作歹。因此，农民们衷心期望在这个社会里，文武百官能清正廉洁，地主大户能善良守法，地痞流氓能被消灭净尽。换句话说，农民们期望能够得到“公平和正义”，以使“人人辛苦力田，个个尽忠守职，男重贤良，女务贞洁”。

在朱元璋之前，还没有哪个皇帝能实现农民们的全部梦想。即使是那些经历了农民起义烈火洗礼的开国帝王，也不过是在开国之初能做到几年轻徭薄赋而已。更多的帝王在登上王位的第一天即与地主和官僚沆瀣一气，联起手来鱼肉最底层的广大人民。

·4·

看来是天下穷苦人的祈盼感得天道循环，向濠州钟离东乡降下太祖洪武皇帝来。这朝圣人出世，据后来乡亲们回忆，也曾红光烛天（不过朱元璋当上皇帝前可没人回忆起来过）。这个洪武帝，英雄勇猛，智量宽洪，自古帝王都不及这朝天子。他率领二十四员猛将，打下十五个行省。这天子扫清寰宇，荡静中原，国号大明，建都南京，十六朝皇帝班头，三百年开基帝主。这朝天子与历代帝王的不同之处，在于他出身纯正。所以，他能与农民心连心，急农民之所急，想农民之所想。

在混乱、腐败的元末社会的最底层辛苦劳作时，朱元璋和所有农民一样，心中朦胧渴望和描画过理想社会的模样。而当身居九重之时，朱元璋发现，一个皇帝心中的理想蓝图与广大农民的梦想居然重合得如此严丝合缝。他发现，实现“农民理想”，即是皇族的利益所在。登基后不久，他就在政府文件中这样描述自己所要建立的理想社会：“人有田耕，安居乐业；男耕女蚕，无有游手；摧富抑强，各安生理；贫富相携，共济互助；轻徭薄敛，阜富与民；趁时稼穑，完交赋税。”

翻阅厚厚的中国历史，他发现，导致历代王朝灭亡的原因不外两个：一个是地主与官员结合，土地兼并与政治腐败联手，导致贫富差距加大，造成官逼民反；另一个是帝王大权旁落，王朝轻易为权臣、外戚、太监所倾覆。

因此，要保证江山世世代代在朱氏子孙手里，他必须根绝这两种现象。

针对第二个原因，他以历代帝王所不及的魄力，大刀阔斧地进行了政治改革，废除丞相和大都督文武两个最高官职，把丞相的权力一分为六，分给六部；把大都督的权力一分为五，成立五军都督府。并且从制度上让各个权力部门相互牵制，谁也不能单独对皇权构成丝毫威胁。用朱元璋自己的话来说：“今我朝罢丞相，设五府、六部、都察院、通政司、大理寺等衙门，分理天下庶务，彼此颉颃，不敢相压，事皆朝廷总之，所以稳当。以后子孙做皇帝时，并不许立丞相，臣下敢有奏请设立者，文武群臣即时劾奏，将犯人凌迟，全家处死。”

经过这样一番大手术，官僚层级被大大简化，天下所有的大小官员都直接对皇帝负责，每个官员都直接为皇帝跑腿。他就可以一管到底，不留一点死角。朱元璋通过这套单薄得近乎透明的官僚网络直接观察到他的子民在田间地头的劳作情况，大大提高了做皇帝的安全感。

相比之下，要消灭第一个原因，则要难得多。因为土地兼并与官僚腐败，几乎就如水往低处流，是传统社会发展的必然规律。

无知者无畏，朱元璋并不缺乏向规律挑战的勇气。兼并是由于地主阶级的贪婪，腐败则源自官僚阶层的天性。为了帝国的根本利益，他必须严厉打击地主阶级与官僚阶层。基于这个思路，大明王朝初期呈现出三明治式的治理方式，皇帝与底层农民联起手来，共同挤压社会中间阶层即地主和官员的生存空间，由此开创了中国历史上前所未有的新奇景观。

在这个思路的指导下，朱元璋进行了不完全的土地改革，用行政力量沉重打击了地主阶级的利益，把全国的大地主几乎消灭干净，使普天之下农民们的土地大体平均。他开展了人类历史上最严酷的惩贪运动，几千年来习惯于骑在人民头上作威作福的官员成了帝国里最倒霉的职业，一度被群众运动冲击得威风扫地。他爱护百姓，勤劳国事，竭尽全力，发展生产，轻徭薄赋，不断赈灾。在他的治理下，底层人民的吃饭穿衣问题得到了有效解决。他建纲立纪，使全国人民有章可循、有矩可守，每一阶层的人都清楚了解自己应该如何生活。他严厉打击地痞流氓，惩办游手好闲、不务正业的二流子，使得“流氓”在洪武时期几乎绝迹。他还开展了富有创造性的思想教育行动，大力移风易俗，扭转了不良的社会风气。甚至，他还试图在农村推行初级社，实行一定程度的计划经济。

在他的治理下，帝国里官员们大都老老实实，不敢轻拿老百姓的一针一线；大地主们多数家破人亡，没有机会再为富不仁，欺压百姓；地痞流氓消失得无影无踪，社会井然有序。

一般来讲，如果一个皇帝能不傻不苶，不在农民们吃不上饭的时候问他们为什么不喝肉粥；能心理正常，不成天迷恋于“秘戏”或者剖开孕妇的肚子看胎儿是男是女；能自个儿把握朝政，而不是几十年不上朝或者把权力都交给太监们，农民们对于这个皇帝就基本上可以满意了。朱元璋居然超额实现了农民们的全部梦想。生逢朱元璋时代，难道还不是农民们的最大幸福吗?

·5·

朱元璋对地主阶级的恶感，基于双重因素。

作为一个贫农的儿子，朱元璋的血液里天然流淌着对地主阶级的仇恨。朱元璋永远忘不了自己一家在一户户地主的压榨下不断逃亡的惨痛经历，永远忘不了父亲死后，刘德拒绝施与葬地的屈辱。少年时的经历往往影响人的一生。在朱元璋的头脑里，地主大户们的形象始终是脑满肠肥、冷面黑心。

坐在龙椅上，从一个帝王的角度看下去，地主阶级在朱元璋眼里的形象也并不讨人喜欢。朱元璋虽然看到了“有恒产者有恒心”，但是他更清楚的是地主阶级本性中的贪婪、狡诈、为富不仁对他的统治构成的严重威胁。一方面，富家大户势力过于强大，很容易破坏地方社会秩序，对国家政权构成严重威胁；另一方面，他们难以抑制的兼并土地的欲望，很容易导致贫富差距的急剧扩大，从而诱发王朝的崩溃。

被起义的农民推上皇位的朱元璋做的第一件事，就是在新帝国内严厉打击地主阶级。

战争时期，军队所过之处，地主纷纷逃亡。新朝建立，他们从藏身的穷山僻谷中兴冲冲跑回家乡，却发现他们的土地部分已经被穷人们耕种了。他们出示地契，趾高气扬地要求农民们把土地归还原主，农民们却不买他们的账。地主们不知道，天下已经变色了。朱元璋在洪武元年发布了一道诏书："各处地主，过去因为兵荒马乱抛下田土，已经被别人耕种了的，这块地的产权归现在的耕种者所有。"这道诏令否定了地主阶级的部分产权，对地主阶级来说无疑是一个沉重的打击。不少战前的豪门大户千里奔波回来，却发现自己已经从缙绅之家沦为上山开荒的贫农。

甚至对于土地完整的地主，朱元璋也不允许他们恢复旧有的家园。开国之初，荒田处处，朱元璋鼓励百姓开辟荒地。于是大户地主利用其雄厚财力，乘机多犁多占，兼并土地。临濠一地尤为突出。朱元璋敏锐地发现了这一苗头，于洪武四年指示中书省："如今临濠的空地很多，你们应该调查那些开荒者的身份，让他们大致平均耕种，使穷人有产业，富户不能兼并。如果哪个大户多占土地，转给贫人佃种，你们就要惩罚他。"（"宜验其丁力，计亩给之，使贫者有所资，富者不得兼并。若兼并之徒多占田以为已业，而转令贫者佃种者，罪之。"）

洪武五年五月，他又下诏说："战争时期，不少人抛下产业，逃到他方。现在天下太平，又都回来了。这些回来的人家，如果原有土地多，而现在人口少，不许他们占有原来那么多的地，有几口人，给几份地。原来土地少而现在人口多的，可以自己开垦无主之地。总之大家要平均，占地太多，要治罪！”

这无疑是一种变相的土地改革。

不过，这些措施的范围只限于那些逃亡归来的地主。也有许多地主并没有逃亡，他们庞大的产业经过战争的洗礼，依然地连阡陌，庐舍巍然。更主要的是，这些人在地方上累世经营，根深蒂固，是朱元璋平均天下的主要障碍。

在自然经济时代，凭空剥夺这些人的财产显然不符合“天道人心”，缺乏理论和道德资源的支持，但是，这难不倒朱元璋。只要明确了目的，手段对他来讲从来不是问题。对剩下的大地主，他的基本策略是因人而异，用各种不同的借口，各个击破。

第一个办法是“徙富室以实京师”。这是历朝历代习用的一个办法。开国不久，朱元璋把江南大量富豪之家强行迁到首都南京，使南京很快发展成为一个人口大约一百万的巨型城市。朱元璋后来对大臣们说：“过去汉高祖刘邦迁徙天下豪富之家到关中，我初不以为然。现在想来，京师是天下根本之地，把他们迁到这里，实在是事有当然，不得不尔。”所谓“事有当然，不得不尔”，盖因这些豪强大户都是地方上的强悍势力，把他们从地方上拔出，一可以削弱他们的势力，把他们放到皇帝的眼皮底下，防止他们为乱地方；二则他们带来了大量财富，可以活跃首都经济。

毫无疑问，豪门大户并不愿意抛弃庞大的产业，搬离故土。即使搬到了南京，很多人还是想方设法逃回故地。为了防止这些富户逃回，朱元璋制定了禁止逃亡的严厉法令，规定“富民私归者处以重罪”，使各地的缙绅不得不死心塌地做新朝首都的居民。

第二个办法是制造冤案，发动百姓诬告陷害地主，以此为由抄没他们的财产。

一个有名的传说是，江南首富沈万三为了讨好朱元璋，出巨资助建了南京城墙的三分之一，孰料朱元璋见沈万三如此富有，深恐其“富可敌国”，欲杀之，经马皇后劝谏，才找了个借口流放云南。沈万三最终客死云南，财产都被朱元璋收归国有。这个传说虽然被历史学家证明为杜撰，却十分传神地表现了朱元璋的仇富心理。

在罗织罪名摧残富民这件事上，朱元璋的流氓性格得到了淋漓尽致的体现。他为达目的不择手段，心黑手狠，任意黑白，不怕别人咒骂，不怕后人评说，不但不为妇人之仁，甚至也不受基本道德准则的约束。洪武年间，朱元璋为了惩贪和消灭政治上的异己力量，制造了四大冤案，即空印案、郭桓案、胡惟庸案和蓝玉案。四案加在一起，杀人十数万。强权在手，朱元璋搞起政治斗争来，长袖善舞，左右逢源。在消灭政敌的同时，“放牛拾柴火——捎带手”，他把江南幸存的地主们也都消灭了。其手段是任意利用案件勾连地主富户，唆使人们诬陷他们藏有贪官寄存的赃款，以便没收他们的财产。绝大多数案件，都是一望而知的冤案。人们也揣摩到皇上的真实意图在没收财产，所以乐得争相告发。《明史》说，郭桓案“核查赃款所寄放的人家遍及天下，民众中中等以上富裕的人家大抵皆破”。吴宽说他的家乡长洲（治今江苏苏州）在洪武之世，“乡人多被谪徙，或死于刑，邻里殆空”，并谈及三吴地区的情况说：“皇明受命，政令一新，豪民巨族，刬削殆尽。”在胡蓝党案中，江南有名的豪强地主几乎都受到株连，仅吴江一县，罹祸的就有张琦、莫礼、张瑾、李鼎、崔龄、徐衍等“不下千家”。此举“并尽洗富土之民，而夷其室庐”。此外，洪武三十年（1397）发生“南北榜”事件后，朱元璋“以江南大家为‘窝主’，许相讦告”，不少江南地主因此罹祸。由于大批地主私田被没收变为官田，明政府的田赋收入飞跃式增长。苏州府在元末应纳秋粮米八十八万两千一百石，到明初一跃增至二百九十余万石，增加了两倍还多。松江府也从六十六万余石骤升至一百四十万余石，增加了一倍有余。

朱元璋的措施卓有成效。不少明代人说，在朱皇帝的流氓手段打击之下，地方上的富家大户被清洗一空，一个也没剩下。吴宽说江南“一时富室或徒或死，声销景灭，荡然无存”。贝琼也说，当时三吴地区的大户，“既盈而复，或死或徒，无一存者”。当然，这种说法近年遭到怀疑，有学者研究证明，朱皇帝的清洗并没有那么彻底，也有极少数地主大族采取散发家财、外出逃亡等手段，活了下来。如无锡华宗寿家田地很多，富甲邑中，“至国初悉散所积以免祸”。长洲朱士清入赘乌溪大姓赵惠卿为婿，“赵以富豪于一方”，朱士清预料会出事，“出居于外以避之，后竟保其家”。不过，这样的幸存者毕竟是极少数。

既然不可能改变土地私有制，朱元璋就不可能杜绝地主阶级的再生。无论采取什么手段，朱元璋都做不到绝对平均，大地主没有了，中小地主仍然遍地都是。不过，在整个统治期间，他都不忘时时刻刻敲打中小地主阶级。洪武三年（1370）二月，他特地召见各地富民，告诫他们：“汝等居田里，安享官税者，汝知之乎？古人有言：‘民生有欲，无主乃乱。’使天下一日无主，则强凌弱，众暴寡，富者不得自安，贫者不能自存矣。今朕为尔主，立法定制，使富者得以保其富，贫者得以全其生。尔等当循分守法，能守法则能保身矣。毋凌弱，毋吞贫，毋虐小，毋欺老，孝敬父兄，和睦亲族，周给贫乏，逊顺乡里，如此则为良民。若效昔之所为，非良民矣。”

当然，他也知道中小地主不会人人都谨遵他的最高指示。所以，这些人一旦有不谨慎处，他就连施重手，摧残他们，必至他们家破人亡乃止。为了防止大户通过“飞洒”等手段将赋税转移到贫民身上，朱元璋大力在全国进行土地普查，建立鱼鳞图册，以定赋税。通过精细严密的土地丈量，朱元璋在全国范围内清查出地主隐瞒的大量土地，“业不可隐”，使豪强地主再难隐瞒土地、逃避赋税。朱元璋明确规定，如果地主们有“将田洒派，作诡寄名色、靠损小民等做法……所在被害人户及乡间耿直豪杰，会议将倚恃豪杰之家捉拿赴京，连家迁发化外，将前项田土给赏被扰群民”。一旦发现奸顽富豪有不法行为，他均以重刑处置。松江豪民王子信交结官吏，“侵害乡民，欺压良善”，被“拿获到官，于本邑枭令，家财入官，田产籍没，人口流移”。粮长张时杰等一百六十人因私分税粮，延期不纳，朱元璋下令将其全部处死。

在朱元璋的政策影响下，地方官员也以挫辱地主为得计。如薛岩守镇江执法极严，“豪强为之屏迹”，不敢妄为。苏州府太守王观，因当地百姓拖欠了许多税粮，就把全府的富户都叫到府衙，命令他们拿出家中的储积代老百姓赔偿。

·6·

底层社会的成长经历，使朱元璋终生对官僚阶层保持着底层视角。

在传统中国，庞大的官僚体系就是一丛吸血的庞大根须，每一滴膏血都最终来源于社会底层。因此，从社会底层向上望去，视野中所见的景象自然是一张张贪婪的面孔，是“无官不贪”“无官不可杀”。中国的农民起义，与其说是农民阶级与地主阶级的斗争，不如说是农民阶级对官僚阶层的反抗。逼得百姓揭竿而起的，不是地主黑手里悬着的霸主鞭，而是各级官吏催粮催款、敲诈勒索时的凶残嘴脸。中国老百姓说得简单而明白:“官逼民反。”在农民起义中有一个意味深长的现象，那就是每一次起义中被屠戮最惨的都是官僚阶层而不是地主阶级。

由于统治技术的粗疏，元代官吏贪污腐化较多数朝代更甚。元代官场，处处离不开钱。“下属拜见要给‘拜见钱’，逢年过节要给‘追节钱’，过生日要给‘生日钱’，管个事要给‘常例钱’，往来迎送要给‘人情钱’，发个传票、拘票要给‘赍发钱’，打官司要给‘公事钱’，甚至无事也白要钱，叫‘撒花钱’。”上级官员到下级地方来检查公务，竟公开带着管钱的库子，检钞称银，争多论少，简直在做买卖。底层百姓平时见不到官员，偶尔地方官下乡，却都是来搜括。所以，朱元璋一见到衙门的官吏，就恨得咬牙切齿。后来，他曾回忆说：“昔在民间时，见州县官吏多不恤民，往往贪财好色，饮酒废事，凡民疾苦，视之漠然，心实怒之。”

一方面对官僚体系抱持根深蒂固的反感与怀疑，另一方面又不得不依靠这个体系，这一矛盾反映在朱元璋给官员们的待遇上。在中国历朝历代中，朱元璋对官员们是最苛刻的。一方面，朱元璋对自己的亲戚、家人待之唯恐不厚，宗室、贵族的俸禄异常丰厚。皇子封为亲王后年俸有一万石，是最高官员的近七倍，还不包括其他各种赏赐；另一方面，朱元璋又把官吏的俸禄定得出奇得低，对普通官员以“薄俸”为主流，史家因而有“明官俸最薄”之说。顾炎武说：“唐代上州司马是五品官，每年收入数百石，还有月俸六七万钱，收入足以庇身给家。而明代官员的收入，不过是唐代的十分之二到十分之三。”官僚们“月不过米二石、不足食数人”。按照惯例，官员的部分幕僚、随从的报酬和部分办公费是要从年俸中开支的，所以官员们依靠正常的俸禄无法过上舒适的生活，低级官员更是连养家活口都有困难。“不足以资生”“困于饥寒”的抱怨不绝于口。

不仅如此，朱元璋甚至舍不得给退休官员开工资。阎步克在《品位与职位》中写道：“国初的致仕者居然没有俸禄，赐半俸终身就算是优礼了。”

除了低薪制，朱元璋还取消了官员的许多其他特权。唐、宋两代，官员的子弟会得到“荫封”，可以直接做官，而朱元璋则取消了这一做法，大官之子虽有“荫叙”，但所叙的只是“禄”而非“官”，想做官仍要参加考试。明代以前，官场上一直实行“以官抵罪”，即官员犯罪，以降职或夺官作为一种抵罪措施。然而，这一特权也被朱元璋毫不留情地勾销了。

官员犯罪，与百姓同样，该坐牢的坐牢，该流放的流放，一点儿也不予宽容。因此，薛允升说："唐律于官员有犯除名官当，免官免所居官，委曲详备，其优待群僚之意溢于言外。明律一概删去，古谊亡矣！"

很明显，在分配帝国利益蛋糕时，朱元璋把官僚体系排除在外了。朱元璋的做法显然是"既要马儿跑，又要马儿不吃草"。他希望这些孔孟之徒能"见义忘利"，吃着孔孟的精神食粮忘我地为他工作。其实，从一个农民的角度思考，朱元璋认为他给官员的并不算太少，因为比起农民来他们的生活还是优越的。更何况，精细的朱元璋认为，做官对中国人来说除了直接物质收获外，还会有成就感等心理上的报偿。朱元璋这样教育广大官员：如果你们清廉为官，虽然收入不是特别丰富，但"守俸如井泉，井虽不满，日汲不竭渊泉"，毕竟可以无忧无虑地生存下去，另外还能"显尔祖宗，荣尔妻子，贵尔本身""立名于天地间，千万年不朽"。所以，他觉得他对官员们还算是够意思的。

·7·

唯有对农民，朱元璋是关怀备至的。因为，农民的利益与他的利益高度重合。在打击地主阶级利益的同时，朱元璋不遗余力地提高底层人民的社会地位。

在元朝，奴隶制复活，大量贫民因没有生计而卖身为奴。朱元璋即位不久，就下令解放奴隶。他下诏说："因元末大乱，所在人民或归乡里，或避难地方，势孤力弱，或贫乏不能自存，于庶民之家为奴者，诏书到日，即放为良，不得羁留，强令为奴。"并决定由朝廷出资赎买因饥荒典卖为奴者。在他的政策下，绝大多数奴隶获得了解放。

元朝时期，地主和佃户之间贵贱等分甚严。元朝法律规定：地主与佃户行主仆之礼，佃户对地主“拱侍如承官府”，在路上遇见田主，“不敢施揖，伺其过而复行”；地主打死佃客，仅科以“杖一百七，征烧埋银五十两”，便告了事。洪武五年（1372），朱元璋下诏改变这种严重不合理的规定：“佃见田主，不论齿序，并如少事长之礼。若在亲属，不拘主佃，则以亲属礼行之。”农民和地主的关系，由父子升为少长，身份地位有了明显提高。

朱元璋在起义中起家，也正是在起义中，他亲身感受到了普通百姓身上蕴藏的力量。他认为，元朝之所以灭亡，在于“昏主恣意奢欲，使百姓困乏”“骄淫奢侈，饫粱肉于犬豕，致怨怒于神人”。起自赤贫的他，当了皇帝后仍然非常俭朴。然而对老百姓，朱元璋却很厚待。朱元璋制定了极低的赋税水平。在全国大多数地区，老百姓的田赋一般是每亩征收三升三合五勺。以亩产一石而论，不过三十税一，也就是说，朱元璋制定的农业税，税率是百分之三到百分之一甚至更低。与元末相比，实在是不啻霄壤。

为了让全国官员理解他的这一做法，在这篇白话诏书里，朱元璋将道理讲得粗鄙而透彻：

> 且如人家养个鸡狗及猪羊，也等长成然后用。未长成，怎么说道不喂食，不放？必要喂食看放有条理，这等禽兽畜生方可用。如今军官全家老小，吃着穿着的，这见受的职事，都是军身上来。这军便似他家里做饭的锅子一般，便似仓里米一般，又似庄家种的田一般。……似他这般害军啊，却便似自家打破锅子要饭吃么道？却似露天地里放着米，眼前吃一顿，别的都烂了，明日再要米吃，有也无？却似庄家种田，本是一百亩，足本家食用，内卖去十四五亩，荒了数亩，尚且要饱饭吃，得也不得？……害得军十分苦楚，望长远受用，如何能勾？

为了保护弱势群体的利益，朱元璋还大力建设民政福利制度。

一有灾荒，他就心神不安。对灾荒的记忆牢牢地刻在他的脑海里。他说：“朕经常想起寒微之时，不断遭遇兵荒饥馑，经常靠野菜度日。今贵为天子，富有天下，未尝一日忘于怀。”他开仓济民，毫不吝啬。他规定：“凡地方发生水旱灾害，地方官不报告的，许老百姓来申诉，我将对官员处以极刑。”因为瞒报灾情及赈灾不力，他杀了不少官员。他执政的特点是对下属极不放心，要求事事向他请示而后行，唯规定救济灾民可以先行动后汇报。洪武二十六年（1393）四月，他命户部通令全国郡县：“自今凡遇岁饥，则先发仓廪以贷民，然后奏闻，著为令。”各地发生水旱灾害，查勘属实，全部蠲免税粮。没有灾情的年头，也会挑一些贫穷地区减免农业税。整个洪武年间，赈灾所赐布、钞数百万，米百余万石，所蠲免的租税无数。

除了这些应急措施，他还建立了制度化的福利救济设施。回想起父亲生病无钱救治的惨景，他发布命令，令各地设立“惠民药局”，凡军民有病而无钱医治者，给医药治疗。因为自己做过流浪者，他对无家可归者的疾苦深有体会，他命各地设“养济院”，贫民中不能生活的入院赡养，月给米三斗、薪二十斤、冬夏布一匹，小孩子给以上数量的三分之二。这些福利设施帮助人民解决了在旧朝代靠个人力量无法解决的生老病死等困难，使社会上最脆弱群体的生存有了一定保障，显示出新生政权对民生的关心，也显示了朱元璋不忘本的农民帝王本色。

朱元璋知道，他的帝国的最佳统治模式是建立在一盘散沙式的小农社会之上的。在他的算盘里，自耕农越多越好。因为自耕农恰好处在历代统治者梦寐以求的没有“余粟”“余智”“余力”的状况下，只要他们都能吃得上饭，并且没有渠道自我组织起来，就对帝国构不成丝毫威胁，而且，被驯服的小农是专制政权最牢固的基础，他们的劳动成果也是皇族最主要的财政来源。

所以，朱元璋才要制造一个平均化的社会，使尽可能多的人成为自耕农。这样，基层社会的每一个成员，体积大小都差不多，不会相互侵凌，也不会相互融合。在皇权面前，他们都是原子化的个人，对皇权的控制没有丝毫的抵抗力。

现在，他已经把大的土块基本上碾成碎沙，不过，这些沙子在整个中国这个盘子里的分布还不均匀。

明朝初年，因为连年战乱，许多地方百姓非亡即逃，土地荒芜，人烟稀少，官员无人可统治。朱元璋的老家凤阳就是个典型的例子，战争过后，凤阳的人口少至平均每平方公里仅仅五个人，许多地方一望过去都是荆棘，走几天路不见一个人影。

翻开《明史》，荒凉景象在元末明初这段时期比比皆是：

以繁荣著称的扬州，到龙凤三年（1357），“城中居民仅余十八家”。洪武元年（1368），徐达率师北伐，路过河北，发现“道路皆榛塞，人烟断绝”。洪武初年，济南知府陈修上奏：“北方郡县，近城之地多荒芜。”卫辉府获嘉县在洪武三年时，“土著不满百，井闾萧然”。

直到洪武十五年，以晋府长史致仕的桂彦良上《太平治要十二条》，还说：“中原为天下腹心，号膏腴之地，因人力不至，久致荒芜。”

因此朱元璋在圣旨中说：“丧乱之后，中原草莽，人民稀少。所谓田土辟、户口增，此正中原之急务。”

面对这种情况，朱元璋动用行政力量，组织了人类历史上规模最大的移民行动。朱元璋一共组织移民一千三百四十万人，占全国总人口的五分之一。这在中国历史、人类历史上都是绝无仅有的。

“问我祖先在何处，山西洪洞大槐树。”在华北平原的大部分地区，流传着大槐树的传说。这个听起来有点离奇的传说凸显了朱元璋移民的力度之大、措施之严密乃至严酷。

心思缜密的朱元璋对移民组织得很成功。他居高临下，根据各地的人口密度，确定迁出地、迁入地，由各地官员组织护送，并且发给移民一定量的种子、粮食和农具，以使他们到了新地区后能迅速扎下根来，安居乐业。应该说，这是一件便利天下的好事，计划周密、组织有序、措施得力，可圈可点。

可是，我们现在读到的关于明初移民的记载和传说，却一律充满了悲苦和辛酸。据民间传说，当时为了防止人们半路逃归，每登记一人，便在被登记者的小脚趾上划一小口，所以山西移民皆为小趾重甲；长绳捆绑，押解上路，由此人们都养成了背手的习惯；连小便都要报告长官，由军人解开手，才能行事，所以华北各地，都把上厕所叫作解手。

原来，朱元璋不论是为人民办好事，还是镇压老百姓，风格都是一样的，那就是强悍霸气。明初大移民是强制性的，谁搬谁不搬，搬多远，搬到哪儿，都由政府官员一手划定，理解的要执行，不理解的也要执行，老百姓一点发言权和知情权都没有。纵然从长远来看，移民造福于民，然而中国老百姓历来安土重迁，要说服他们背井离乡谈何容易。以山西人为例，无论是迁往安徽还是山东，多则四五千里，少则千余里，所到之地又是人烟稀少，荆棘丛生，“既无室庐可居，又无亲戚可依”，其艰难困苦之状可想而知。山西历来比较富裕，兵乱较少，所以百姓并不愿意搬迁。朱元璋仅有的动员手段就是顶在后心上的枪刀，有时甚至使用欺骗手段。偃师县《滑氏溯源》一文谈道：人们传说山西迁民唯不迁洪洞，所以人们都纷纷逃聚到洪洞，不料上面骤然行文，独迁洪洞……

通常是，迁民令一下，各地官员就纷纷下乡，把各地百姓整编成一百一十家为一里的队伍，统一到某处集合，点名，发给身份证明，然后由官兵押着，一队队出发，奔向天南海北。洪洞大槐树、苏州阊门、江西南昌筷子巷和朱市巷，都是这些移民出发前集合点名的地方，是移民听候官员们发号施令的所在，时间久远，就被移民的后代传说成了自己的故乡。移民们一队队拖家带口、扶老携幼，拉着家里的坛坛罐罐洒泪告别送行的父老乡亲。无论是寒风刺骨的严冬，还是盛夏酷暑，移民们在押解人的斥骂声中走上前途未卜的道路，一路上不少人因生病或者饥寒交迫而倒下。

不管过程怎么样，洪武移民的结果是大手笔地改变了中国的人口布局，大大改变了人口分布不均的现象。许多无地少地的民众得到了属于自己的“三亩地一头牛”，可以在此基础上建设“孩子老婆热炕头”的幸福小农生活。因此，按照历史学家们的标准，朱元璋的大移民功垂千古。

·8·

西谚有云：“穷人的房子风可进，雨可进，未经允许国王不可进。”

在同时代的欧洲社会，像朱元璋这样大规模地强制性移民，这样任意剥夺私人财产，这样心血来潮地命令富人替穷人交税，是不可想象的。

我上学时读世界史，书上说欧洲的国王们很穷，要打仗要办事得向商人们借钱，借得多了还不起，就被商人们控制，不得不听商人的话，制定有利于资本主义发展的政策，结果资本主义就这样发展起来了（在日本也是这样，到明治维新前，一些大商人家族控制了大部分领主的财政收入，因此有“大阪商人一怒，天下诸侯惊惧”的民谣）。我读了之后大惑不解：怎么君主还会被商人控制？抄了商人的家，商人的一切不就都是君主的了吗？西方的君主怎么那样笨？

我的想法是典型的中国人的思维方式。虽然私有制在中国起源很早，然而中国人从来没有真正确立起“私有财产神圣不可侵犯”的概念。

中国社会和西方社会本质上的区别是组织方式的不同。西方社会是契约社会。统治者的权力总是或多或少产生于契约关系。在封建时代的君主制下，国王只能对他的直属附庸的封地，在契约性规定的基础上享有某些权力，所以“你的附庸的附庸就不是你的附庸”。在以古希腊为代表的民主制下，权力的产生基于这样一种假设，即每个公民从根本上说都是平等的，所以公民们在一个国家中共处，首要的是按照公共约定的方式，通过公开的竞争，组织起政府，把权力自下而上赋予它，使它合法地为众人服务。所以，西方行政权力的表情有点像一个雇工，毕恭毕敬，一副被选票所操纵的窝囊样。

当古代中国人群聚之时，要做的第一件事是“明上下，辨尊卑”。他们较量武力，比赛智谋，来进行与大猩猩群中争夺首领颇为类似的惨烈斗争，用朱元璋的习惯语言，就是“其天下土地人民，豪杰纷争”。最后，唯一的一个胜利者穿着血迹斑斑的征衣，踩着失败者的头颅登上王位，对所有人发号施令，生杀予夺，即“遂扫平群雄，使百姓息于田野”。其他活下来的竞争失败者和那些胆怯的旁观者于是立刻匍匐在地，山呼万岁，从此成为王者统治下的顺民，即“诸臣下皆曰生民无主，必欲推尊帝号”，成为天下百姓的“主人”。学者林沄等人研究“王”字的起源，认为王字本是斧钺之形，是杀伐的象征，而“臣”字的本义是奴隶，它的字形是一个卑躬屈膝的人。《说文》说，“臣……象屈服之形也”。

同样是分封制度，中国的封建与西方的封建并不是一回事。两周时代的分封关系不是在大小贵族之间经过博弈产生的，而是作为最后的战胜者的王，以全国土地和臣民的最高所有者的资格，向臣下“授民授疆土”。“授”下去以后，“王”仍然拥有最高的所有权；而且授受双方之间，只存在下级对上级的单方面服从关系，而不存在契约性的相互制约关系。

因为权力的取得是沾满鲜血的，所以中国式权力的表情是居高临下、威严无比的，一副天上地下唯我独尊的霸气和“率土之滨，莫非王臣”的大气。没有一个国家像古代中国那样，政治权力决定着一切。每个社会成员，都被政治权力所牢牢控制。政府与他统治下的人民是什么样的关系呢？从这样一个词就可以看得清清楚楚：古代中国称统治人民曰“牧”，即“放牧”。《淮南子》直截了当地说：“夫牧民者，犹畜禽兽也。”在以暴力起家的统治者眼里，被统治者是自己用刀剑猎获来的猪羊，自己对他们拥有绝对的产权，生杀予夺，任由己便。

有了鲜血和头颅做底气，古代中国的最高统治者做起事来，从来都是大刀阔斧、乾纲独断，没有和皮鞭下这些“猪羊”商量的习惯。上古时代，史载商王盘庚欲迁都于殷，但许多人留恋故土，盘庚声色俱厉地说：“不听话的人，我就把他们斩尽杀绝，不让这些孬种遗留在新邑蔓延滋长。”

秦始皇大规模地移民、修长城，也没听说征求过百姓的意见。甚至到了清朝康熙时代，尚可皇帝一道迁海令，沿海三十里内的人民搬迁一空。如此强大的行政动员能力，让西方人惊叹不已，说西方任何一个帝王，也不可能有此威权。

虽然中国的皇帝们不可能预见到西方社会的国王终于被富商控制的后果，但他们的政治敏感度确实比西方君主们高多了。战国时期，中国的统治者们就十分锐敏地认识到，不受专制政权控制的私营工商业是破坏自然经济、威胁专制“国本”的大敌，由此形成了一整套同西欧封建政权的“重商主义”截然相反的“重农抑商”“重本抑末”的理论和政策。他们希望把天下人尽量控制在无余财、无余力的状态中。后来的皇帝们更是知道如果“富商大贾富过王侯”，则意味着他们的政治垄断地位将受到挑战。所以，中国多数朝代不允许独立的商人富过王侯，太富了，就要“国有化”，财产就要被没收。

经济学家杨小凯说，私有财产制度是比民主政体更重要的现代社会的基石。西方社会私有财产权大于政治权力，所以我们从解剖经济关系入手，可以揭开西方社会的一切秘密。当新的中产阶级的独立经济势力超过了政府的权力，就有能力进行造反，进行政治上的制度创新，这是资本主义产生的一个关键。所以，马克思说，经济基础决定上层建筑，但事实上，就中国历史而言，中国不可能出现商人造反，只有不断重复的农民起义。

在中国古代封建社会，如果一个人能掌握国家的最高权力，便可以对天下一切人随意“生之、任之、富之、贫之、贵之、贱之”。所以，朱元璋才可以凭一己之喜怒，把国家像揉面团一样揉来揉去。

·9·

经过打击地主和大规模移民，明初社会终于趋向了朱元璋心目中的理想状态。洪武三十年户部统计：全国土地占有数超过七顷的大户，仅有一万四千二百四十一户，而当时全国总户数为九百四十九万零七百一十三户，较大的地主仅占全国总户数的百分之零点一五。全国人口的百分之九十以上，都是小农。

黄仁宇说：“很显然，朱元璋的明朝带有不少乌托邦的色彩。它看来好像一座大村庄，而不像一个国家。中央集权能够到达如此程度乃因全部组织与结构都已经简化，一个地跨数百万英亩土地的国家已被整肃成为一个严密而又均匀的体制。”

朱元璋成功打造了乌托邦的基础。在这个基础上，朱元璋开始努力构建他的理想社会。

在这个理想社会里，应该人人有饭吃，人人有衣穿。朱元璋投入了极大的精力，致力于解决百姓的吃饭、穿衣问题。

为了恢复经济，朱元璋采取了许多具有高度的计划性和组织性的措施。比如为了解决百姓的穿衣问题，朱元璋在洪武元年发布硬性命令：“凡农民家有田五亩至十亩者，栽桑、麻、木棉各半亩。如果有田十亩以上，则种植面积加倍。各级官员要亲自督察，如果不种桑树，就罚他交绢一匹，不种麻和木棉的，罚他麻布、棉布各一匹。”这一规定，要求全国统一执行。

洪武二十七年三月，他又命工部行文，令天下百姓，按国家计划种植桑枣。朱元璋的计划偏好，使他的经济指令详细刻板到令人无法接受的程度。他硬性规定，一百户要共同种二亩秧，并且详细规定了种植方式：每一百户共出人力，挑运柴草烧地，耕过再烧，耕烧三遍下种。待秧苗长到三尺高，然后分栽，每五尺宽为一垅。每一百户第一年二百株，第二年四百株，三年六百株。“栽种过数目，造册回报，违者全家发遣充军。”

水利是农业的命脉，朱元璋对此极为重视。他利用集权的优越性，集中力量，修建了许多大规模的水利工程。据洪武二十八年统计，全国府县开塘堰四万零九百八十七处，河四千一百六十二处，陂渠堤岸五千零四十八处。这些基础设施建设大大巩固了农业的基础，对明代的农业生产发挥了长久的影响。建设大型工程之余，朱元璋甚至还搞了一些民生工程。比如洪武十二年陕西西安甜水渠，引龙首渠水入城，西安居民从此有淡水可吃。

应该说，开国初期，朱元璋用高度计划和强迫命令的手段，取得了经济建设的巨大成就，初步显示了新政权的强大执政能力。不几年时间，全国的桑、麻、木棉产量就翻了几番，有效地解决了人民的穿衣问题。

经过朱元璋的种种措施，不几年间，农业生产就恢复起来，大面积消灭了赤贫人口，解决了人们的吃饭问题。洪武二十四年，全国耕地面积比开国之初增长了一倍多。而洪武二十六年的岁粮收入，比元朝盛时增加了将近两倍。

不过，就像他的强制移民一样，朱元璋的惠民政策强调全国一刀切，并且以国家暴力作为执行力的后盾。这种粗糙的计划经济方式集中过多、统得过死，也带来了一定的负面影响。以中国地方之大，许多地方不适合种桑、麻、木棉，但是皇帝命令一下，种也得种，不种也得种，如果不种，惩罚性的课税必不可少。南边诸省如福建的气候和土地条件不适宜植棉栽桑，可是仍然得上交绢布、棉布。再如中州河南，地罕种桑，“太祖皇帝时要求老百姓种桑，是为了劝百姓勤劳过日子，却演变成了一种税收……到现在为止，河南这个地方不种桑、不织布，每年却还得交绢布税”（《古今图书集成·食货典·赋役部》）。《永春县志》亦载：“国初最重农桑之政，令天下府州县提调官用心劝谕农民趁时种植，计地栽桑，计桑科绢，府州县俱有定额。然地各有宜，两浙宜桑，山东、河南等处宜木棉，如永春则宜麻苎，当随地而取之。今有地不种桑，递年输绢，取办于通县丁粮。”

·10·

每个民族都有自己的乌托邦，而中国人追求“天下一家”的历史尤其长久。从《礼记·礼运篇》到《大同书》，中国人乌托邦之梦中的集体主义、平均主义思想之强烈性与连贯性为世界历史所仅见。

在乡村生活中长大的朱元璋对实现乌托邦梦想尤其执着。自然经济下，农民们的生活状态是男耕女织、自给自足。宋朝诗人范成大描绘过一幅耕织图：“昼出耘田夜绩麻，村庄儿女各当家。童孙未解供耕织，也傍桑阴学种瓜。”如果风调雨顺，乡村生活平静而安详，但这种一家一户的小生产是非常脆弱的，一有天灾人祸，没有多少剩余粮食的农民们往往会破产。对这一点，朱元璋深有体会。既然中国的政治规律是“有了权力可以造一切”，现在，朱元璋希望能把自己手中巨大的权力和农民的淳朴、善良、互助意识结合起来，使农民们组成一个温暖的大家庭，“过失相规，出入相友，守望相助，疾病相扶持”，人人过上勤奋耕织、生活有余的日子。“如此，贫富何患其不均，词讼何患其不息，天下何患其不治。太平万世，理必有然也。”

中国的政治传统为朱元璋进行乌托邦实验提供了可能的平台。因为规划设计全国人民的生活是专制君主应有的权力。《周礼》反复说：“惟王建国，辨方正位，体国经野，设官分职，以为民极。”每一代伟大的政治家，面对自己通过刀剑征服来的天下，都有一种要在上面画最新最美的图画的冲动。他们把自己当成天才的艺术家，殚精竭虑地在这片被他们擦成白纸的土地上进行美好的艺术创作。用黄仁宇的话来说，这就是“先造成理想上的数学公式，以自然法规的至善至美，向犬牙交错的疆域及熙熙攘攘的百万千万的众生头上笼罩下去。……行不通的地方，只好打折扣，上面冠冕堂皇，下面有名无实”。

明初才子解缙曾经给朱元璋提供过一份乡村乌托邦的完美图画。在《献太平十策》中，他根据《周礼》的记载提出，将每二百家编为一“里”，住在一起，“过失相规，出入相友，守望相助，疾病相扶持”。每“里”在村子中建一个乡村会所，推选年高有德的老人坐在会所里管理大家庭的事务。会所两边设立学校，八岁以上的儿童都在这里学习洒扫应对、日常劳作及礼、乐、射、御（驾车）、书、数，十五岁以上学习《诗》《书》等儒家经典。成年男子早晨都出工耕作私田或公田，晚间饭后都去学校学习道德和礼仪。学校后面设妇女活动室，妇女们相聚在这里从事纺织、缝纫、女红等工作。

这幅蓝图过于完美，几乎与《太阳城》一样浪漫动人。朱元璋当然不会这么书生气，他吸取了解缙提供的蓝图的精神，把这幅蓝图加以修改，在实际生活中加以推行。

在理想社会里，全国人民的社会生活也应该在皇帝的指挥下整齐划一。

六百年前，为了督促人民生产，朱元璋想出一个非同凡响的主意。

“今出号令，止是各里老人劝督，每村置鼓一面，凡遇农种时月，五更擂鼓，众人闻鼓下田。老人点闸，不下田者责决，务要严督，见丁著业，毋容惰夫游食。若老人不肯督劝，农人穷窘为非，各治其罪。”（《教民榜文》）即命令所有的村庄皆置大鼓一面，到耕种时节，清晨鼓声一响，全村人丁都要会集田野，及时耕作。如有怠惰者，由里老督责。里老放纵不管、未加劝督的，官府会严加惩罚。他还规定，民有不奉天时、负地利者，“皆论如律”。

在理想社会里，每个集体都应该充满互助精神。朱元璋发布乡里之间互助互济的文告：“乡里人民，贫富不等。婚姻死伤吉凶等事，谁家无之。今后本里人户，凡遇此等，互相周给。且如某家子弟婚姻，某家贫窘，一时难办，一里人户，每户或出钞一贯，每里百户，便是百贯，每户五贯，便是五百贯。如此资助，岂不成就。日后某家婚姻亦依此法，轮流周给。又如某家或父母死伤在地，各家或出钞若干，或出米若干资助，本家或棺椁，或僧道修设善缘等事，皆可了济。日后某家倘有此事，亦如前法互相周给。虽是贫家，些小钱米亦可措办。如此则众擎易举，行之日久，乡里自然亲爱。”

我一直怀疑，今天让人头痛不已的“随礼风”是否就起源于朱元璋。

基于对淳朴乡村生活的记忆，朱元璋还汲取传统文化中的有益营养，建立了“乡饮酒礼”制度。这可以说是朱元璋对《周礼》有关记载的一项创造性运用。每年春秋，各地乡村要以每一百户人家为单位，聚在一起，大会饮酒，由乡里德高望重的老人率众乡民宣读誓词：“凡我同里之人，各遵守礼法，毋得恃力凌弱，违者先共治之，然后经官；或贫无所赡，周给其家，三年不立，不使与会。其婚姻丧葬有乏，随力相助。如不从众，及犯奸盗诈伪一切非为之人，不许入会。”通过这样的集会宣誓，培养民众的集体意识和互助精神。而拒绝那些做过坏事的人入会，则是为了让他们产生羞恶之心，以利改过。

朱元璋甚至进行了互助社的探索。洪武二十八年，他采纳应天府上元县典史隋吉的建议，命令乡里小民，或二十家或四五十家组成一社，遇到农忙季节，谁家有病，则全社通力合作，协助其耕耘。至于这一制度执行到什么程度，探索的结果如何，史书上没有记载。

· 11 ·

不仅仅是儒家，中国的诸子百家思想中都有强烈的集体主义和平均主义。《礼记·礼运篇》汇合总结了诸子百家的社会理想，正式提出大同的理念："大道之行也，天下为公，选贤与能，讲信修睦，故人不独亲其亲，不独子其子，使老有所终，壮有所用，幼有所长，矜寡孤独废疾者皆有所养……是谓大同。"孔子的"不患寡而患不均"，孟子倡导"王道仁政"，实行井田制；老子主张"小国寡民""天之道，损有余而补不足"；墨子呼吁"兼相爱，交相利""赖其力者生，不赖其力者不生"，崇尚节俭，以粮为纲。后来太平天国的《天朝田亩制度》、康有为的《大同书》、孙中山的"平均地权"，都明显地继承了中国传统文化中的均平内质。

中国古代政治家都崇尚"定于一"，强调统一人民的思想，以产生最大的合力。

法家提倡"一教"，即统一教育、统一思想、统一价值标准。李斯说："古者天下散乱，不能整齐划一，所以诸侯并立，厚古薄今，崇尚虚言，人人都以为自己所学的是正确的，随便批评领袖们的政策。今皇帝统一天下，宜替天下人分辨黑白，定于一尊。"

黄老学派的《十大经·成法》则说：黄帝问大臣：我一人拥有天下，狡猾的百姓层出不穷，他们善辩多智，不守我的法令，我恐怕天下因此而乱。请问怎样才能让百姓都老老实实地遵守我的法令？大臣回答：天下成法，要令在于“不多”，一言而止。使天下人都遵守这个“一”，民无乱纪。

那个任劳任怨、提倡兼爱、为天下人服务的墨子，比任何人都崇尚思想一致。他的政治原则是“尚同”。墨子及其门徒结成了一个组织严密、能够进行政治军事行动的武士团体，该团体的首领叫“巨子”，墨子为第一任巨子，他对于所有成员具有决定生死的绝对权威。该团体的组织原则是统一意志、统一行动和绝对服从，主张“上之所是，必皆是之；所非，必皆非之”（《墨子・尚同》）。

在朱元璋之前，王莽的平均主义实践最为前卫，失败得也最为彻底。王莽推行王田令，实行土地国家公有，一夫一妻授田百亩。同时，他尝试由政府垄断经营盐、酒、冶铁和铸钱，以防止富商操纵市场，勒索百姓。他下令建立国家银行，贫苦百姓可以申请国家贷款，年息为所得的十分之一，以杜绝高利贷对百姓的盘剥。王莽推行固定物价政策，市场上的货物由政府规定价格，以维护市场秩序。可惜由于这些措施大大超过了社会的承受力，王莽政权很快被不满的国人颠覆。

甚至在朱元璋之后，雍正皇帝也曾做过井田梦。雍正二年（1724），他拨出官地二百四十顷，挑选无业人员一百户，每个男子分配土地一百亩，作为私田，每八人共管一百亩公田。公田收成归政府，作为农业税。政府给每个男子五十两银子，用来购买种子农具和口粮。公田、私田外多余的土地，用来建设村庄。然而，这个浪漫的复古幻想没能实现。实行不久，耕种者就相继逃亡。

虽然这些过于超前的实验不幸失败了，然而大同理想一直存于中国人的精神深处。

二　结网的蜘蛛

·1·

古人对“治天下”有多种比喻，如“治国如治病”“治大国若烹小鲜”，如“君，舟也；人，水也。水能载舟，亦能覆舟”。在这些比喻里，“天下”是一个动态的东西，需要治国者因时而异，因势而动。

朱元璋对治国的理解却与古人不同。他偏爱用“建房子”“盖大厦”来比喻治理国家：“为天下者譬如作大厦。”又说，“我以为建基立业，犹之盖大房子，剪伐斫削要用武臣，藻绘粉饰就非文臣不可。用文而不用武，譬如连墙壁都未砌好，如何粉刷？用武而不用文，正如只有间架，粗粗糙糙，不加粉刷彩画”。

农民的世界观是静态的。在农民的眼睛里，世界是永恒循环的。天圆地方，日升月落，小小的村野四周，景色永远不变。

朱元璋也希望能够构建一个千秋万世、永不毁灭的固态帝国。这个帝国能如同他安排的那样，永远在静态中循环，直到天荒地老。

这不仅仅是朱元璋一个人的梦想，也是多数古代中国人的梦想。“平安”“太平”“安定”，一直是中国人心目中最美好的词语。

·2·

同为农民天子，朱元璋的个性和刘邦的完全不同。刘邦骨子里有股无法无天的放荡豁达，他见到秦始皇车驾，居然大言不惭地说：“大丈夫当如是也！”攻下咸阳之后，他沉湎于秦朝故宫的金帛子女，一门心思想住下来快活一番，最后还是在身边大臣苦口婆心地劝谏之下，才恋恋不舍地离开。可见其享乐的性格。而在朱元璋的字典中从来没有“休息”二字。穿上龙袍后，他没有把一分钟的时间浪费在享受胜利上，而是匆匆奔向下一个目标：巩固帝业。在农村，家中有了几块银子，还要深埋进坑洞或灶间，何况这么大的家业，怎能不妥善打点！

遍数古今中外，我们找不到比朱元璋更热爱“安定”的统治者，在某种程度上，这种热爱甚至成了一种偏执和狂热。从心理学角度来讲，朱元璋在一定程度上是一个强迫症患者。强迫症患者的意志往往如超人般坚强。他们倾向用自己的意志来规定世界，最不能忍受的是无秩序状态。他们渴望把一切安排得条理分明，对任何事情都要求按部就班。比如，在生活中他会要求家里的一切物品都摆放有序：洗漱间挂的毛巾花纹要对齐，刷牙杯子的手柄方向要一致，厨房用品的摆放位置要固定，甚至连性生活都要严格按规定固定在星期几。

朱元璋就是这样。如果他终生只是一个农民，他一定是个治家极严的家长，黎明即起，洒扫庭除，家里一切东西都要摆得整整齐齐，田里的庄稼一定伺弄得生机勃勃。如果他是一位公司老总，一定会把公司管理得没有人敢大声说话。

成了“予一人”之后，朱元璋端居九重之上向下看去，中国社会还沿着元朝末年的惯性动荡着，到处充满着混乱、矛盾和冲突。这让他感觉眩晕和害怕。他感觉社会各个阶层都在垂涎他的巨大家业。他怕乱，怕社会的自由演进，怕任何一粒社会原子逃离他的控制。

朱元璋的素质其实最适合当一个村长，给他一个百十户人的村子，他能治理得井井有条。以他事必躬亲的工作作风，他会深入每家每户，掌握每只家畜的膘情。他会手把手地指导村民们每块地上应该种些什么。我们可以想象朱村长拉着他那张驴脸，背着手，威严地行走在乡间的道路上，仔细察看每一株庄稼的长势。村民们见了他，远远地就向他行礼、打招呼。他微微点点头，走到他们身边，长篇大论地教导他们如何生产、如何生活，告诉他们尊老爱幼，热爱朝廷。

不幸的是，命运慷慨地把整个国家交给了他。对于朱元璋来说，中国社会过于庞大、过于复杂了。国家可不是村子的累加，治国不同于治村。对于在农村骑惯了驴的朱元璋来说，巨大的中国如同一头他没有见过的恐龙，他骑在上面，虽然紧紧地握住了缰绳，还是感觉有点力不从心。他熟悉驴子的秉性，可有点摸不透这头恐龙的脾气。

不过，村长自有村长的办法。为了一个人的"省心"，他必须使其他人都"静心"或者"无心"。在朱元璋看来，要保证天下千秋万代永远姓朱，最彻底、最稳妥的办法是把帝国的每一个成员都牢牢地、永远地控制起来，让每个人都没有可能乱说乱动。就像传说中的毒蜘蛛，朱元璋盘踞在帝国的中心，放射出无数条又黏又长的蛛丝，把整个帝国缠裹得结结实实。他希望他的蛛丝能缚住帝国的时间之钟，让帝国千秋万代，永远处于停滞状态。然后，他还要在民众的脑髓里注射从历代思想库中精炼出来的毒汁，将整个中国的神经麻痹成植物状态，换句话说，就是从根本上扼杀每个人的个性、主动性、创造性，把他们驯化成专门提供粮食的顺民。这样，他和他的子子孙孙就可以安安心心地享用人民的膏血，即使是最无能的后代，也不至于被推翻。

·3·

把社会改造成原子状态并不是朱元璋的最终目的。因为散沙在风吹日晒之下，也会自由流动，形成沙丘，构成新的不均匀、不稳定状态。朱元璋采取了“草格子治沙法”，用政权把沙子固定下来。他的草格子就是一系列固化社会的诏令。

元代统治者马上治国，武勇有余，文采不足。蒙古人奴视汉人，统治手段粗暴野蛮，在中国政治技术史上是一个大的倒退，而朱元璋承大元之余绪，把元代统治者的野蛮强横推向了一个新的高度。大明王朝继承了元代严格的职业世袭制，把全国人口分为民户、军户、匠户三大类，三大类再分为若干小类，比如匠户之中，还分为厨役户、裁缝户、船夫户等。军户之中，还细分为校尉、力士、弓兵、铺兵等。民户之中，除了普通的农民外，还有沿海晒盐的灶户、为军队养马的马户、给皇帝家看坟的陵户、管园的园户、种茶的茶户。此外，还有什么米户、囤户、菜户、渔户、窑户、酒户、蛋户、站户、坛户、女户、丐户等，计八十种以上（栾成显《赋役黄册与明代等级身份》）。“籍不准乱，役皆永充。”也就是说，职业先天决定，代代世袭，任何人没有选择的自由。比如，如果你是军人，那么你的子子孙孙都是军人，除非做官做到兵部尚书一职，否则不许脱离军籍。同理，如果你爸爸是裁缝，那么你和你的后代永远都得以裁缝为生，不管你是六指还是残疾。

把人口分门别类后，朱元璋建立了中国古代史上，同时也是世界古代史上最严厉周密的户籍制度，也称黄册制度。

人口统计登记在现在也仍然是一个庞大的系统工程，需要精确、科学的组织，动员庞大的人力、物力。可以想见，在当时的通信、交通、统计技术条件下，进行精确的人口登记会遇到多大的困难。不过，朱元璋的严刑峻法威力无穷。他在洪武初年发布的命令说："如今天下太平了也，只是户口还不明白了哩。……我这里大军如今不出征了，都教这些军人去各州县里，下到地里去一本本地核查，看老百姓们写得真不真。经核查属实的便是好百姓，不属实的便拿来做军。如果有官吏敢隐藏户口的，将那官吏处斩。百姓们有躲避了的，依律要定了罪，通拿来做军。钦此。"他规定，全国人民一律编入户口，户口本上要详细写明一家人口的姓名、职业、年龄以及田产等基本信息。这道杀气腾腾的命令宣布中国户籍制进入了一个新阶段。帝国的军队组成一支支工作队，手持武器，深入各地的乡村田野，挨家挨户进行人口登记造册，因为户口册的封面用黄纸，所以称为"黄册"。

洪武时期的人口登记工作是在不断强化的血淋淋的法条下进行的。洪武二十四年，因为在人口登记中发现了弄虚作假行为，朱元璋又下命令，所有户口本都必须由家长本人亲自填写或者亲自口报，绝不允许别人代为包办，如果有包办作弊，或者隐瞒人口不报的，经手人员"一体处死。隐瞒人户，家长处死，人口迁发化外"。

这样规模浩大的人口登记每十年重新进行一次，每家每户微小的变化，都细致地体现在户口本上。在高压政策、精密组织以及朱元璋的高素质官员队伍的合力之下，洪武年间的人口调查工作准确度极高。全国的户口被调查得清清楚楚、明明白白。

下面就是一份明代户口本上的内容：

林荣一，嘉兴府嘉兴县零宿乡二十三都宿字圩民户。计家五口。

男丁二口：成丁一口，林荣一，年三十九岁。

不成丁一口，男阿寿，年五岁。

妇女三口：妻章一娘，年四十岁；女阿换，年十二岁；次女阿周，年八岁。

产业：屋一间一披，田自己民田，地六亩三分五毫。

洪武四年 × 月 × 日

配合人口制度，朱元璋又建立起鱼鳞册制度，即全国土地登记制度，每家每户的土地有几亩几块，每一块的位置、大小、四至，都写得清清楚楚，全国一家不漏。下面是一块地的“土地产权证”登记内容：

土名：李树园，地一分四厘。

地属二十都四图三甲，程九龙。

东至方良珊田，西至张丹民田，南至方良珊田，北至方良珊田。

·4·

今天的玄武湖，是南京最吸引人的名胜之一，常年游人如织，热闹非凡。

游人们可能很难想到，在三百多年前，这里却是一片禁区，警卫森严，人迹罕至。

森严到什么程度呢？

如果你在大明王朝时代来到玄武湖，会看到一列列全副武装的军队神情严肃地来回巡察。史载其时的制度是军官“带同弓兵、军士、地方火甲人等昼夜往来，沿湖巡察”（《后湖志》），以防止任何人试图接近湖区。你试图眺望一下湖水，就有可能被逮捕。

沿湖周围的土地，不许农民耕种。原有的农田，一律任其荒芜。湖边不但不许打鱼，也不许采樵放牧，有人试图闯进湖区，就会遭到严厉惩处。“湖曰禁湖，地曰禁地，例必曰禁例，而船必曰禁船，以至樵采渔牧之有罚，巡视守护之有人，而擅越湖者必以重治。”（《后湖志》）

不仅老百姓不能接近，就是官员甚至天子近臣也不能擅自来到这里。弘治元年十一月，奉皇帝之命到两广公干的太监郭镛路过南京。此人是皇帝的宠臣，在宫中地位颇高。他听说玄武湖风景甚佳，遂带领随从二十余人，驾船到此一游。不料当朝监察御史孙纮当即以“故违禁例”“擅游禁地”之名，将此事报告给皇上，说“太监郭镛……虽祖宗严禁之地偃然不顾，前去游憩……坏国家之成法，起都人之惊猜，是可忍也，孰不可忍也”。不可一世的郭镛因此丢掉了两广公干的美差，灰溜溜地回到了北京。

一片普通的湖泊，为什么如此戒备森严呢？

原来，玄武湖中的岛屿上建有“黄册库”，存放着大明王朝的户口本。

对户口黄册何以如此紧张？因为户口制度是大明王朝一切制度的基础，是约束大明百姓的紧箍。

具体地说，户口制度维系着明代的职业世袭制，可以防止百姓自由迁徙，保证国家税收。离开了这些户口本，大明王朝就没法运转。

如前所述，明代实行身份职业世袭制。职业先天决定，代代世袭。这一制度自然方便了社会的管理，却在社会成员之间制造了巨大的不平等。比如军户，就承担着比一般家庭沉重得多的任务。首先，每个军户家庭必须至少出一个男人到所属军队卫、所当兵，叫“正军”。今天参军入伍，路费、军装、士兵生活都由国家负担，而明代此类费用却都是由军户自己承担。正军一旦接到国家发来的入伍命令，他的家庭就要为他出“购置军装之费”“买娶军妻之费”“解送道路之费”“军丁口粮之费”，所以正军上路，往往会使许多军户家庭一下子花掉所有家底。另外，还要另出一个男人随正军一起来到军队，他的任务是在军队屯田种地，打出粮食换钱，供给正军吃穿花用。虽然说名义上国家规定，军户家庭享受一定的特殊政策，可以减免一些赋役，但其实减得少之又少。

因此明代“人耻为军”。正如“充军”这个词所揭示的，明代人一旦去参军，就如同当了犯人，“有如弃市”（《大学衍义补·固国本》）。军户之子连娶老婆都困难，许多人四十岁了还结不了婚。大家都怕将女儿嫁入军户后，自己也成了囚徒：“武陵多戎籍，民家虑与为婚姻，徭赋将累己，男女至年四十尚不婚。”（《明史·黄宗载传》）

因此，人们当然千方百计地想摆脱军籍身份。大明王朝建立后不久，就出现了军人逃亡潮。据《明史·志第六十八·兵四》记载，到洪武三年，全国有记载的逃亡军人就达四万七千九百余名。这是统治者绝对无法接受的，因为这样就无法维持国防力量。

黄册制度或者说户口制度，可以有效防止人们改变户籍。朱元璋建立黄册制度，要求全国每家每户，每十年一次，将自己的户口黄册报送到京师保存。全国山陬海隅，每村每乡每个人的信息，都被国家机器所清楚掌握。这样官府如果怀疑你是“逃军”，就会要求你出示自己的户口黄册，和南京黄册库中的黄册进行对比。这一对比，就能发现你祖上是什么职业，让你逃无可逃。这就是所谓“惟据旧籍以查驳，庶欺隐者、改窜者始不能逃”（《后湖志》）。所以，后来在弘治五年，南京户科给事中杨廉根据朱元璋的立法精神，这样说明黄册制度的重要性：“惟祖宗旧例，藏册后湖，法禁严重，不许诸人窥伺，其深谋远虑固非一端。至于今日各处远年之册无多，而军民各籍大势不敢紊乱者，诚惧册籍之独存于后湖也。”

也就是说，正是因为有黄册底本存放在南京，各地老百姓才没法买通官员，改换户口。用韦庆远的说法，黄册就是全国百姓的“紧箍”“捆仙索”，是足以致每家每户于死命的最后王牌。

实行黄册制度的第二个目的，是防止百姓随便迁徙。朱元璋要求全国人民子承父业，一辈子不许随便迁移，不许随便改变职业。“如今士农工商都要各守本业，医生和算卦的只能在本乡活动，不得远游。”如果某地发生灾荒，人们跑到外地要饭谋生，在造黄册时被发现，“所在有司，必须穷究所逃去处，移文勾取赴官，依律问罪”（《诸司职掌》）。也就是说，地方有关部门必然穷究你逃到何处，行文到那里，令当地官府将你押送回原籍，依大明律问你的罪。官府会要求你报出自己的户口信息，然后将之与本地直至南京黄册库中的信息进行核对。这样，你想谎报户口，随便到其他地方落户的企图就落空了，都要被押送回原籍，继续入黄册。

黄册制度的第三个作用是保证赋税。黄册与今天的户口制度不同的地方在于，它不光用来记录人口信息，还要记载这一家的产业，用以确定应该承担多少赋役。因此，有人称黄册为户籍黄册，也有人称它为赋役黄册。

历代王朝后期都会出现这样一种情况，就是豪强地主贵族等势力之家招收人口，隐瞒土地，造成国家税收大量流失。黄册制度可以有效防止普通百姓寄名到大户人家来逃税。同时，豪家大户通过种种手段逃避税赋，将负担转移到普通百姓身上，由此造成两极分化越来越大，最终会倾覆这个王朝。黄册制度也可以把这一现象压制在最低范围。因此，嘉靖年间有官员说：“国家之急务，莫先于恤民。恤民之实，在平赋役而已。赋役之平，在慎攒造（黄册）而已矣。故册籍之造弗慎，赋役之派弗均，奸豪得计，民弱受害，国计之亏缩，民生之凋疲，恒必由之。”（万文彩《为申严赋役黄册事例以杜奸弊题本》，《后湖志》卷十）这些话确实说出了朱元璋的心声。可以说，没有黄册制度，朱元璋大移民、大土改，平均土地、财产的成果就无法保持。

·5·

全国人民都植物化，这毕竟只是朱元璋一个人美好的梦想。人毕竟是拥有双腿的动物，走亲访友，外出经商的权利实在无法剥夺。

如果大明天下的百姓迫不得已想到外地办事怎么办？朱元璋想出了一个好办法——办“路引”，相当于现代的通行证。如果需要出门，就必须到官府登记，官府严格审核后开具路引。朱元璋规定，全国人民，凡出门百里之外，就必须办理路引。到每村每镇，吃饭投宿，都要检查路引。朱元璋教导人民：“各地百姓，遇到生人，要仔细检查他的路引，看看他的穿着打扮，行动做派是不是和路引上写的职业相同。”如果不带路引出门，要受到严惩：“凡没有路引私自出门者，打八十棍。经过关口不走正门，过河不由法定渡口而过的，打九十棍；偷越国境的，处绞刑。”

人本来是土地的主人，朱元璋却使土地成为农民的主人。全国农民都变成土地的附属物。

·6·

正经过日子的农民最瞧不起的是“二流子”。老实巴交的庄稼人到了城里，最害怕的则是地痞流氓。作为一个从小家教严格的标准农民，朱元璋虽然曾混迹江湖，本性里对游手好闲之徒却有一种强烈的厌恶感。

对于那些纵情玩乐的“败家子”，他从来都看不惯。

我翻阅史料，偶然看到朱元璋接见功臣子弟时的一篇讲话，现录其片断，从中可以看出朱元璋的人生态度：“男子汉家，学便学似父亲样做一个人，休要歪歪搭搭地过了一世。你每（们）趁我在这里，年年来叩头。你每（们）还是挨年这歇来（即‘每年到这来’之意）。你每（们）小舍人，年纪少，莫要学那等泼皮的顽。……你每（们）这几个也年纪小哩，读书学好勾当。你每（们）学尔的老子行。”

有一次，朱元璋听说京卫将士闲暇饮酒，就将他们叫来训斥一通：“近闻尔等耽嗜于酒，一醉之费，不知其几，以有限之资供无餍之费，岁月滋久，岂得不乏？”他对青年人下棋、玩球、吹箫、唱曲更是异常痛恨，曾颁旨大加惩罚：“在京但有军官军人学唱的割了舌头，下棋、打双陆的断手，蹴圆的卸脚，做买卖的发边远充军”，“府军卫千户虞让男，故违吹箫唱曲，将上唇连鼻尖割了”。龙江卫指挥伏颙与本卫小旗姚晏保蹴圆，他令人“卸了右脚”，全家发配云南。

做了皇帝之后，朱元璋从另一个角度看到了游民们的可怕。历代农民起义，都是由游民牵头，他们有农民们所没有的胆量、野心和社会活动能力。更重要的，正是他们可以在社会上自由活动，因此，在天下大乱之时，他们的起义往往会成为燎原的星火。因此，登基之后，朱元璋把消灭游民作为控制社会的关键。

他规定，每个人都要从事固定的职业，社会上不许存在无业之人。

他在《大诰续编·再明游食第六》中说：“再次申明不许不务正业，大家要互相知道彼此的职业。我这个命令一下，各地政府、邻人、里甲对这些不务正业者要告诫训诲，让他们立刻找活干。……一月之间仍然不务正业的，四邻和里甲要把他拿赴官府。官府如果不管，你们送赴京来，为民除患。如果不拿，这样的人，不是在官府帮闲做坏事，就会在乡里当盗贼……是诰一出，四邻里甲不能拘拿赴官赴京，使此人在地方做了坏事，案发之日，四邻里甲同坐其罪！的不虚示！”

朱元璋把传统的“里甲”制度强化成了镶嵌式的社会控制体系，用“里甲”这张大网对全国人民进行了网格化固定。他规定，全国人民，每十户编为一甲，每一百一十户编为一里（一里包括十甲，另十户轮流为里长）。普天下人民，都有了自己归属的“单位”。

朱元璋的里甲制虽然沿袭前朝，其严密程度却大大超越历代。他规定，“里甲”的首领有组织一里之内生产生活的权力。一里之内的居民，都有互相监督的义务。每家每户都要互相作保，实行连坐，一家犯罪，全体倒霉。他发布《大诰》说，一里之内的每一家都要了解其他家的情况：

要知道这家几口人，是从事什么职业的。比如，读书的，要知道他的老师和同学分别是谁，是上县学还是州学，要弄得一清二楚。当老师的，邻里一定要掌握他的学生们的情况，看看每天出入他家的是不是这些人。

务农的，每天从炕头到地头，天天出来进去，邻里都看得见，这个情况就好掌握了。

做工匠的，邻里一定要看看他的路引，掌握他到哪儿去做工了，一般到远处做大活儿，在外面待的时间可以长些，在附近做小活，应该不久就会回家。邻里要密切掌握这些情况。

经商的，有做大买卖的，有做小买卖的，有走得远的，有走得近的，到哪儿去都会检查路引，回来的期限就不必严格限定了。不过邻里也要勤打听点，如果一年到头也没有个信，两年还没回来，邻里就要到这个人家里去问问缘故（《大诰续编·互知丁业第三》）。

之所以要求百姓如此严密地掌握邻里情况，是为了一发现不安定因素，就可以立刻汇报给官府。“一里之中，如果发现了强盗小偷、逃出军队的人、逃归的犯人以及其他不守规矩胡乱生事的人，里长和德高望重的老人就要召集同里的人将这些人抓起来送到官府去。如果不这样办，严惩不贷。”

在这样严密的社会控制之下，游手好闲之人当然没有了生存空间。朱元璋重申“一里之间，如果有游手好闲不务正业的人，里长坐视不管，邻居亲戚也不抓他送官，那么就将这个游手好闲的人处死，将里长还有他的邻居亲戚们都流放到边疆！”

里甲制度如同一个牢笼，“使（天下人）就约束，如鸟之在笼，兽之在柙，虽欲放逸，有不可得”。流浪儿出身的朱元璋坐了天下，当然要防止第二个朱元璋出现。

· 7 ·

社会底层已经被均匀而严密的大网牢牢罩住了，朱元璋又将目光对准里甲之网控制范围之外的阶层：官员。

中国的官僚阶层有着矛盾的个性。一方面，他们有很强的惰性，缺乏责任心、事业心，上面推一推，下面动一动，敷衍塞责，形式主义、文牍主义盛行；另一方面，他们又极富进取心和创造力，为了升官和发财，削尖脑袋，绞尽脑汁，无所不用其极。一旦皇帝的监视稍有放松，他们就会创造出无数贪污枉法的新招来。

大明王朝官员的这种二重性最为突出，盖因有明一代，官员的地位与前代相比大大降低。唐宋时期，官员一直享有很大的权力以及种种优待。譬如一家公司，皇帝是董事长，官员则是股东和高级雇员，公司的前途和发展关乎大家的利益，所以官员们的责任心比较强。朱元璋把主要权力全部收归己有，官员只剩下执行命令和跑腿一种功用，成了皇族的高级奴隶。这些高级奴隶们没有自主思维和创造的权力，也缺乏创造热情，对公司的前途和命运更是漠不关心。与此同时，他们的多余精力势必要灌注到另一方面，在以权谋私的活动中迸发出更大的活力和创造力。

为了管好这些高级奴仆，朱元璋费尽了苦心。他用规章制度捆住官员们的手脚，令他们只能在他严格规定的范围内活动。他生怕地方官们办事不细心或者不尽心，亲自撰写了《授职到任须知》，对每一级地方官吏的职责都做出详细的规定。他把地方公务分为“发布公告”“征收田粮”“管理仓库”“会计核算”“受理诉讼”“管理囚犯”“管理官署房产”“管理辖内读书人”“管理地方渔业”“管理地方窑冶”等三十一项，并且逐项开列地方官应当注意的事项，对这些注意事项往往还列出许多具体的要求。比如“管理囚犯”一项，朱元璋要求地方官不但要了解已经了结的案件有多少，在押犯人有多少，还要“知入禁年月久近，事体轻重，何者事证明白，何者情节有疑。明白者，即须归结；涉疑者，更宜详审，期在事理狱平，不致冤抑”。谆谆嘱咐，像个碎嘴婆婆，恨不得手把手地教他们干，一身化为千万，在旁边严密监视。对于京官，他则制定了《六部职掌》，把每个部、每个司、每个科所有官员的岗位职责制定得明明白白，连每个月用多少墨水钱都算得清清楚楚，对他们进行精细化管理。

针对官员们强烈的贪腐欲望，朱元璋制定了历史上最为严厉的反贪污法令。他严禁官员们公余出去潇洒，规定“官吏们嫖娼，罪亚杀人一等，虽遇赦，终身不得再当官”。对官员们的限制性规定之琐碎苛刻，几乎让人无法忍受。比如他规定，官员出差时，不能用公车运送私人财物：“凡因公出差，按级别可以坐官马、公车、用官驼等者，除了随身的衣物外，携带的私人物品不得超过十斤。违者，超过五斤的笞十下，以上每增加十斤罪加一等，到打六十棍为止。坐船的可以多带些，但也不得超过三十斤。违者，十斤笞十下，每二十斤加一等，打到七十棍为止。家人随从者，都不许坐公车。如果谁贪小便宜，求官员帮他带私物，这个人与官员同罪，所寄之物没收。”

与现在鼓励官员深入基层体察民情相反，朱元璋做了一个奇怪的规定：不许官员们下乡。农民的经历，使朱元璋产生了一个牢不可破的印象：那些下乡来的官员，都是来大吃大喝、搜刮扰民的。当上皇帝后，他说：“我在民间时，亲身体验到州县官吏多不恤民，往往贪财好色，饮酒废事，凡民间疾苦视之漠然，心实怒之。”所以他规定，官员只能老老实实待在官衙里，不许去体查什么民情。如果官员胆敢下乡，百姓见了可以捉了送到京师，由他亲自处死。

这条规定把官员捆在了官府里，与把百姓捆在土地上有异曲同工之妙。在朱元璋条条绳索的捆缚下，官员们的主动性、自由度被压缩到了历史上的最低点。

·8·

朱元璋精细编织蛛网，当然是为了网住所有臣民，以供皇族享用。然而，他织网织得太顺手，一不小心把子孙皇族也牢牢网住了。

黑格尔认为，朱元璋式专制的缺点在于，只有皇帝一个人对整个国家的前途命运负责，其他人都缺乏责任心。皇帝必须担任这个庞大帝国的那个不断行动、永远警醒和自然活泼的“灵魂”。“假如皇帝的个性竟不是上述的那一流——就是，彻底地道德的、辛勤的、既不失掉他的威仪而又充满了精力的——那么，一切都将废弛，政府全部解体，变成麻木不仁的状态，因为除了天子的监督、审查以外，就没有其他合法权力或者机关的存在。政府官吏的尽职，并非出于他们自己的良知或者他们自己的荣誉心，而是一种外界的命令和严厉的制裁，政府就靠这个来维持它自己。”

这就是专制政体的弱点：所谓“一言而兴邦”，“一言而丧邦”，“人存政举，人亡政息”。

朱元璋当然意识到了他创造的这一体制的弱点。他时时刻刻担心他的后代们会丧失责任心，胡作非为，导致他设计的国家机器陷入混乱，如果是那样的话，后果将是不堪设想的。

因此，朱元璋不仅要决定他在世时的帝国面貌，还要预先设定好他死后每个接班人的行动轨迹。

因此，他花了整整六年时间，七次删改，用曹雪芹写大半部《红楼梦》的心血，写了一部叫作《皇明祖训》的书，专门献给他亲爱的子孙们。

在序中，他这样告诫他的后代们："你们生长在深宫之中，不知世故。而我幼而孤贫，长大了又值兵乱，二十四岁就当兵，头三年是小兵，后来一步步上升，在这个过程中我劳心焦思，虑患防微，近二十年，终于一统天下。所以，人情世故，人之情伪，我深有研究。""群雄都是天下最强悍诡诈的人物，最难制御，我已经都制服了。老百姓在兵荒马乱中变得越来越奸猾，最难统治，我也已经治得服服帖帖了。未开国前，我就开始制定统御天下的法律规章，十多年间，不断修改，务期详尽，现在已经都出台了。颁布之后，效果不错。现在，我又写作这《皇明祖训》，作为我们家的家法。我把草稿贴在西厢房里，每天早上晚上阅读、修改，以求万无一失。首尾六年时间，大改了七回，这才定下，真不容易啊！不过有了这个东西，你们做皇帝就好做啦！凡我子孙，都要严格服从我的这个详细规定，不许自作聪明，违反我这个成法。一个字也不许改！如果你们果然听话，那么咱们老朱家的天下一定会千秋万代！"

让我们来看看这"一个字也不许改"的书里都有些什么内容。

在这本书里，朱元璋详细规定了从皇帝到亲王的行为准则。从"如何行政""如何执法"的大章大法到"如何安排日常起居""如何管理后宫""皇族间如何行礼"等生活细节，规定之详尽烦琐，让人难以想象。

治国行政的大原则我就不详细介绍了，仅仅引用几个小细节，来看看朱元璋为后代考虑得周密到了什么程度：

开宗名义，第一章就是安全第一："为了安全起见，你们和亲信大臣们商量机密时，带刀护卫只许离你们十丈远。""每天晚上都要警省，没事常听听城中动静，也可以到院子里去，看看天气星象有没有什么灾难的征兆。如果不出去，则听听市声是不是有什么异常。”

作为仁慈的父祖，连子孙后代如何吃饭，哪顿饭多吃，哪顿饭少吃，他都想得极为周详：“当了皇帝住在宫里，每天要早起晚睡，酒要少饮，饭要按时吃！午后不许吃得太饱！如果是外出在路上可以不受此条限制。”

其他各章也有诸多注意事项。比如，如果宫内女子生病，只能在白天找大夫，夜晚不管多急的病，只能挺着。请大夫时，须要监官、门官、局官各一人，太监三人，老妇二人，陪医生一起进宫。如果这些人不陪，只叫老妇陪着进宫，则很容易发生危险之事，官员都要斩首，太监、大夫、老妇都要被凌迟处死。

再有，他亲自规定亲王出行时都要带些什么东西：交椅一把、脚踏一个、水罐一个、水盆一个、香炉一个、香盒一个、拂子二把……

看了这些规定，你会明白为什么朱元璋想了六年，改了七次了吧。看看，做朱元璋的子孙多么享福，出生时几乎不用携带大脑。近三百年里，大明王朝基本上是按照太祖朱元璋制定的政治模式来运转的，每一件事都有成例，每一件事都有定制，几乎没给后任皇帝留下任何权力运用上的自由。没有紧急的事情，皇帝不得出皇城一步。一年到头，一天到晚，所有的活动几乎都有固定的日程。

对于亲王们来说，这种幸福更是难以忍受。因为不断有亲王作乱，后代皇帝继承太祖精神，不断强化对亲王的规定，使明代中后期的亲王几乎变成了囚犯。这些原本被认为是帝国内最幸福的人，在生活自由方面连普通百姓都不如。皇族只许安坐享福，不许从事任何职业。亲王终生只能生活在王府里，想出城遛遛弯，得专门派人千里迢迢向皇帝本人提出申请。如果没有皇帝的许可，亲王连出城扫墓都不行。为了防止亲王们有串通的机会，朱元璋又规定，亲王们终生不得相互见面。《明史·诸王传》赞语评论说：“有明诸藩……徒拥虚名，坐縻厚禄，贤才不克自见，知勇无所设施。防闲过峻，法制日增，出城省墓，请而后许，二王不得相见。藩禁严密，一至于此。”

·9·

在世界各大文明中，其他古老文明都被历史的波诡云谲一遍遍涂改得面目全非，只有中国文明历经数千年风雨冲刷而基本格局丝毫不改。这与中国统治者对“安静”的热爱有关。

这一事实，在中国人看来，是中国文明生命力强大，继继绳绳，与天咸休，西方人却认为这是一种僵化状态。

像朱元璋这样牢笼天下，无疑不符合这个国家绝大多数人的利益。然而，它却符合皇帝一个人的利益。孟德斯鸠说，专制制度是大一统的中国不得不做出的选择，“因为如果奴役的统治不是极端的话，便要迅速形成一种割据的局面，这和地理的性质是不相容的”。

“产权”决定治理方式。对于天下人民、土地和财富都属于皇帝一个人所有的国家来说，选择哪种治理方式只取决于皇帝一个人的感觉。如果一种治理方式只方便皇帝一个人，对其他社会成员都造成了严重的损害，从皇帝的角度来看，这也是合算的；相反，如果多给人民一些个性发展的空间，增进了亿万人民的幸福，却可能造成皇帝统治的一点点不方便，那么对于皇帝来说，也是不合算的。

所以，历代皇帝都乐于剥夺其他社会成员的自由来成就自己的绝对自由，损害其他人的方便成就自己的方便，由此造成了中国社会与西方社会发展的不同轨迹。黑格尔认为人民的个性受到压制，是东方停滞不前的原因。“在东方的黎明里，个体性消失了，光明在西方首先达到灿烂的思想。”“在东方的国家里……客观的种种形式构成了东方各‘帝国’的堂皇建筑，其中虽然具有一切理性的律令和布置，但是各个人仍然被当作是无足轻重的。他们围绕着一个中心，围绕着那位元首，他以大家长的资格——不是罗马帝国宪法中的君主——居于至尊的地位。……东方观念的光荣在于‘唯一的个人’一个实体，一切皆属于它，以致任何其他个人都没有单独的存在，并且在他的主观的自由里照不见他自己。想象和自然的一切富丽都被这个实体所独占，主观的自由根本就埋没在它当中。”

穆勒说得更为简洁明白。他认为，个性自由和专制统治的斗争，决定着一个民族的盛衰和浮沉。“伴随着个性的舒展，人类生活也就变得丰富、多样、生气勃勃，这一过程还加强着那根把每个人和本民族联结在一起的纽带，因为这个过程将一个民族也变得更加值得个人来做其成员。相应于每人个性的发展，每人也变得对于自己更有价值，因而对于他人也能够更有价值。他在自己的存在上有了更大程度的生命的充实；而当单位中有了更多的生命时，由单位组成的群体自然也有了更多的生命。反之，压毁人的个性，使个人消失在人群之中，这种社会就是专制，在那里人类生活必会变成一池死水，首创性极度缺乏。人心的这种低下状态又导致平凡的统治，平庸、落后的民族便将出现。”（史彤彪《欧洲思想家对中国法律文化的认识》）

·10·

当然，朱元璋绝对不同意这些西方人的看法。他绝不认为自己的形象是这样的恐怖、丑恶；相反，在他手中那面东方式的铜镜里，他看到自己既威严又仁慈，像一个充满智慧的老爷爷。

用现代人的眼光来看，朱元璋如此强横地限制、剥夺社会其他成员的自由，无疑是野蛮、荒谬和无理的。他有什么权力像关家畜一样把人们关起来？有什么权力可以限制老百姓在自己的国家里自由迁徙？

朱元璋却认为自己这样做是天经地义的。因为天下百姓所拥有的一切，都是他赐予的。他是老百姓的再生父母，因而有权对他们进行任何处置。

洪武初年，因为缺乏官员，朱元璋四处征召读书人出来做官，贵溪县读书人夏伯启叔侄二人也在征召之列。这两个人怀念故国，不愿在新朝为官，遂剁掉左手大拇指，以明不愿出仕之志。朱元璋闻听，勃然大怒，立命把二人捆赴京师，在皇宫里亲自对他们讲了一通道理，说明为什么不为他服务是极端错误的。

朱元璋的这篇讲话被详细记载在《大诰三编·秀才剁指第十》中。让我们奇文共赏，看看朱元璋的逻辑：广信府贵溪县儒士夏伯启叔侄二名，各自截去左手大指。我命人拿赴京师，亲自审问之。问他："昔世乱之时，汝居于何处？"对曰："红巾造反时，我避兵于福建、江西两界间。"曰："你带着家小一起逃的吗？"对曰："奉父亲一起逃走。"曰："既奉尔父行，上高山峻岭，下深沟陡涧，还用手扶持乎？"曰："扶持。"曰："后来居何处？"曰："红巾张元帅守信州时，伯启归还家乡。"曰："再后来又何如？"曰："教学为生至今。"

通过启发式的问话，朱元璋让夏伯启把他在元朝时四处奔逃的悲惨与现在的安居乐业做了对比。接着，他掉弄书袋，讲了一通他取天下有道的道理：朕知伯启心怀愤怒，以为朕取天下非其道也……上古自伏羲至于黄帝，少昊至于颛顼、高辛，无文可考。知大概者，尧禅舜，舜禅禹，禹传家，汤放桀，武王伐纣。自此秦、汉至于隋、唐、宋、元，天更其运作者，非一帝尔。皇帝轮流作，明年到我家，一家一姓，不可能千年万代。为什么？因为他们的子孙不能一直奉天勤民，所以不称天心。

讲完这个道理，他又问夏伯启什么叫再生父母？没等夏伯启回答，他自己用通俗的语言，"深入浅出"地解释起来："且人之生，父母但能生其身体而已，其保全性命，全在于人君。何谓再生父母？人遇大难将死之时，被人救下，救他的人，不管男女老少，都是他的再生父母。什么叫遇大难？或路逢强盗，或坐在家里突遭横祸，或仇人暴徒来侵害，或者路逢虎狼，堕于水火。在此之时，有人救你，是谓再生父母。为什么这样说？因为命于此际本绝矣，自此而复生，命若初生矣，所以常云再生父母。”

他用三段论的逻辑推理方式告诉夏伯启，自己就是夏伯启的再生父母，因为是他把夏伯启从战乱中拯救出来，过上了安定的生活：

“天更历代，列圣相传，此岂人力而可为乎？如今你们叔侄二人不能效伯夷、叔齐，去指以食粟，教学以为生，安然生活，不忧凌暴，家里财产不怕被人抢走，你靠的是什么？”伯启俯首默然。噫！朱元璋又对伯启说：“尔所以不忧凌暴，家财不患人抢，靠的是君主啊！是君主给你提供了社会治安！君主就是你的再生父母！今去指不为朕用，是异其教而非朕所化之民。”

朱元璋自己说，一席话讲得夏伯启心悦诚服，以至于他被判处死刑时也毫无怨言，反而感觉到“朝闻道，夕死可矣”的幸福。

“现在我判你死罪，枭首，抄没家财，以绝狂夫愚夫仿效之风！”听了这些话，伯启无以对，默默受死而去。“其伯启虽死，默然而无恨。”

在朱元璋看来，天下百姓都是依赖他的阳光雨露才得以生存，因此，他有权对天下人生杀予夺。为了让天下人都明白这个道理，他从正反两个方面反复宣讲。在《大诰》的另一章中，他反驳那些不同意他观点的人说：“有人说：‘皇上吃的穿的，都是老百姓供养的，怎么能说皇上养活老百姓呢，应该说是老百姓养活皇上。’愚民们，你们不知道，说皇上养活你们，是因为他教育你们，给你们制定纪律，要不然你们小的不听老的，富的欺负穷的，谁都不得安生。”

所以，他对百姓不感激自己颇为不满，在《大诰·民知福不报》中愤愤地说：你们吃我的，喝我的，“有的百姓却对我不知报答，恬然享福，绝无感激之心”。

所以，他对天下人行凶作恶时那么理直气壮。有一次，他微服私访，在街道上听到一老年妇女和人说话，提到他时，不称“皇上”而称“老头”。朱元璋认为这是不满自己统治的表现，回宫后令五城兵马司把老妇居住的街区的百姓全都杀光，并且说，“张士诚占据东南，当地人如今还叫他‘张王’。我做了皇帝，百姓居然叫我老头，真叫人活活气杀”。

甚至对于大臣，对于自己册封的公侯贵族，他也缺乏最起码的尊重。这些人不过是他手里的工具。他一不高兴，便喝令身边的武士把大臣按在地上，拉下裤子，在大庭广众之下打大臣的屁股。这就是明朝有名的“廷杖”制度。在他的一怒之下，诸如工部尚书薛祥等许多高级官僚都是被活活打死的。

和我们的看法相反，朱元璋并不认为他牢笼百姓侵犯了百姓的权利，妨碍了百姓的幸福；相反，他认为这样做，不仅是为了他一家一姓的利益，也是为了谋求百姓的幸福。所以，他分泌出一条条蛛丝时，心中没有一点内疚感，相反，却充满了为天下百姓鞠躬尽瘁的自豪感。

他的结论之所以与我们的结论截然相反，是因为朱元璋从自己的“幸福”观出发来理解天下百姓的“幸福观”。

朱元璋从来不认为“自由”是个人生活所必需的。从一个贫农的视角出发，他认为“幸福”就是吃饱穿暖，再进一步，就是吃肉、穿绸。除此之外，他想象不到，人还有别的需求。至于被管理得严一点，他认为这不但不妨碍幸福，反而能增加人们的安全感。

让我们来看看朱元璋怎样用自己的语言来表述他的“幸福观”：

《大诰武臣·储钦等擅收军役第七》记载：淮安卫指挥储钦受贿被朱元璋严惩。朱元璋说：“看来今日他们这样遭贬呵，何不当初依本分，守着本等职事，好房子下坐着，关着俸米吃着，却不快活么道！他却务要这般撒泼做呵，不知他们心里果然是如何？”

《监工卖囚第二十六》：千户郭成因为贪财放了罪犯，“却将一个千户的名分弄坏了，有这等薄福的小人”。

在《皇明祖训》中，他这样教导后代们：“凡自古亲王居国，其乐甚于天子。何以见之？冠服宫室、车马、仪仗亚于天子，而自奉丰厚，政务亦简。乐莫大焉。”

在贫民朱元璋看来，在好房子下坐着，吃国库粮（关着俸米吃着），不用干活，这就是天下最大的幸福。

所以，朱元璋从来没有想过自己过度干涉帝国其他成员的生活会妨碍他们的幸福，他绝不会认同“每个人的自由发展是全社会自由发展的前提”；相反，他认为每个人的不自由是全社会安定团结的前提。在朱元璋眼里，自己其实已经是一个十分仁慈的君主。历史上有几个皇帝像他这样关心治下人民的穿衣吃饭问题？有几个皇帝为了抓社会治安像他这样殚精竭虑？赐予人民生存权和温饱权就已经足够，至于什么个性、思想、自由的价值和人的生命尊严，他那个农民的头脑里连想都没有想过。

所在，在过去的中国人看来，朱元璋制造出来的不但不是什么木乃伊，甚至是一件精美绝伦的艺术品。明代及清初的历史学家则这样称颂朱元璋：“祸本乱阶，防维略尽。至于著律令、定典礼、置百官、立宗庙、设军卫、建学校，无不损益质文，斟酌美备”，“观其官制、典礼、律令、宝训、女诫、卧碑、木铎、祖训，大言炎炎，至文郁郁，义监二代，法备三千，共贯同条，金声玉振”（谷应泰《明史纪事本末》）。

在明代之后，清朝统治者更是对朱元璋的政治制度赞赏不已。

顺治帝亲政后，时往内院与大学士等议论文史。一次，他问范文程等：“自汉高以下，明代以前，何帝为优？”范文程等回答说：“汉高、文帝、光武、唐太宗、宋太祖、明洪武，俱属贤君。”顺治帝说：“朕以为历代贤君莫如洪武。何也？数君德政有善者，有未尽善者，至洪武所定条例章程，规画周详。朕所以谓历代之君不及洪武也。”(《清世祖实录》卷七十一)

明孝陵今存一碑，为康熙手书“治隆唐宋”四个大字，夸赞明太祖治国好过了唐宋。

正因为如此，清朝基本上把朱元璋的政治制度原封不动地继承下来，并通过设军机处等小调整，使这个制度更加完备。从这个角度说，朱元璋不只开创了三百年大明基业，连大清王朝也基本上是他的政治思维的产物。

三　统一思想，禁止奇装异服

·1·

太平天国起义之初，太平军攻占的第一个城市是永安。外面清军围困重重，洪秀全却置敌情于不顾，兴致勃勃地制定起等级秩序。

他把太平军（此时不到一万人）的军官分成十六等，什么王、国宗、侯、丞相、检点、指挥、将军、总制、军帅、师帅等，名类多达三十九种。各等级之间，尊卑严明，绝不可以下犯上，犯者立斩。洪秀全又专门下诏规定，天王一天可吃十斤肉，以下逐级递减半斤，总制以下无肉。

把一万人分成十六等之后，洪秀全置敌人数万大军于不顾，又废寝忘食、耗尽心血制定了烦琐周详的《太平礼制》，规定了这十六级之间见面的称呼，相互之间应该行什么礼节，对他们的家属和亲戚如何称呼、如何行礼。他规定，民众要称王世子为“幼主万岁”，称他的三儿子为王三殿下千岁，四儿子为王四殿下千岁，如此等等。称他的长女为天长金，二女儿为天二金，如此等等。如果哪位读者有机会和兴趣，可以仔细读读这本中国历史上的奇书，肯定会大开眼界。

其实，在洪秀全之前几百年，朱元璋也做了几乎同样的事。

·2·

吴元年，也就是大明开国前一年，朱元璋派多路大军四出统一天下，战事异常频繁：

朱亮祖部挺进浙东，攻打方国珍；徐达部在擒获张士诚后，又匆匆挥师北伐；汤和率大军攻打方国珍控制的庆元；胡美部入福建攻打陈友定；杨璟部出征广西……

军报如雪片般从四面八方飞来，将朱元璋的桌案堆得满满当当。然而就在此军务倥偬之际，朱元璋倾注大量精力，抓起了一项看起来无关紧要的工作：制定礼仪，也就是规定未来的大明帝国人民之间见面如何行礼，平时如何穿衣戴帽。

吴元年六月，朱元璋在南京设立礼、乐二局，从全国各地调集专家学者，亲自指导他们开始这项工作。我们需要注意一点：朱元璋当年十月才命令中书省制定法律。也就是说，未来大明帝国的礼仪建设是先于法律建设的，所以史书说“明太祖初定天下，他务未遑，首开礼、乐二局，广征耆儒，分曹究讨”。朱元璋经常召见这些礼仪专家，搬来许多古书，和他们一项项探讨那些烦琐异常的礼仪规定，一研究就是半天。

朱元璋是一个极为现实的人。天下初定，百废待兴，无数大事需要朱元璋去抓，为什么他要把工作重心放在礼仪上呢？

这是和朱元璋对未来天下的整体设计分不开的。在朱元璋的帝国蓝图中，礼仪是国家的基础。制度和法律规定是硬力量，而礼仪是软力量。软力量如水，无所不在，无所不包，其重要性甚至大于硬力量。

礼者，防也。这是朱元璋礼仪建设的核心意图。朱元璋说：“礼者，国之防范，人道之纪纲。朝廷所当先务，不可一日无也。”也就是说，礼仪是政权的第一道防线，它在老百姓生活中的重要性胜过法律。因为老百姓可能一辈子都不和官府打交道，却一天也离不开礼仪。礼仪看起来似乎弱不可恃，实际上对社会成员心理的塑造却发挥着潜移默化的巨大作用。严明而详细的礼仪，会将名分意识深深地刻入人们的集体无意识，使人们规规矩矩，安守本分，不起犯上作乱之心。只有当民众的生活超出规矩，才需要用法律来处置。这就是所谓“明礼以导民，定律以绳顽”。

在朱元璋看来，元朝灭亡的一个重要原因就是元政府只抓法律而不抓礼仪建设，老百姓没有尊卑上下的意识，对上没有畏伏之心，所以一遇到骚动，就纷纷犯上作乱。他说：“元氏昏乱，纪刚不立，主荒臣专，威福下移，由是法度不行，人心涣散，遂致天下骚乱。”也就是说，元政权建纲立纪的工作做得不好，大权落到权臣之手，人心因此涣散，天下因此动乱。所以，刚刚当上吴王之后，朱元璋就宣布，礼仪工作是建设国家的第一步：“建国之初，先正纲纪，纲纪先礼。”

从吴元年到洪武三年，整整四年，朱元璋都把礼仪工作当作中心工作来抓。经过数百位专家学者数年的辛苦工作，大明政府终于制定出了诸如《大明集礼》《孝慈录》《洪武礼制》《诸司职掌》《稽古定制》《国朝制作》《大礼要议》《皇朝礼制》《大明礼制》《礼制集要》《礼制节文》《太常集礼》《礼书》等一系列规章制度，数量如山似海，规定细如牛毛，涵盖了大明王朝上自皇帝，下至细民的生活的方方面面，无所不有，无所不包。因此，明人这样高度评价朱元璋的礼治工作，认为他制定的礼仪“上之郊庙朝廷，次之侯王郡邑，下之间巷州党，洋洋优优，无大无细，隆礼曲礼……其间损益百王，超越千古，或以义起，或沿时革”。

那么，这套尽善尽美的礼仪都包括哪些内容呢？

·3·

首先规定了全国百姓如何穿衣。

朱元璋对上自天子、亲王、文武百官，下至老百姓的衣服服色，都做了明确而严格的规定。这些规定从样式、颜色、花纹、料子，到衣袖的长度、开衩的高度，几乎无所不包。我们无法在此一一罗列这些规定，只能简单举几个例子：

他规定金绣、锦绣、绫罗这样的料子只能由贵族和官员们使用，普通老百姓不管多有钱，都不能用这些料子来做衣服。老百姓的衣料只限于四种：绸、绢、素纱、布。一般来讲，商人的经济实力比较强，朱元璋偏偏规定商人低人一等，只能穿绢、布两种料子做的衣服，即使你富可敌国，也不能穿绸子。农民家里只要有一人做生意，则全家不许穿绸穿纱。

除皇族外，官员百姓的衣服上不能绣飞鱼、大鹏、狮子等图案，不许用四宝相花、大西番莲、大云花样，不许使用黑、紫、绿、柳黄、姜黄、明黄等颜色。老百姓的首饰上不许使用黄金、白玉、珍珠、翠玉，只许用银。

洪武三年（1370），朱元璋下诏规定老百姓不许戴“四带巾”束发。他发明了一种网巾，四四方方，其形状与“四方平定”相谐，因此命名“四方平定巾”，颁行天下，全国百姓都要服用。洪武二十二年又规定农民可以戴斗笠、蒲笠出入市井，但非务农者则绝对不可戴用。至于官员，除洪武初年制定了详细的官帽细则外，洪武二十二年，朱元璋又规定文武官员遇雨时可以戴雨帽，因公出差在外时也可以戴遮阳帽，入城后则不许戴。洪武末年，为了体现皇帝对读书人的特别关照，皇帝特别开恩，允许读书人在天热时戴遮阳帽。

朱元璋对穿靴子特别重视。他规定普通老百姓的靴子“不得裁制花样金线装饰”。也就是说，靴子上不得有任何装饰。洪武二十五年，朱元璋有一次微服查访，发现有的老百姓在靴子上绣了花纹，勃然大怒，回宫后，“以民间违禁，靴巧裁花样，嵌以金线蓝条”，专门下令，严禁普通老百姓穿靴子。

后来北方官员反映，北方冬天太冷，不穿靴子过不了冬。朱元璋遂格外开恩，“惟北地寒苦，许用牛皮直缝靴”。就是说可以穿靴，但只许穿牛皮的，只许做成“直缝靴”这一种样式。

百官入朝时赶上下雨，都穿钉靴，踩在石板路上声音很大。朱元璋认真研究了这个问题，洪武六年下令说：“古者入朝都穿履，自唐朝起始用靴。如今叫官员们带上软底皮鞋，进宫后就套在靴外，出朝则可以脱下来。”

朱元璋的服装规定中，除了对商人的歧视外，更明显的是对艺人、倡优、乐工的歧视。洪武元年，朱元璋命“乐妓不许与庶民妻同，乐工服冠皂青字顶，系红绿帛带”。又命妓院内“男子令戴绿巾，腰系红搭膊，足穿带毛猪皮靴，不许街道中走，止于道边左右行……妓妇戴角冠，身穿皂褙子，出入不许穿华丽衣服”（刘辰《国初事迹》）。“绿帽子”这个名称，就是起源于此项规定。

朱元璋对这项工作兴趣极大，对每个细节都反复推敲，详细考究。为了保证他的指示被严格贯彻，他还专门设置“礼房吏”，来专门检查全国人民的服装。不遵守规定，后果可能很严重。比如如果官员庶民在衣服上绣了皇族才能用的龙凤花纹，那么就要挨一百大棍，罚做三年徒刑：“若僭用违禁龙凤纹者，官民各杖一百，徒三年”。朱元璋晚年曾经有一次微服私访，见一群军人和城市游民将靴子的高帮截短，还用金线做装饰，聚在一起踢球玩耍。朱元璋遂命人将他们锁住带到五城兵马司，将他们均砍了脚。由于朱元璋的严刑峻法，服制规定在洪武年间贯彻得很好。正如明人所说：“国朝士女服饰，皆有定制，洪武时律令严明，人遵画一之法。”朱元璋去世之后，这些规定又成了明朝的祖制，被历代皇帝严格遵守。比如万历年间，有的读书人倚恃皇朝重视知识分子，得意忘形，冬天居然戴起了暖耳。万历皇帝勃然大怒，专门下诏禁止读书人戴暖耳，违者五城御史送问。

·4·

其次是规定了全国人民在日常生活中如何行礼。

礼仪中最重要的当然是君臣之礼。

朱元璋刚当皇帝那两年，朝廷礼仪比较粗略，“虽小官亦得上殿，至有逾越班序者”。到洪武三年，礼治规定正式颁布，大明王朝的上朝仪式才明确下来。让我们来看看洪武三年之后，大臣们入宫拜见朱元璋时需要遵守些什么规定：

> 凡入午门，毋相跪拜、拱揖。入朝官坐立，毋越等，毋谈笑喧哗，指画跂望；行则容止端庄，步武相连；立则拱手正身，毋辄穿越。

就是说，官员们进了午门之后，就不许乱走乱跑乱动，四处窥视，相互之间也不许行礼寒暄，甚至不许指指点点。要走路，就要一个接一个整整齐齐地走；要站着，就要正身而立。

那么，在皇帝面前，又应该怎么样呢：

> 凡近侍御前，勿咳嗽、吐唾……如赐坐即坐，不许推让；既立之后，或被顾问，最先一次起立，奏对毕即坐，若复有所问不必更起；同列侍坐或被顾问，一人奏对，余皆静听，毋搀言剿说；如各有所见，俟其人言毕，方许前陈；凡诸儒官于御前奏事或进呈文字，恐有口气、体气，须退立二三步，毋辄进御案。

就是说，在皇帝面前，不许咳嗽，也不许随地吐痰（看来洪武三年以前大明君臣有可能一边聊天一边随地吐痰）。皇帝赐你坐你就坐，不许假装客气。皇帝问你话，第一次你要站起来回答，答完了坐下。第二次再问你，就不用站起来了。说话要一个一个说，一个说完了，其他人再说，不许胡乱插话。见皇帝前要漱好口，洗好澡，站得离皇帝不能太近，怕的是有口臭或者体臭熏着皇帝……

这是御前召对，如果跟着皇帝在宫内走路，还有规定：

> 令大小官员随从上位行丹墀，身常朝北，不许南向，或左或右环转随侍。

也就是说，跟皇帝走路，身子要朝北，不许朝南。因为“面南”是天子的特权。你要是往南走，就得倒退着走。要是往东西两侧走，就要学螃蟹横行。

除了君臣之礼繁复庞杂外，官员相见，礼仪也相当繁杂，因为每一级别官员之间的礼仪都有区别：“凡揖拜、序立、行走、回避”，都“禁然各有仪节”：

> 凡公、侯、驸马相见，各行两拜礼。一品官见公、侯、驸

马，一品官居右，行两拜礼，公、侯、驸马居左答礼。二品见一品，亦如之。三品以下仿此。若三品见一品，四品见二品，行两拜礼。一品、二品答受从宜，余品仿此。如有亲戚尊卑之分，从行私礼。

也就是说，公、侯、驸马见面，相互两拜。一品大官见了公、侯、驸马，要站在右边先两拜，公、侯、驸马站在左边答礼。以此类推。

洪武三十年，经过反复推敲，朱元璋又对上述规定进行了微调。他规定，官员相见，如果官阶相差在二等以内，则大官站东边，小官站西边，相互行礼。如果官阶差超过二等，则小官在下，大官在上。品级超过四等，则小官拜见，大官坐受。

甚至对行礼的姿势，朱元璋也有详细规定："其揖礼，凡下见上，躬身举手齐眼为敬，上官随坐随立无答；其次，下官举手齐口，上官举手齐心答之。"

也就是说，小官见大官，如果品级差别大，小官要鞠躬，同时将手举到眼睛的高度。大官不用回礼。如果品级差不多，小官把手举到嘴的位置，大官举到心脏位置。

至于官民之间，当然礼仪森严。百姓见官，跪在何处，如何磕头，都有明确要求。而且一日为官，终生为民父母，与百姓必须永远保持区别。官员退休回老家，老百姓对他们必须与对在职官员一样行礼。退休官员到谁家吃饭，要为他们另设专席，不许坐在普通百姓的下位。"自今内外官致仕还乡者……惟于宗族序尊卑如家人礼，于其外祖及妻家亦序尊卑。若筵宴则设别席，不许坐于无官者之下。"

对于老百姓相互之间如何行礼，当然也有详细规定：洪武四年，诏定官民揖拜礼。"民间拜礼，子孙、弟侄、甥婿见尊长，生徒见师范，婢仆见本使，行顿首四拜礼；其余长幼亲戚，各以序行顿首再拜礼……平交，行控首再拜礼。揖礼则长幼随宜行之。”

也就是说，老百姓之间，晚辈见长辈，学生见老师，仆人见主人，要行顿首四拜礼。同辈朋友之间，行控首再拜礼。

对于老百姓家庭之内的礼仪，朱元璋规定得更为详尽：“凡子孙之于祖父母，每旦必诣前肃揖；若远出隔旬日而见及节序庆贺，皆四拜。余尊长亦然。若尊长疏远者，止行两拜礼。凡民间平交者亦如之。其不如仪者，以违制论。”

也就是说，孙子们每天早上都要到祖父母前请安行肃揖礼。如果因出门等原因隔十天没见着面，或者节日，都要给祖父母四拜。其他尊长，比如叔公，也要这样。如果是远房叔公，那么两拜就行了。

·5·

除了服装和礼仪，朱元璋还专门规定了全国各级别人民的居住面积。

他规定，公侯级别的人，可以住七间、九架的房子；一品、二品，即部长级，可以五间、九架；三品至五品，即司长级，五间、七架；六品至九品，即处长和科长级，三间、七架。

老百姓的房子，洪武二十六年定制，不过三间、五架，不许用斗拱，饰彩色。

官员出门时坐什么交通工具也有规定：三品以上乘轿，四品以下乘马，“在外自大使以下皆乘马，武官勋戚亦如之，惟年老公侯及拜三公者，赐轿然后得乘”。

甚至对不同级别的官员，皇帝所赐坐墩，都有细微差别：“其制，皇太子以下青为质，绣蟠龙云花为饰；亲王亦如之。宰相及一品以赤为质，饰止云花；二品以下蒲墩，无饰。凡大朝会赐宴，文官三品以上，武官四品以上，上殿者赐坐墩。”

就是说，皇太子可以坐青色墩，上面绣蟠龙云花纹；宰相坐红色的，上面只绣云纹；二品以下只许坐蒲墩。

甚至连官民们喝酒时使用的酒具，朱元璋也有严格的等级限制。洪武二十六年规定，公侯及一品、二品官员，喝酒时可以用金子做的酒壶，其余的用银器；三品至五品，酒注子用银器，酒盏用金器；六品至九品，酒注子及酒盏用银器，其余的皆用瓷器、漆器；没有级别的普通百姓，酒盏用银器，酒注子只能用锡器，其余的都只能用瓷器、漆器。

其中最有意思的规定，是朱元璋对妇女们发型的严格要求。洪武五年，皇帝下令，民间没出嫁的姑娘，“作三小髻，金钗”，而丫鬟们，“高顶髻，绢布狭领长袄，长裙”，小丫鬟“双髻，长袖短衣，长裙”。

不遵守这些规定，下场同样很严重：“凡官民房舍、车服、器用之类，各有等第。若违式僭用，有官者，杖一百，罢职不叙；无官者，笞五百，罪坐家长。”

也就是说，住房用车违反规定，有官的，就得丢官，还要挨一百大棍。没官的，打五百下，还要罚他的族长。

·6·

今天的读者看到朱元璋如此专注于人们的穿衣戴帽，多会感到可笑和不解。中国老百姓有一句谚语：“管天管地，管不了拉屎放屁。”朱元璋偏偏就像要和这句话叫板。他像一个严厉而认真的中学校长，真的把老百姓的自由剥夺到只剩下“拉屎放屁”的程度。

在朱元璋看来，这是无比严肃、关乎帝国兴亡的重大问题。

朱元璋从蒙古人手里接过的是一个广大而残破的帝国。战争初息，满目疮痍，“十室九虚，民困食尽”。然而，这些尚不足以让朱元璋心忧。所谓“有土斯有人，有人斯有财”，只要政治安定，不愁经济不迅速恢复。最令他忧心的，是天下百姓的思想混乱，这是他从蒙古人手中继承的最大一笔不良资产。

从草原上征杀过来的蒙古人没能精确掌握汉人那一套经千年积淀而成的精致深刻的治心术。他说“胡元以宽而失”，“九十三年之治，华风沦没，彝道倾颓”。在朱元璋看来，明初社会，思想混乱突出地表现在奇装异服上，即“先王衣冠礼义之教混为夷狄，上下之间波颓风靡”。他总结历史说：“近世风俗相承，流于奢侈，闾里之民，服食居处与公卿无异，贵贱无等，僭礼败度，此元之所以失政也。”也就是说，过去伟大的帝王治理天下，必然首先定下礼仪制度，用来辨贵贱、明国威，让人们知道大小上下。元末以来，风俗相承，流于奢侈，富有的老百姓的衣食住行居然与公卿无异，这还了得！贵贱没有区别，这就是元朝灭亡的原因！

禁止奇装异服是中国汉族政权的一个传统。《周礼》中就规定，国家对老百姓穿衣，要“正其服，禁其奇邪”，甚至“作淫声、异服、奇技、奇器以疑众者，杀”。也就是说，奇装异服罪可判死刑。这可不仅仅是用来吓唬人的。春秋时期，郑国人子臧就因为“着异服”被杀。《左传》对此还评论道，“服之不中，身之灾也”。因此历代相沿，中国形成了一套关于服装的禁忌。比如明黄色是皇帝的专用色，就是唐代定下来的。唐高祖以“天子常服黄袍”，遂禁士庶不得服，而服黄有禁自此始。

不过，历代关于服装的规定，到朱元璋才登峰造极，详尽到无以复加。

裤脚做得小一点，皮靴上绣上花样，初看起来，不过是个人爱好问题，但仔细一想却不然。因为通过衣服、皮靴等，也可以看到“顺民”与“乱民”两种思想倾向的激烈斗争。所以，朱元璋把让人们明白自己的身份当成关系国家存亡的大事来抓。朱元璋说："礼仪明确了，上下之分才定。这样天下才能安定。"管你的发型，管你的袖子多长，管你冬天能不能戴暖耳，是为了通过这些细节，让你从小事做起，习惯于屈从不合理的现实。

《左传》云："天有十日，人有十等，下所以事上，上所以共神也。故王臣公，公臣大夫，大夫臣士，士臣皂，皂臣舆，舆臣隶，隶臣僚，僚臣仆，仆臣台。"专制统治要求泯灭人的自尊、独立和平等意识，使人认识不到自身的独立价值。而作为专制统治的重要手段，等级制度的最大作用是把全国人民都纳入一种从属关系，使每个社会成员都附属于一个权力结构，强调人的不平等，强化每个人的身份意识，使屈服、顺从、奴性成为被统治者的突出性格，让每个阶级的人都有充足的机会来培养奴性。正如朱元璋在御制《大诰续编》中所说："天尊地卑，理势之必然。富贵贫贱，神明之鉴焉……所以官有等差，民有富贵，而至贱者也岂得易为而用乎。"只有这样，社会秩序才可以得到充分保障。等级制度时刻提醒人民，任何事物也不能超越政治权力之上。特别是，经济权力必须绝对屈从于政治权力。即使你富可敌国，如果没有级别，没有政治地位，也只能住三间小房子，不许穿绸穿纱。如果商人阶层想要获得人们的尊敬，他就必须花钱买官，起码也要买一个闲职，比如什么"登仕郎"之类，才有可能。如此，才能"富者富安，中者中安，下者下安"，实现大明王朝的"礼法之所治也"。

因此，对于那些不懂礼数的人，朱元璋的不客气程度超出人们的想象。马皇后是大脚，于是有好事之人在墙上画了幅大脚妇人怀抱西瓜的漫画，意思是"淮西妇人好大脚"。朱元璋查不到是谁画的，就把一条街上的居民杀光了。

对于那些懂礼数的人，朱元璋则不吝奖励。朱元璋身边有一位姓杜的修容匠，有一次他见杜某把剪下的指甲都用好纸包起来，就问这是干吗。杜某回答说这是圣人身体的一部分，哪能随便丢掉呢？我包好了拿回家，恭恭敬敬地收藏起来。朱元璋不信，把杜某留在宫中，命令卫士到杜家去搜查。杜家人从佛阁里拿出一个朱匣，里面装的就是朱元璋的指甲。朱元璋听了卫士的汇报，很高兴，赞扬杜某懂“礼”，马上将他提拔为“太常卿”（九卿之一，主持礼仪的官员）。

四 “化民成俗”

·1·

小时候，朱元璋最常玩的游戏之一是做皇帝。这给朱元璋灰暗的儿童时代带来了很大快乐。在游戏中他至高无上、无所不能，一切都在他的绝对主宰之下。做这种肆无忌惮的游戏时，他绝对想不到自己有一天会真的登上皇位。不过，下层文化中对于“皇帝”的种种幻想被他深深吸纳进意识深处。自身权利极度贫乏的底层民众在幻想中把皇帝的权威夸大到无限的程度，就像以为皇帝成天在深宫里吃猪肉炖粉条一样，他们也同样认为做皇帝就是不受任何拘束，没有任何限制，高高在上，随心所欲。民间传说中总有类似的故事：某个卑贱的下人，因为皇帝酒后一句口误，封他为某某王或者某某侯，他就真的成了王侯，因为天子口中无戏言。

当真的做了皇帝后，朱元璋强横泼辣的举措证明他确实是按照一个放牛娃对“皇帝”一职的理解去履行职责的。事实上，历史上的皇权从来不是无限的，而是受到分权制、基层自治、个人能力等重重因素的制约的。在许多朝代，皇帝只管重大国策，日常政务由丞相等高级官员代理。唐朝的门下省可以驳回皇帝明显不合理的诏令，宋朝的参知政事可以扣留皇帝的手诏三日不传达。由于技术原因，在大部分朝代，政府权力只能抵达县一级，县以下要靠乡绅协助进行乡村自治。唯有在朱元璋时代，皇权实现了有史以来最大的扩张。皇权的触角如传说中巨型章说那恐怖的腕足一样，突破了所有限制，伸入到民间社会的每一个角落、大明天下的每一间草房，甚至每一个百姓的大脑。

·2·

大明王朝建立初期，有太多的社会现象令朱元璋不满。

十多年的乱世对人的道德操守的摧破作用，朱元璋深有感受。他说："民经世乱，欲度兵荒，务习奸猾，至难齐也。"天下大乱之际，暴力成了生存的理由，自私、狡猾、残忍是经过一次次生死劫难而幸存下来的人的必备品质，朱元璋自己就是最好的例子，而善良懦弱的顺民倒大多遭遇悲惨。经过十多年的战争，老百姓"为奸顽之人所引诱""天下风移俗变"，汉人身上沦丧已久的野性初步觉醒，民风渐趋强悍，顺民品质严重退化。这是最令朱元璋担心的事。

朱元璋知道，驯化人的精神远比控制他的身体要难。因此，最严重的问题是教育百姓。尚未开国之时，朱元璋就曾经对刘基指出"正人心"的重要性："天下大乱之后，法度纵弛，当然要重新修订，使纪纲正而条目举。然而比这更重要的是明礼义、正人心、厚风俗，这才是治天下的根本。"他用精妙的比喻，满怀信心地说明改造百姓性格的可行性："剽悍骄暴，不守王法，并非天下人的本性，而是在乱世中养成的不良习气。如果有效地化民成俗，统一民众的思想，则剽悍者可以变得善柔，骄暴者可以变得循帖。这就好比那狂暴的劣马，如果调御有道，久则自然驯熟。"

因此，在百端待举、百废待兴的立国之初，朱元璋就把"化民成俗"放到一个至关重要的位置，为此调动大量行政资源，花费了巨大的心血。

·3·

朱元璋“化民成俗”的思路极富前瞻性和现代性。

开国不久，朱元璋出台了“申明亭学习制度”。

洪武五年，朱元璋命全国各乡各里都在村头街尾建造两个亭子，一个叫作“申明亭”，一个叫作“旌善亭”。前者是召集大家深入学习皇帝谕旨的地方，也是公布各地出现的恶人恶事之地。后者则类似今天的光荣榜，主要表扬各村各乡涌现出的好人好事。“凡民间有孝子、顺孙、义夫、节妇，皆书其实行，揭于其中。”目的是宣传高尚行为，批评错误观念，帮助人们辨别是非，抵制假恶丑。

为了发挥两座亭子的作用，朱元璋规定，每一百一十户人家（即每里）推选一位年高有德之人掌管其事，曰老人。老人在每个月的初一、十五，把全村百姓召集到申明亭来参加学习，主要是宣读并讲解《大诰》《大明律》《教民榜文》，把皇帝的圣旨和身边发生的事例结合起来，深入宣传，使全里人户知法畏法，不敢犯法。

另外，老人的一项重要任务是讲说《宣谕》。朱元璋每个月都要亲自写作《宣谕》一道，提醒百姓在每个月应做的事，由应天府发出，以达于天下每县每乡。比如六月份老百姓应缴夏税了，《宣谕》即提醒众人须“各守本分，纳粮当差”。这一制度成为大明祖制，被后代皇帝继承下来。

洪武三十年，朱元璋要求每村每里选派一名声音洪亮的老人，手里摇动一个装有木舌的铜铃，每五天一次，在五更时分，行走在乡村的街道上，大声朗诵“六谕”，即朱元璋苦心想出来的六句话：“孝顺父母，尊敬长上，和睦乡里，教训子孙，各安生理，毋作非为。”这个流动宣传员的作用是让农民们在潜移默化中接受启发和教育，以提高他们的思想道德水平。正如一部方志中所说：“洪武初年，皇上亲制谕俗‘六谕’，令老人执木铎，于每月朔望及每日五更天将明之时，朗诵于通衢，使老百姓在夜气清明之际，忽闻此语，泠然省惕，湔洗前非，坚其善行。圣王爱人之心至无已也。”意思是说，每天五更时分天还没亮时，恰是天气清明人心清醒的时候，老百姓在梦醒之际忽然听到这些教诲，自然会如当头一棒，猛然醒悟，良心发现，洗去非心，坚决向善。

“六谕”的内容与今天以标语牌形式树立于每个小区的家庭美德规范“尊老爱幼、男女平等、夫妻和睦、勤俭持家、邻里团结”十分相似，在流动宣传的同时，也被制作成卧碑，立于每个村口和居民区里。

朱元璋主导下的化民成俗工作，不论是纵向看中国历史，还是横向比较世界史，都是宣传教育技术的一大突破性发展。和以前历代皇帝们软弱无力的教化方式比起来，朱元璋的化民成俗工作思想性更加突出，也更加经常化、制度化。这一运动在城乡各地广泛开展，并逐步深入到百姓的学习、劳动和家庭生活等各个方面，开展得广泛、深入、扎实，在规模、影响和实效上都开创了人类历史上的先例。

教育活动开展后，据各地官员们的汇报，朱皇帝的思想教育活动卓有成效。往年村民酗酒、吵架、偷窃等不文明现象时有发生，而经过教育后，这些现象大大减少。相反，讨论如何发展生产，如何修路、修桥、做善事在村里蔚然成风。各地城乡环境面貌和人们的精神面貌都发生了深刻而显著的变化，有效地提高了全社会的文明道德水平。

这些汇报的真实性如何，无法考证。

· 4 ·

为了化民成俗，朱元璋还亲自对戏曲工作进行指导。他起自民间，深知这类通俗文艺对老百姓有着潜移默化的巨大影响。

从朴素的农民观点来看，成天看戏，不过日子，不是正经人做的事。所以洪武年间的民间戏曲工作重点落在禁上。

一是限制人看戏。“太祖谓詹同曰：声色乃伐性之斧斤，易以溺人。一有溺焉，则祸败随之。故其为害，甚于鸩毒。”看戏容易让人沉溺享乐，不安心工作，所以他不主张老百姓把太多精力放到玩乐上。对于那些痴迷学戏的人，他十分反感。“洪武二十三年三月，奉圣旨，在京但有军官军人学唱的，割了舌头。”李光地《榕村语录》载，“明太祖于中街立高楼，令卒侦望其上。闻有弦歌饮博者，即缚至倒悬楼上，饮水三日而死”。

他反对老百姓搞迎神赛会。洪武三十年更定的《大明律》规定：“若军民装扮神像，鸣锣击鼓，迎神赛会者杖一百，罪坐为首之人。里长知而不首者，各笞四十。”（薛永升等《唐明律合编》）

二是限制戏剧的内容。朱元璋对戏剧创作和演出有明确的思想导向，即推广有利教化百姓的戏剧，禁绝那些有不健康内容，特别是挑战专制秩序的戏曲。元代杂剧内容驳杂，有些戏一味追求无厘头搞笑，神仙和皇帝的形象不那么庄重，让朱元璋感觉很不舒服。洪武六年，朱元璋发布诏书，禁止戏台上扮演古代帝王、圣贤：“诏礼部申禁教坊司及天下乐人，毋得以古先圣帝明王、忠臣义士为优戏，违者罪之。先是，胡元之俗，往往以先圣贤衣冠为伶人笑侮之饰，以侑燕乐，甚为渎慢，故命禁之。”这一命令后被载入《大明律》：“凡乐人搬做杂剧戏文，不许装扮历代帝王后妃、忠臣烈士、先圣先贤神像。违者杖一百；官民之家，容令装扮者与同罪。其神仙道扮及义夫节妇、孝子顺孙、劝人为善者，不在禁限。”

当然，限制的作用是有限的，更聪明的做法是充分发挥戏曲的正面作用。所以，朱元璋指导戏曲工作的另一个重点是树立通俗文艺的样板，引导戏曲创作的新风。有一次，朱元璋看到一出新戏，叫《琵琶记》，内容是说已婚的蔡伯喈（蔡邕）中了状元，被宰相选中做女婿。在这出戏中，蔡伯喈不断在种种矛盾中挣扎：因为父母年迈，他不想赴考，但为了给国家做贡献，最终还是选择出仕。为了服务君主，他就要做官，做官就要听宰相的话，可他又不想抛弃结发妻子。通过这些内心挣扎斗争，表现了蔡伯喈忠孝节义俱全的高尚品质。

这出戏是一部标准的主题先行之作，在第一出“副末开场”中，作者就点明了创作意图：“今来古往，其间故事几多般。少甚佳人才子，也有神仙幽怪，琐碎不堪观。正是不关风化体，纵好也徒然。”所以作者创作这出戏，不是像别的戏那样为了“插科打诨”，逗人一笑，而是为了宣扬“子孝共妻贤”。

朱元璋看了这出戏后，大为激赏，当场批示说：“‘五经’‘四书’，是布帛菽粟，家家皆有。高明《琵琶记》，如山珍海味，贵富家不可无。”认为这出戏在教化民众方面，作用甚至大于儒家经书。戏曲得到最高统治者如此褒扬，有史以来还是第一次。

朱元璋的批示使《琵琶记》成为教化戏曲中一面光彩耀人的旗帜，发挥了巨大的导向作用，促使明初戏曲创作出现了一种“道学风”。戏剧家邱浚在朱元璋思想的指导下创作了《五伦全备记》，他在“副末开场”里这样表明创作目的：“搬演出来，使世上为子的看了便孝，为臣的看了便忠。”这出戏中，人人高大全，个个都是人伦楷模，但人物形象干瘪，语言酸腐，不堪卒看。这种创作思路，自然导致明初杂剧内容无甚可观。朱元璋的后人朱有燉是一位重要的剧作家，他一生的著作被收入《诚斋乐府》，共有杂剧三十一种。这些杂剧，除了点缀升平、歌功颂德的“庆贺剧”，就是荒诞迷信、消极颓废的“度脱剧”，再不然就是教忠教孝的“节义剧”，没有一出能让人看得下去。

为了教化百姓，朱元璋还重新厘定了鬼神的秩序。

朱元璋胆豪心雄，虽然当过和尚，但并不迷信。洪武元年，他听说有一些新贵被“神仙之术”迷惑，成天练气功、吃仙丹，琢磨着成仙，就把他们找来聊天，说神仙那玩意儿都是骗人的：“假使其术信然，可以长生，何故四海之内，千百年间曾无一人得其术而久传于世者？”就是说，如果练那东西真能长生不老，今天怎么看不到一个长生不老的人活在世上?

洪武五年，一位官员出差，回来后向朱元璋报告，说建昌出了个祥瑞，蛇舌岩上站了一个黄衣人，高声歌唱“龙盘虎踞势岧峣，赤帝重兴胜六朝。八百年终王气复，重华从此继唐尧”。声如洪钟，非常洪亮。歌唱完后，黄衣人就消失了。说这件事是许多人亲眼所见。

朱元璋听完汇报，并不相信。他说：“明理者非神怪可惑，守正者非谶纬可干……事涉妖妄，岂可信耶？”所以他向来不喜欢搞祥瑞那一套。有一年，淮安等地进献“瑞麦”，群臣称贺，朱元璋斥责说：“盖国家之瑞，不以物为瑞也。”

然而，为了统治国家，朱元璋把目光投向了鬼神的世界。他深知鬼神对普通百姓意义重大。他说：“世之所以成世者，惟人与神耳。”如果“世无鬼神，人无畏矣”。人们对鬼神的惧怕心理，可以为他所用。

开国之后，他就开始了对鬼神们的管理。洪武三年，朱元璋觉得历代王朝给诸神加的封号太多太乱，于是下令清理整顿，整齐划一，统一了鬼神们的名字，规定了它们的等级地位，将“天皇”“太乙”“六天”“五帝”等这些古代礼典中没有记载的神祇赶出神仙队伍，又将全国各地城隍诸神号去掉历代所加封爵，只称某府州县城隍之神。

朱元璋对鬼神队伍进行整顿的另一个重大举措，是在历史上头一次将城隍及其辖下的众小鬼正式列入国家祀典之中。城隍原本是一种民间信仰，历代都没有入国家法定的祀典。但出身底层的朱元璋深知城隍神的力量。在民间故事中，城隍经常行善除恶，与老百姓生活息息相关。所以，洪武二年（1369），朱元璋“封京都及天下城隍神”，还诏天下府州县立城隍庙，使城隍进入国家的祭祀体系中。

他命令地方官带领百姓每年祭祀城隍，他规定的祭文中这样说：

凡我一府境内人民，倘有忤逆不孝、不敬六亲者；有奸盗诈伪、不畏公法者；有拗曲作直、欺压良善者；有躲避差徭、靠损贫户者；似此顽恶奸邪不良之徒，神必报于城隍，发露其事，使遭官府。轻则笞决杖断，不得号为良民；重则徒流绞斩，不得生还乡里。若事未发露，必遭阴谴，使举家并染瘟疫，六畜田蚕不利。如有孝顺父命、和睦亲族、畏惧官府、遵守礼法、不作非为、良善正直之人，神必达之城隍，阴加护佑，使其家道安和，农事顺序，父母妻子保守乡里。

因此祭祀城隍的过程，也是一个愚民的过程。他本人曾坦率地对宋濂说，尊崇城隍的目的，不过是威吓百姓而已：“朕立城隍神，使人知畏。人有所畏，则不敢妄为。”

·5·

用今天的眼光来看，“化民成俗”“以德化民”的合理性十分可疑。针对这个词语，一个现代社会的公民可以发出许多质疑，比如：什么是道德？谁的道德？谁有资格制定道德的标准？谁有权力强迫别人遵守他规定的道德规范？

朱元璋“教育人民”的资格则更为可疑。这个前文盲、强盗，开国前曾经忘恩负义地淹杀小明王，在他人抗元之际与元政权暗通款曲，开国后又大肆屠戮功臣，他用铁的事实一再证明自己的道德品质存在着十分严重的问题。然而，在当时，由他来教育人民，却是天经地义的事情。

中国的经典说，中国的官员对百姓负有三种责任：作之君、作之亲、作之师。“作之君”，“君”即领导人，羊群中的头羊；“作之亲”，“亲”即百姓的父母，意思是要把百姓当作孩子来看管，要照顾他，要爱护他，要养育他；“作之师”，则说明领导人还要负责做民众的老师，他们不懂，就得手把手地教他们。

在中国传统社会，每个老百姓在一定程度上来说都是“国有”的，也就是被战争的胜利者所有。被谁“化”，朝什么方向“化”，“化”成什么样，老百姓是没有权力过问的，就像牲畜没有权力选择它的饲料一样。任何一个人，不管他出身流氓还是强盗，一旦取得天下，成为天下人民之主，就证明他得到了“上天眷顾”，有驭天下之“德”，他不仅掌握了世俗权力，而且还因成功地掌握世俗权力而被证明掌握了世间一切真理、美德和良知，因此不仅有资格成为世俗生活的天然主宰，还是精神世界的天然主宰。

因此，在皇帝和官员眼里，老百姓不论多大岁数，在心智上都是长不大的儿童，“三十而立……似乎只是士大夫的人格成长论，老百姓是被当作永远不会成长的，因为老百姓不管二十岁还是八十岁，都必须由外力去保护他们，使之不受腐蚀”。统治者将老百姓“儿童化”，则当然将自己“家长化”；人民既为“子民”，官僚就是“父母官”。因此，在中国传统社会，不论什么岁数，只要走进仕途，辈分和学问马上见长，就比百姓成熟得多，正确得多。

基于皇权无限的逻辑，朱元璋的政府是典型的“全智全能政府”（Omnipotent government）。这个政府不仅要实现“镇压之权”，还认为自己是正义与公理的代表，有权对老百姓的衣食住行甚至思维方式进行全面控制。朱元璋不断地教导民众何为美好生活，甚至直接规定百姓们的生活细节。

奥克肖特说："人类在心智上的限制决定了政府在控制和预测事件能力上的限制。""我们有充分的理由怀疑那些关于何为美好生活的教导，因为这是对我们自己判断力的蔑视。在现代社会，任何集体的伦理目标，无论在他人看来何等高尚，都不能强令个人尊奉。这不但是因为个人天生有选择自己生活方式的自由，且因为这也是社会文明进步所必需的。"

朱元璋当然不会明白这些道理。他执着地认为，只要有好心就不会办坏事。因此，他直接走进每户人家，教导他们如何正确生活。

他管百姓的家事。在农村生活中，他看到百姓家里经常因为分家等事闹纠纷。他认为，统一百姓的分家方案对国家来说是非常必要的。在《大明律》里，他明确规定每家每户的产业只能由嫡长子继承，如果这家人迟迟不立嫡长子，就要受到杖八十的惩处。只有当大老婆年五十以上又不生子，才能立小老婆的儿子。即使立小老婆的儿子，也要立她的大儿子，否则与不立嫡子同罪。朱元璋又规定，在每个家庭里，一切财产只能由大家长来支配，不许随便分家，"别籍异财"受到严格的禁止，家里的晚辈不经家长同意花了家里的钱，就直接触犯了《大明律》，要受到刑事处分，每花二十贯笞二十。

明朝开国后，广东的两位军官，都指挥使狄崇、王臻，其妻因夫而贵，按规定被册封为淑人。后来大老婆死了，他们把妾扶正了，奏请册封其妾为淑人。这看起来是一件小得不能再小的事了，朱元璋却极为重视，专门召集满朝重臣开会，进行专题讨论。宰相李善长和礼部官员发表意见，认为"礼莫大于分，分莫大于名，妾不可为嫡夫人"。于是朱元璋驳回了两位军官的请求，并且因此颁布条例，规定不许扶小老婆当大老婆："凡正妻在日，所娶侧室则谓之妾。正妻殁，诸妾不许再立为妻。"

朱元璋甚至满怀义愤地替"秦香莲"们打抱不平。祥符卫指挥郭佑娶了妾后，和大老婆关系不好，把大老婆连家人二十六口赶出去另住，却把妾立为正妻，两人独门独院，过起了幸福生活。朱元璋听说这件事后大为生气，把郭佑贬到云南，并且教训天下人说：“结发妻和他一起生活了三十年，有儿有女了，当初日子艰难时两个人一起扛过来，如今他做了大官，正好夫妻享福快活，他却把他们娘儿们赶出去，一天只给八升米，那二十六口人，怎么过？这样无情无义的，也算是个人？”他把这件事写进《大诰》，以杀一儆百，提醒天下所有官员不要忘了糟糠之妻。

在《大诰》的另一章里，他甚至管起了官员们的婚事。当时，他起用了许多太学学生做官，这些学生大都尚未婚娶，公余无事，难免有人眠花宿柳。朱元璋得知后，直接给这些官员的父母写了封公开信，劝他们早点给儿子娶亲：

> 朕自开国以来，凡官多用老成。既用之后，不期皆系老奸巨猾，造罪无厌。及至进用后生，皆是年壮英俊。初，父母且贤，致令习学经书，通达古今，已成士矣。其父母宠爱之道，得其宜也。至此之际，各各父母反为愚夫愚妇。子既年壮，公私作为，无有不可者。朕既授以官，且有厚禄，只身在任。朝出暮归，寒暑为之自调，汤药亦为之自奉。其父母愚而不与之娶，致令孤守厚禄，淫欲之情横作。一旦苟合于无藉之妇，暮去朝来，精神为之妄丧，财物由是而空虚，天生诚实之性，因而散乱，虽古智人君子，莫复其原，岂不难哉。今以诰告，凡在京有官君子之父母，即早婚娶前来，以固子天生自然之性。不然，暂染倡优，污合村妇，性一乖为，莫可得而再治。其诸父母，早为之计。

也就是说，现在这些青年官员，一个人在任上，身边没个服侍的人，什么事都要自己操持。父母不给他们娶亲，他们手里有大笔工资，怎能不出去乱搞？一乱搞，又花钱又耗神。所以凡是在京当官者的父母，都早点给儿子们娶亲吧！

·6·

统一思想的最大障碍是读书人。知识分子的本职就是思考，从而天然容易产生对一元化思想的离心倾向。朱元璋从源头上抓起，大力兴办义务教育，以此控制知识分子胚胎形成的规格、模式，使符合他需要的知识分子能批量生产出来。

朱元璋对办学非常重视，说："学校之设，国之首务。""治天下以人才为本，人才以教导为先。"他把教育与农业一起视为"王政之本"，一直抓得很紧。早在龙凤五年（1359）正月，大明开国前九年，他就曾于婺州开设过郡学培养人才，龙凤十一年九月又在应天创办了国子学。明朝建立后，他更是大力发展教育，从中央到地方，兴办了国学、郡学和社学三级学校。

国学就是国子学，也称国子监，是国立大学。开始时校址沿用元朝儒学的旧址，因为校园较小，朱元璋不断扩建，仅洪武六年一次就"增筑学舍几百余间"，但此地处于市中心的繁华之区，靠近弹筝吹笛之地，不利于学生静下心来学习。洪武十四年，朱元璋亲自为新校区相地选址，选定在距离京城七里的鸡鸣山之阳，那里环境幽静，适宜攻读。朱元璋投入巨资，工部尚书陈恭亲自主持建设，洪武十五年，新学校落成，教学区、生活区、图书馆、食堂、菜圃都具备，"凡为楹八百一十有奇，壮丽咸称"。五月十七日，皇帝亲临国子监"谒先师孔子"，又登上讲堂，亲自为学生们上了一堂课，内容是讲解《尚书》的《大禹谟》《皋陶谟》《洪范》诸篇，课后又宴请了全体师生。

国子监的生员通称监生，分为官生和民生两大类。“官生取自上裁”，由皇帝指派，“民生则由科贡”，由地方保送。在传统时代，这所大学的规模可称得上非常宏大，洪武二十六年（1393），国子监的生员总数达到八千一百二十四名，是当时世界上最大的高等学府之一。如果当时搞一个大学排名，相信明朝国子监的规模一定在全世界名列前茅。

国子监的功课，范围有点窄，主要有语文、数学、政治、书法、体育几类。语文课的教材主要是“四书五经”。政治课的教材主要是御制《大诰》和《大明律令》等。汉代刘向的《说苑》录载可供人们取法的遗闻逸事，朱元璋认为熟读它可教会人们怎样做人处世，因此列为必修的功课。至于数（数学）和书（书法）的教材没有记载。体育的内容是学习武艺。洪武三年，朱元璋诏国子监及郡县生员“皆令习射”，二十三年还下令在国子监内“辟射圃”，为生员提供练习骑射的场所。除了国立大学外，洪武二年，朱元璋又开始在全国广泛兴建学校。他“令郡县皆立学校”，下诏“今虽内设国子监，恐不足以尽延天下之俊秀。其令天下郡县并建学校，以作养士类”，“讲论圣道，使人日渐月化，以复先王之旧”。

郡学是由各地方政府设立的中等学校。开国之初，朱元璋政权的执政能力十分突出。一声令下，全国各府、州、县都开始建立学校。政策当然是一刀切，府级学校学生四十人，州级三十人，县级二十人。随着郡学的发展，朱元璋又命令各地方政府扩大郡学规模，不限生员数额。教学内容和国学相似。

洪武八年，他又令天下建立社学，即乡村小学和社区小学。他说：“过去远在周朝之时，每家都有私塾，每乡都有学校，所以百姓无不知学，因此圣人的教化得以实行而风俗淳美。今京师及郡县皆有学校，而乡村百姓还没有享受教育的权利。所以，要命令各级官员建设乡村小学及社区学校，请老师来教民间子弟，这样可以引导普通百姓向良善之俗转化。”小学以御制《大诰》和《大明律令》作为主要的必修课程。据统计，洪武年间，各府、州、县平均设有社学近六十一所，数量相当可观。

在前现代化国家，国立学校从京师一级历府、州、县一直延伸到乡村一级，覆盖面如此广，数量如此多，全世界罕有其匹。帝王的精神教育由皇宫发出，即可直达乡野田间每家每户。

虽然秉性吝啬，在教育上，朱元璋却从来不惮于花钱。建校舍，请老师，已经投入了巨额的财政资金，而学生的待遇，又创历代之冠。

洪武年间办学，都是国家投资。学校经费来源于国家拨给的学田，洪武十五年正式诏定天下学田之制，规定府学一千石，州学八百石，县学六百石。

府、州、县各级学生，都可以享受国家补贴，数量是每人给米六斗，额外还有鱼肉供应。京师的太学学生待遇更好。一旦考上太学，国家包发校服，每季度发一套，还包供食宿。甚至结了婚的，还可以带家眷入学。家眷们的生活供应，由马皇后亲自负责。朱元璋对学生们的关心体贴可谓无微不至。学生们离家日久，朱元璋发给他们新衣服一套，路费钞五锭，让他们回家看望父母。过春节、元宵节，朱元璋还专门给学生们发过节钱。皇帝的人情味浓到如此程度，甚至周及学生的家人。如洪武十二年，皇帝赐每个学生的父母各四匹帛。

至于每乡每里的社学，虽然无法提供如此丰厚的食宿，但也不收学杂费。朱元璋规定，由基层官员根据老百姓家的实际状况，尽可能多地动员适龄学童上学。

各级学校都有奖励制度。国子监学生科举廷试得第一名，在国子监门口立进士题名碑，加以褒奖。郡学学生每年选出一名成绩最好的学生作为贡士，保送国子学继续深造。

朱元璋的这些措施，有力地推动了教育的发展。全国“无地而不设之学，无人而不纳之教。庠声序音，重规叠矩，无间于下邑荒徼，山陬海涯”，出现了“家有弦颂之声，人有青云之志”的社会现象。明代教育的发达，超过了以往的唐宋时代。

·7·

虽然待遇如此之好，不过，如果有机会坐时空穿梭机回到洪武时代，我还是劝你不要去享受皇帝的义务教育。因为你进了国立学校，很有可能不能活着出来。

并不是我耸人听闻。天下没有免费的午餐，洪武皇帝亲自制定的学规不是一般人所能忍受的。

首先让我们来看看在学校里学的是什么。各级学校的功课，都是由皇帝直接指定的，内容是御制《大诰》(即皇帝语录)、《大明律令》(即刑法)，此外还有“四书五经”和《说苑》。皇帝规定：监生每日写字一幅，每三天背下《大诰》一百字、本经一百字、四书一百字。每个月作文六篇。

功课似乎不重。可是校规倒是有点怕人。校规一共有五十六款。有一些规定和今天差不多，比如必须穿校服，不许点名迟到，不许夜里饮酒之类。然而有些规定有点奇怪：

一、不许结社，什么文学社、诗会之类一律严格取缔。

二、不许议论学校食堂的饭菜好不好吃。

三、绝对禁止对人对事的批评。

最奇怪的一条是这个规定：“一切军民利病，农工商贾皆可言之，惟生员不许建言。”就是说，天下百姓，别人谁都可以对国家大政方针发表意见、提出建议，只有学生不许！目的当然是杜绝学生参与政治的可能。

为了贯彻这些校规，朱元璋特地拨了两名衙役进驻学校，做什么用？打板子。一有违犯，便把学生拉到教师办公室，即叫作“绳愆厅”的地方，脱下学生的裤子，按在地上，痛打一顿。朱元璋规定判决完全由教师做主，学生没有上诉的权利。

打板子在处罚里算是轻的，重的甚至可充军流放。校规里有这样一条：“在学生员，当以孝悌忠信礼义为本，必须隆师亲友，养成忠厚之心，以为他日之用。敢有毁辱师长及生事告讦者，即系干名犯义，有伤风化，定将犯人杖一百，发云南地面充军。”

然而，只要有学生的地方，不同意见似乎就不可避免。由于校规过严，在第一任国子监祭酒（校长）宋讷任内，有的学生被活活饿死，还有多名学生自杀身亡。学生赵麟对校长的残忍非常不满，贴了一张匿名墙报（没头帖子），表达对校长的意见。这件事被当成严重的政治事件报告给皇帝，朱元璋龙颜大怒，立命把查出来的犯罪人赵麟杀了，并在国子监立一长竿，把赵麟的脑袋挂在上面示众。隔了十年，朱元璋有一次到国子监视察，想起这件事，还余怒未消，召集全体教职员和学生训话：

> 恁学生每听着：先前那宋讷做祭酒呵，学规好生严肃，秀才每循规蹈矩，都肯向学，所以教出来的个个中用，朝廷好生得人。后来他善终了，以礼送他回乡安葬，沿路上着有司官祭他。
>
> 如今着那年纪小的秀才官人每来署学事，他定的学规，恁每当依着行。敢有抗拒不服、撒泼皮、违犯学规的，若祭酒来奏着恁呵，都不饶！全家发向烟瘴地面去，或充军，或充吏，或做首领官。
>
> 今后学规严紧，若有无籍之徒，敢有似前贴没头帖子，诽谤

朱元璋圆脸俊像 流传后世的朱元璋画像分两类：圆脸俊像、长脸丑像。一俊一丑，形象截然相反。圆脸俊像出自宫廷画师之手，多用于供奉、祭祀。从文化内涵上说，长脸丑像更多地掺杂了人们对朱元璋恩威莫测、多疑嗜杀性格的认识。

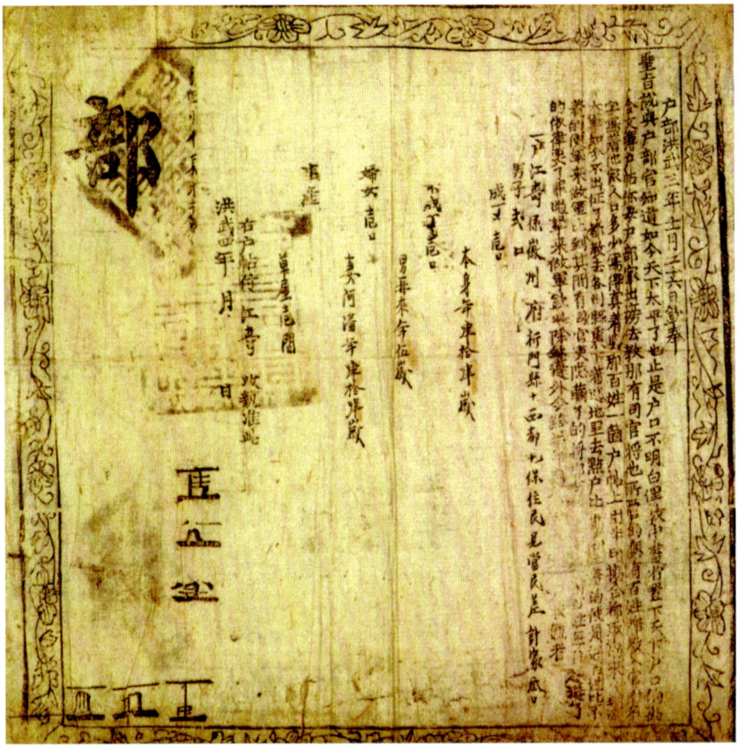

徽州府祁门县江寿户帖 洪武十四年，明政府正式编制百姓“赋役黄册”。编制户籍时百姓必须按照政府发给的表格据实填写姓名、籍贯、性别、年龄、住址、职业、产业状况等信息，政府根据所填信息，正式编写造册，册本分别收藏在县、府、布政司和中央。由于报送给中央的册本用黄纸作封面，故称“黄册”。图为徽州府祁门县一名叫江寿的居民户帖。

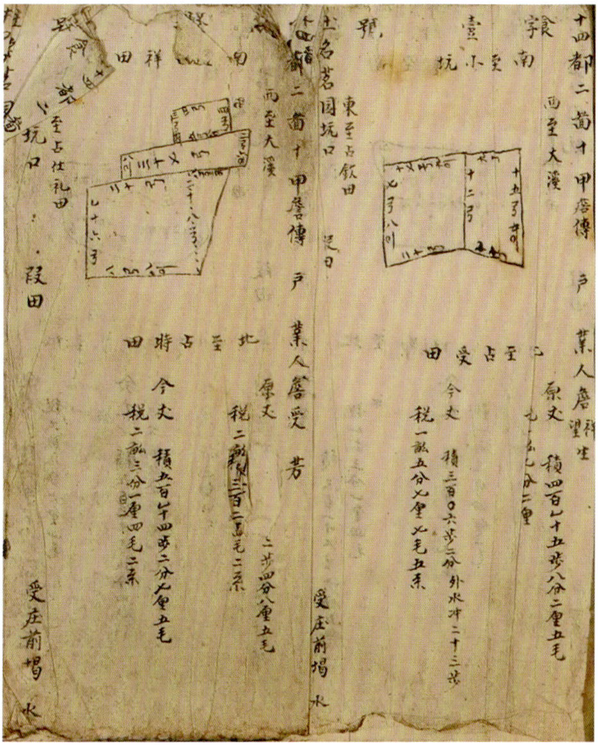

明代鱼鳞册 为配合户籍制度，朱元璋创建了鱼鳞册制度，即全国土地登记制度。每家每户的土地行状都被绘制成图，连土地所有者、数量、位置和质量等级等信息都写得清清楚楚。朱元璋的帝国理想就是建立一个人人务农、人人缴纳农业税的农业社会。

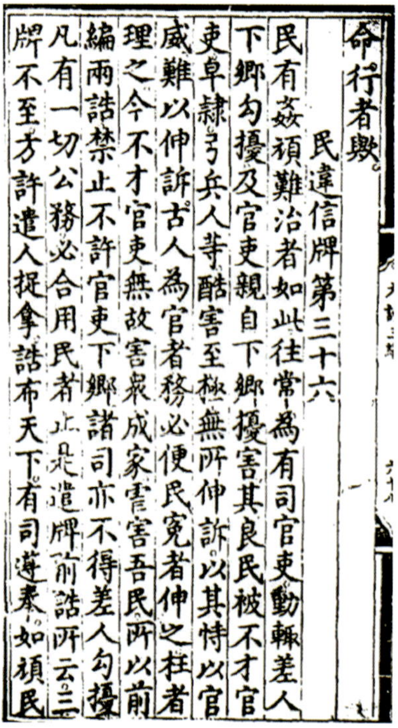

命行者歟。

民違信牌第三十六

民有姦頑難治者如此往常為有司官吏動輒差人下鄉勾擾及官吏親自下鄉擾害其良民被不才官吏皁隸弓兵人等酷害至極無所伸訴。以其恃以官威難以伸訴。古人為官者務必便民寃者伸之枉者理之。今不才官吏無故害衆成家害吾民。所以前編兩誥禁止不許官吏下鄉。諸司亦不得差人勾擾凡有一切公務必合用民者止是遣牌。前誥所云。二牌不至方許遣人捉拿。誥布天下。有司遵奉。如頑民

《明大诰》及选文片段

《明大诰》是朱元璋亲自指导编纂的一部严刑惩治吏民的特别刑法，共四编236条，其中《大诰》74条、《大诰续编》87条、《大诰三编》43条、《大诰武臣》32条。主要包含三个方面的内容：一、摘录洪武年间的刑事案例，用以警省顽劣。二、结合陈述案件或另列专条颁布一些新的重刑法令。三、朱元璋对吏民的训导。《明大诰》也是朱元璋的反腐利器，左图选文片段里就有不许官员下乡，以防官员腐败的字句。

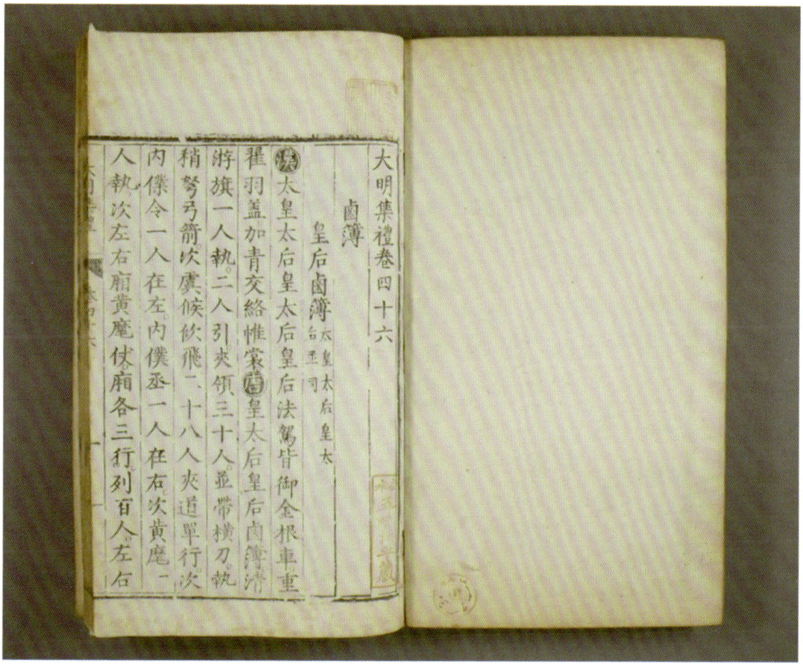

《大明集礼》 朱元璋非常注重礼制建设。“礼者，国之防范，人道之纪纲。朝廷所当先务，不可一日无也。”早在吴元年（1367）六月，统一天下之前，朱元璋便在南京设立礼、乐二局，从全国各地调集专家学者制定礼制。经过四年时间，大明政府制定出了诸如《大明集礼》《洪武礼制》《国朝制作》《大礼要议》等一系列规章制度，涵盖了大明王朝上自皇帝，下至细民的生活的方方面面。在朱元璋的帝国蓝图中，制度和法律规定是硬力量，而礼仪是软力量。礼仪看起来似乎弱不可恃，实际上对社会成员心理的塑造却发挥着潜移默化的巨大作用。

《出警图》（局部）《出警图》描绘的是明朝万历皇帝在宫廷侍卫的护送下，骑马出京，声势浩大地来到京郊天寿山祭拜先祖的情景。图卷中骑黑马者为万历皇帝。大明王朝的繁华，追根溯源，皆由朱元璋奠定。朱元璋发明创造的落后但实用的制度，保佑他的那些多数昏愦低能、行为乖张的子孙在皇位上坐了两个半世纪。

朱元璋赐给功臣的免死铁券

朱元璋晚年屠杀功臣之酷烈、彻底，使人们常以为“兔死狗烹”是他的素志。其实开国之初，朱元璋曾真心实意地希望与老乡兼功臣“共富贵”。赐爵赐田仍未能完全表达他的报答之心，他还给功臣颁赐免死铁券。铁券一式两副，分为左、右二券，左半券藏在宫中，右半券赐给功臣之家。不过，专制制度的自私性使君权表现出强烈的排他性，这就决定了皇帝与功臣的关系，经常在昨与今、情与理、势与义中纠结冲突，最终免死铁券也无法让功臣免于一死。

康熙所题“治隆唐宋”碑 康熙皇帝对朱元璋高度推崇。明孝陵至今还树立着一块石碑，上面有康熙手书“治隆唐宋”四个大字，意思是明太祖治国强过唐宋。正因为此，清朝基本上把朱元璋的政治制度原封不动地继承下来，并通过设立军机处等小调整，使这个制度更加完备。这就是中国历史上的“清承明治”。从这个角度来说，朱元璋不止开创了三百年大明基业，他的精神延续了五六百年。

师长的，许诸人出首，或绑缚将来，赏大银两个。若先前贴了帖子，有知道的，或出首，或绑缚将来呵，也一般赏他大银两个。将那犯人凌迟了，枭令在监前，全家抄没，人口发往烟瘴地面。钦此！

悬挂赵麟头颅的竿子一直竖了一百六十余年才被撤去。

在抓学校教育的同时，朱元璋对科举制度也进行了改革。他定下的科举制度更加重视形式，规条亦更烦琐，“专取‘四子书’及《易》《书》《诗》《春秋》《礼记》命题试士……其文略仿宋经义，然代古人语气为之，体用排偶，谓之八股……”相对于真知灼见，他更重视的是统一的规格、统一的口气、统一的思想，以此来塑造格式化的知识分子。八股文禁锢于孔孟的经义，又只取朱子的注疏，必须代圣贤立言，不许越雷池一步。它形式主义严重，诸如怎样破题、承题……都有严格的规定，甚至在字数上也限定为五百或七百字。这一改革使科举制彻底沦为戕害人才的刑具，士人为了挣得功名，只能皓首穷经，揣摩时文程墨，并无精力来思索书本背后的大义，因而顾炎武有“八股之害，等于焚书”之语。在朱的制度设计下，知识分子只能按照他的标准成长。他们只能“以摘经拟题为志，其所最切者唯四子一经之笺，是钻是窥，余皆漫不加省”“自四书一经之外，咸束高阁，虽图史满前，皆不暇目”。思想受到严重的束缚，聪明才智被扼杀，“与之交谈，两目瞪然视，舌强木不能对”。因此，在洪武年间，经常出现“进人不择贤否，授职不量重轻”的现象，以至于朱元璋自己也不时哀叹：“朕即位以来，虽求贤之诏屡下，而得贤之效未臻。”“朕临御三十年矣，求贤之心夙夜孜孜，而鲜有能副朕望。任风宪者无激扬之风，为牧民者无抚字之实！”

·8·

对于传统中国人来说，函数、变量、概率之类的概念太复杂了。人们习惯用加减法来思考问题，也就是说，用类推的方式把局部真理扩大到无限。中国的思想家们因此提出了著名的治国理念：一个人只要能修身、齐家，就有能力治国、平天下，因为国不过是家的累加。

事实上，当数量积累到一定程度时，事物运动的规律就会发生质的变化。因此，这个治国理念就如同天天向远处望，最终就可以练成千里眼的传说一样，是一个永不可及的神话。

问题是，几千年来，中国人一直是这样想的。因此，许多涉及系统论的复杂的社会问题在我们中国人这里根本不是问题，用“只要……就”的公式可以“小葱拌豆腐”般地轻松解决。比如我们曾经设想，只要每个人一年植几棵树，那么我国的森林覆盖率将不再成为问题；比如只要每个人每天节约一滴水，那么一年下来将会解决多少人的饮水问题；再比如只要人人都献出一点爱，世界就会变成美好的人间。

同理，我国伟大的圣贤们提出，如果老百姓都得到了很好的教化，把思想统一到孔孟之道上来，做大臣的都坚决服从君主，做儿子的都坚决服从父亲，做妻子的都坚决服从丈夫，那么天下就会熙然而治，所有问题都会迎刃而解，从而达到理想的尧舜世界。

“人心齐，泰山移。”从这个公式出发，“统一思想”就是治理国家的关键所在。

被这个简单直接的定理所鼓舞，历代雄才大略的统治者都为“统一思想”而奋斗不已。可是很不幸，虽然圣人们几千年以前就指出了正确方向，可是几千年来尧舜世界却从来没有出现过。这都是因为每个朝代都有那么些人，不注意自我改造，顽固不化，阳关有路他不走，地狱无门他自寻，不能和朝廷保持高度一致，结果破坏了天下大治的大好局面。

之所以不改“思想教育”万能的初衷，实在是因为这个方法简便实用，成本最低。然而，这个方法类似于治水方式中的堵，虽然可一时奏效，最终却会失败。

“一刀切”的结局必然是“一风吹”。这是中国式行政的弱点造成的。朱元璋的“化民成俗”运动取得的成果十分有限。朱元璋办学过多过滥，且学校完全是在政治权力的强制之下办成的，所以，这种学校教育的繁荣是一种典型的虚假繁荣，完全是朱元璋一个人的意志支撑的结果。当他的注意力有所转移后，学校便徒具形式。以社学来说，在许多地方，建立之初就流于形式，只选了校址，花了钱，收了回扣，最后有没有人来学，却成了最不重要的事。地方官吏甚至还借办社学来敲诈百姓。朱元璋自己即说：“有愿意读书而没有钱的人，地方官不许入学。有三丁四丁而不愿读书的人则受财卖放，纵其愚顽，不令读书。有父子二人，或农或商，无暇读书却逼令入学。”府、州、县各级学校，也因为官方的监督力度减弱，往往有名无实。到后来，许多学校“生徒无复在学肄业，入其庭不见其人，如废寺然”。朱皇帝大力兴办学校的一时之盛，在他生时即是无根之木，在他死后当然很快就烟消云散了。

“申明亭学习制度”也很快沦为形式。就像任何用行政力量推行的社会运动一样，申明亭之制制定不久，就出现种种弊端。其表现是地方官玩忽职守，亭宇不修，善恶不书，克剥老人如贱役；后来虽有忠于职守的知县，如嘉靖年间淳安县知县海瑞、隆庆万历之际惠安县知县叶春及等曾晓谕老人，复建申明、旌善二亭，但人亡政息，终无补救。

五　从删《孟子》到给元朝皇帝磕头

·1·

洪武五年的一天，朱元璋坐在便殿读《孟子》。

和所有皇帝一样，朱元璋大力尊奉孔孟，但是说实话，由于军务、政务繁杂，对于《论语》《孟子》这些经典，他只是听文人们讲解过一些片断，并没有系统地研读。如今天下已定，诸事都上了轨道，他也有兴致来阅读一下原典，汲取一些宝贵营养。

不读不知道，一读吓一跳。读着读着，朱元璋的脸色由愉快转为阴沉，眉头越皱越紧，呼吸越变越粗。终于，他把书往地下一摔，大声说："使此老在今日，宁得免焉？"意思是说，这老头要是生活在今天，还活得了吗？这话把身边的侍卫们吓得够呛，心想，皇上这是怎么了？

原来朱元璋读到了这样一些文字：

"民为贵，社稷次之，君为轻。"也就是说，老百姓最重要，国家次重要，和前二者相比，国君最不重要。

"君之视臣如手足，则臣视君如腹心；君之视臣如犬马，则臣视君如国人；君之视臣如土芥，则臣视君如寇雠。"就是说，国君对大臣礼貌，大臣也对国君尊敬。国君视大臣如粪土，则大臣也视国君如无物。

朱元璋大发雷霆，立刻召见文臣，宣布即日起“罢免孟子配享孔庙”，将孟子的牌位撤出孔庙，取消他千百年来在孔庙里和孔子一起吃冷猪肉的资格。

此命一下，举朝哗然。孔孟之道是中华立邦之本，朱元璋的这一举动可谓惊世骇俗。大臣们当然纷纷上奏，表示反对。

朱元璋命人把堆了一桌子的奏章都搬出去烧了，宣布朕意已决，谁也不许再说，否则以“大不敬”的罪名处死。

这下朝廷上立马静下来，大家都知道朱元璋的厉害。可是孔孟在中国被崇拜千年，毕竟会有几个铁杆粉丝。刑部尚书钱唐就坚持己见，还是要进宫为孟子求情。

朱元璋一听钱唐为此事而来，命令金吾侍卫将他在殿前活活射死。金吾侍卫遵命拉弓，钱唐肩臂之上各中两箭，鲜血直流，不过仍然英勇不屈，愣往里闯。朱元璋见状，觉得钱唐是个汉子，就叫他进来说话。钱唐跪在皇帝面前，痛陈孟子之不可废，说孟子已经被天下尊奉千年，一旦废绝，不但中国震动，四夷也会惊愕，会怀疑中国还是那个尊奉圣人之道的天朝上国吗?

朱元璋想想也是这么回事。从钱唐舍命闯关这件事上，他也见识了孟子在读书人心目中的分量，于是命人把钱唐送到太医院好好治疗，不久又恢复了孟子配享孔庙的资格。

·2·

配享是恢复了，可是朱元璋还是觉得不能听任《孟子》里的大量“毒素”流传下去。

想来想去，他想出一个好办法，那就是命令臣下“删孟”，将《孟子》

中自己看着不顺眼的“反动文字”尽皆删去，共删掉《孟子》原文八十五条，只剩下一百多条，编了一本《孟子节文》。又专门规定，科举考试不得以被删的条文命题。

那么，被删的八十五条里都有些什么内容，让朱元璋深恶痛绝呢？

第一类当然是那些主张“民贵君轻”、大臣可以不尊重皇帝的字句。删掉这些文字，虽然有些可笑，但毕竟可以理解。

可是另一类删节，乍一看就不太好理解了。比如孟子“有恒产而有恒心”这一揭示统治规律的名言，朱元璋也无法容忍，删掉了“民之为道也，有恒产者有恒心，无恒产者无恒心。苟无恒心，放辟邪侈，无不为已。及陷乎罪，然后从而刑之，是罔民也”以及“五亩之宅”之类的话。

另外许多主张皇帝必须实行“仁政”的条文，居然也被删去。比如这句话：“是以惟仁者宜在高位。不仁而在高位，是播其恶于众也。”

还有一类更奇怪的，就是孟子攻击商纣王的话，也都被删除了。比如：

> 桀纣之失天下也，失其民也；失其民者，失其心也。得天下有道：得其民，斯得天下矣；得其民有道：得其心，斯得民矣；得其心有道：所欲与之聚之，所恶勿施，尔也。民之归仁也，犹水之就下、兽之走圹也。

> 古之人与民偕乐，故能乐也。汤誓曰：“时日害（曷）丧，予及女（汝）偕亡。”民欲与之偕亡，虽有台池鸟兽，岂能独乐哉？

这是为什么呢？

·3·

其实在删《孟子》之前，朱元璋还做过很多令臣下不太好理解的事。

比如在推翻元朝之际，中原汉人皆欢欣鼓舞，扬眉吐气，强烈要求朱元璋彻底清算元朝的罪恶，惩办那些欺压百姓的元朝统治者。

可是朱元璋没有这样做。在进军大都之时，他要求军队不得危害元朝皇亲贵族，因此“元之宗戚，咸俾保全”。

在元顺帝仓皇北逃后，明军俘获了皇子买的里八剌。大臣们要求在南京举行“献俘”典礼，以庆祝这一伟大的胜利。朱元璋却拒不同意，理由是这是对前皇子的侮辱。他说：“虽古有献俘之礼，不忍加之。”他对俘获的元朝贵族一概极尽尊礼，封给他们很高的爵位，赐给极为优厚的生活条件，让汉族人继续对他们行礼如仪。

甚至在推翻元朝之后，大臣们纷纷献上“捷奏”之章，批判元代皇帝的无道，颂扬洪武皇帝的雄武，也让朱元璋很不满意，因为奏章里有贬低元朝君主的词语。朱元璋对宰相说：“元主中国百年，朕与卿等父母皆赖其生养，奈何为此浮薄之言？亟改之。”

对于中原汉人来说，推翻了蒙古人的统治，是颠倒了的世界重新颠倒过来，是拨开云雾，重见青天：我堂堂中华乃是“尧之都，舜之壤，禹之封”，居然被一个骑马民族统治，万里腥膻，人尽臣虏，这实在是莫大的耻辱。所以，大多数汉人都不承认蒙古人统治的正统地位。比如元末另一个起义领袖明玉珍称帝诏中就说，“元以北狄污我中夏，伦理以之晦暝，人物为之消灭”。他要推翻元朝，“恭行天罚，革彼左衽之卑污；昭显茂功，成我文明之大治”。意思是代替老天，推翻蒙古人的野蛮统治，重新回到汉族正统。

但是朱元璋自始至终坚持认为蒙古人的统治是“正统”。他从各个角度，竭尽全力为元朝的正统性辩护。

在即位告天文中，他这样说："惟我中国人民之君，自宋运告终，帝命真人于沙漠，入中国为天下主，其君父子及孙百有余年，今运亦终。"

也就是说，元朝的统治是受命于天，光明正大，理所当然。值得注意的是，他说"百有余年"，这就不但将元灭南宋后的几十年的元朝统治视为正统，且将元、宋并存的十几年间的元朝统治视为正统。

他不仅从天理的角度承认元朝的合法性，还从个人感情的角度表达对元朝统治的感恩戴德之情："元虽夷狄，入主中国，百年之内生齿浩繁，家给人足，朕之祖父亦预享其太平。"

这似乎就更不好理解了。在大元帝国的统治之下，他父亲朱五四四处迁徙，还是落得饥饿而死。他朱元璋也没过过一天好日子。不光朱元璋如此，全体汉人都遭受蒙古人的野蛮统治之苦：汉人打伤蒙古人要判死刑，蒙古人打死了汉人，只赔一头驴；汉人即使当了大官，见到蒙古人，行礼毕要把双手反背过来，做捆绑状，以表示归顺之意。按理说，他应该对大元怀有刻骨的仇恨才对，怎么居然歌功颂德、感激涕零起来？

·4·

批判孟子和歌颂蒙古人，这两件事贯穿着一个意图：建立"朱氏天命论"。

朱元璋登上皇位之时，内心有点没底。因为中国人向来重视门第，讲求出身。自古以来，岂有乞丐而为天子者？所以许多人虽然畏服于他的刀剑，对于他这个人却相当瞧不起。被一个前要饭花子统治，天下精英们内心难免有点不是滋味。

所以，他一开始想找个名人联个宗，谎称自己是朱熹的后代。

可是再一想，这个谎也太经不起推敲了，不但不能给自己增光，反而会暴露自己的心虚。因此他打消了这个念头。

为这个问题苦恼许久之后，朱元璋突然脑筋急转：自己的出身利用好了，可以化腐朽为神奇，把坏事变好事。按照世俗之人的想法，无论谁当皇帝，也轮不到他这个要饭花子。然而事实是，天下那么多富贵人、读书人、根脚人，谁也没当上皇帝，偏偏他一个乞丐当上了，这不正说明他有“天命”吗?

所以朱元璋一反历代统治者攀龙附凤之习，干脆坦然承认自己出身是“淮右小民”，而且还到处宣扬这一点。“口头上、文字上，一开口、一动笔，总要插进‘朕本淮右布衣’，或者‘江左布衣’，以及‘匹夫’‘起自田亩’‘出身寒微’一类的话。”这就是为了强调自己命运的奇特和天命的眷顾。在朱明政府的中央文件中，天命论到处皆是。他说“人君开创基业，皆奉天命”，自己之所以能由布衣而登帝位，是因为父祖“世承忠厚，积善余庆，以及于朕”。他对孔子后代孔克坚说:“朕率中土之士奉天逐胡，以安中夏，以复先王之旧。虽起自布衣，实承古先帝王之统。且古人起布衣而称帝者，汉之高祖也，天命所在，人孰违之。”他又说，“朕本布衣，因元纲不振，群雄蜂起，所在骚动，遂全生于行伍间，岂知有今日者邪”。

为了证明这一点，朱元璋还写了许多文章，比如《周颠仙人传》《纪梦》，来宣扬自己身上的种种神异之处，进行自我神化。说周颠仙人早就看出他要当皇帝，说自己即位前一年，就梦见穿紫衣的道士授给他绛旗、冠履、宝剑诸物，证明自己是上天简授，确定无疑。

那么，为什么上天不挑别人，偏偏挑了他呢？朱元璋说，这就是天命的神奇之处，老天爷的心思很难猜，它总是出人意料。比如，当初谁能想到，马上民族蒙古能君临天下，统治汉人长达百年呢?

他在《谕齐鲁河洛燕蓟秦晋之人》中说：自古帝王临御天下也，中国居内以制夷狄，夷狄居外以奉中国，未闻以夷狄居中国治天下者也。爰自宋祚倾移，前元以北狄之强，入处中国，遂主天下，四海内外，罔不臣服。此岂人力，实乃天授。

朱元璋说，蒙古族人少，文化落后，按理说不应该统治广大中国地区，但是他们居然就入主中原了。这恰恰说明他们有“天命”，否则怎么解释？

基于这一逻辑，朱元璋必须视元朝为正统，因为这是上天的意志。所以他承认元朝直接受命于天，接续了三皇五帝的正统，“正名定统，肇自三皇，继以五帝，曰三皇曰两汉曰唐宋曰元，受命代兴，或禅或继，功相比，德相侔”。

·5·

与“天命观”相配合的是“恩德论”。

快要登上帝位之际，他遇到了一个理论难题：怎么看待农民起义？

肯定农民起义吗？

似乎当然应该肯定。因为他和他的追随者都是起义者。他们用起义推翻了万恶的旧王朝，建立了光明的新社会。他们的合法性来源于这个朴素的真理：天下无道，就应该有人揭竿而起。哪里有压迫，哪里就有反抗。

但是慢着。如果肯定起义无罪，那么再有后来者效仿他起兵反对他怎么办？

在推翻旧王朝的时候，他当然可以大喊造反有理、起义无罪。但是，成了新王朝的统治者，他就必须让老百姓明白，以后不许造反，更不能起义。

这个弯子可不太好转。

所以，他要大力打造“朱氏恩德论”。

在朱元璋以前，中国人认为“有德者有天命”，可以拥有天下，而无德者就失去了“天命”。天下无道，人民就可以起来推翻它。而朱元璋要打造的“朱氏恩德论”是：因为你身处的王朝对你有恩，所以不管它有道无道，你都不应该带头起来背叛这个王朝。

朱元璋说，一个人有了天命，也就从上天那里获得了天下的所有权。也就是说，全部中国领土的产权都归他一人，其他所有人，都是“寄居者”。

所以，开国皇帝对天下百姓来说，有两大恩德：一是开创了太平，使天下人不再相互残杀，可以保全性命；二是既然天下的土地都是皇帝家的，那么所有的粮食，都是在皇帝家的土地上长出来的，从这个意义上说，天下人都是皇帝一个人养活的。因此，每个人都应该对皇帝感恩戴德。

不要以为这是在开玩笑，这是中国历代统治者的真实想法，只不过朱元璋表达得最透彻。

从这个理论出发，元朝皇帝虽然统治低能，但毕竟建立了一套法律，安设了一些官员，比天下大乱还是要好的。所以朱元璋说，“元祖宗功德在人。”在给元世祖的祭文中，他更是这样颂扬元朝的统治：“惟神昔自朔土来主中国，治安之盛，生养之繁，功被人民者矣。”

元朝初建，统治秩序比较好，老百姓一度安居乐业。他朱元璋虽然生不逢时，没赶上好时候，吃不饱穿不暖，但毕竟也算是吃了人家蒙古皇帝的，喝了人家大元天子的，怎么能忘恩负义，不予承认呢？

“如予父母生于元初定天下之时，彼时法度严明，使愚顽畏威怀德，强不凌弱，众不暴寡，在民则父父子子夫夫妇妇，各安其生，惠莫大焉！”

“朕本农家，乐生于有元之世！”

在内心深处，朱元璋对元朝当然是充满愤怒的，毕竟他一家人差点因为元朝的野蛮统治死绝。但对于他这样级别的政治家来说，考虑问题不能从个人恩怨出发，而要从天下大局出发。进一步说，不能从正义与否的角度，而要从实用与否的角度出发。洪武四年，朱元璋命人在北平给元世祖盖了庙。洪武六年，他又在南京建了历代帝王庙，把元世祖和汉高祖、唐高祖、宋太祖都供在一起，还把蒙古帝国开国功臣木华黎等四人的牌位也供在边上，他自己恭恭敬敬前去行跪拜大礼。他如此敬礼元朝，目的只有一个，那就是给天下百姓做个示范，让他们也敬礼新朝，告诉他们吃人家的嘴短，拿人家的手短。

既然承认皇帝是天下所有人的大恩人，那么即使一时统治得不好，偶有雷霆，那也都是天恩，大家永远不能起叛逆之心。这就是朱元璋建立天命恩德论的最终落脚点。在他朱家政权的治下，天下再无道，人们都要老老实实当顺民，而不是逆民。任何情况下，起义都有罪，造反都无理。

·6·

理论构建到这儿，朱元璋发现他遇到了一点难题：正是他本人推翻了大元王朝。他食元朝之毛，践元朝之土，世受元朝雨露之恩，却起兵推翻了大元王朝，这怎么解释?

虽然谁握住了刀把子谁就有了话语权，但要把这个道理讲圆满，也实在太考验人的智商了。

朱元璋开始是这样解释的：他当初参加起义，只是为了吃饭活命，并不是为了推翻元朝。他不断强调自己加入起义军实在是迫不得已，是人生的一大污点。他说自己加入起义军是“昔者朕被妖人（红巾军）逼起山野”（《与元臣秃鲁书》）。他又说：“朕为淮右布衣，暴兵（红巾军）忽至，误入其中。”（《明太祖实录》卷三七）他宁肯降低自己参与造反活动的意义，也不能给臣民做坏的榜样。

后来他又进一步解释，说他起兵之时，元朝已经失去天命，土崩瓦解了。他动不动手，元朝都注定要灭亡。他的原话是："盗贼奸起，群雄角逐，窃据州郡。朕不得已起兵……当是时，天下已非元氏之有矣……朕取天下于群雄之手，不在元氏之手。"

也就是说，元朝的灭亡跟他没什么关系。他参加起义，不是为了推翻旧王朝，也不是为了当皇帝，而是因为实在不忍心看人民遭受痛苦，要救万民于水火。他是从群雄之手，而不是元朝之手取得了天下。

这两种解释似乎还不圆满。到了编写《大诰》时，朱元璋又发明了"殿兴有福"理论。他天才地将起义者分为"首乱"者和"殿兴"者两部分。首乱者，就是带头造反的那一批人；而殿兴者，就是他这样半路参加起义的人。

《大诰三编·造言好乱第十二》中，朱元璋说："元政不纲，天将更其运祚，而愚民好作乱者兴焉。"就是说，因为天下无道，所以愚民作乱。

朱元璋认为，带头作乱者都是忘恩负义、胆大妄为之徒，注定没有好下场。这就是所谓"殃归首乱"。

朱元璋还举出大量的例子来论证他的观点：在历代大型农民起义中，最早揭竿而起的那批人，确实多数都做了后人的铺路石："秦之陈胜、吴广，汉之黄巾，隋之杨玄感、僧向海明，唐之王仙芝，宋之王则等辈，皆系造言倡乱首者，比天福民，斯等之辈，若烟消火灭矣。何故？盖天之道好还，凡为首倡乱者，致干戈横作，物命损伤者既多，比其成事也，天不与首乱者，殃归首乱，福在殿兴。"

至于为什么首乱不祥呢？朱元璋笼统地解释说，因为这些人引起了战乱，造成了流血，老天爷讨厌这样的人。

至于那些后来才参加起义的人，就没有什么责任了。因为动乱的大火已经烧起来了，他们再加把火，是为了使火灾早点结束，早点还大家以太平，所以“福在殿兴”。

这一说法充满矛盾。既然天下无道，“天将更其运祚”，被推翻是必然的，总得有第一个起来反对它的，尽管他可能不成功，但是其发难之功是不容否定的。但朱元璋称之为“愚民”，说他们是“作乱”。然而没有流血，怎么能推翻无道的旧王朝，又哪来的新王朝？站在“首乱”者的尸体上，享受首乱者用牺牲换来的成果，却又这样大言不惭地辱骂他们，实在是匪夷所思。

朱元璋绞尽脑汁，将理论的落脚点定为：万万不要第一个揭竿而起。

说他狡猾也可以，说他愚蠢也可以，说他阴险也可以，说他坦率也可以，反正理论构建至此，朱元璋图穷匕见：不论怎么说，你们可千万不要造我大明的反。

为了说服愚民，他又继续费尽口舌，推导出了宁可饿死，也强于造反之说。

他说，元朝承平时，富无旁忧，贫有贫乐。纵有天灾，“饥馑并臻，间有缺食而死者，终非兵刃之死。设使被兵所逼，仓皇投崖，趋火赴渊而殁，观其窘于衣食而死者，岂不优游自尽者乎？”

也就是说饿死强于战死，比起那样被杀死的，活活饿死还很“优游”舒服，相当享受呢。所以宁可饿死，也不能反抗他的统治。他又从多个侧面论证这个主张，说造反其实没有什么好处：从乱者并非俱能为人上人，除了那些“乱雄”和文武官吏外，“其泛常，非军即民，须听命而役之。呜呼，当此之际，其为军也，其为民也，何异于居承平时，名色亦然，差役愈甚”。也就是说，剩下的大部分，打了半天仗，也不过落了个普通军民，既然这样，何苦费事一回呢？

他在《大诰三编·造言好乱第十二》中说：

> 且昔朕亲见豪民若干、中民若干、窘民若干，当是时，恬于从乱。一从兵后，弃撇田园宅舍，失踮桑枣榆槐，挈家就军，老幼尽行，随军营于野外，少壮不分多少，人各持刃趋凶，父子皆听命矣。与官军拒，朝出则父子兄弟同行，暮归则四丧其三二者有之。所存眷属众多，遇寒朔风凛凛，密雪霏霏，饮食不节，老幼悲啼，思归故里，不可得而归。不半年，不周岁，男子俱亡者有之，幼儿父母亦丧者有之，如此身家灭者甚多矣。

也就是说，当初啊，我亲眼见着许多大户人家、普通人家、穷苦人家的人跟着造反。那可是相当苦啊：抛弃田地家产，一家老小跟着风餐露宿。早上出去打仗，父子兄弟都去了，回来时，四个人往往死了两三个。不长时间，这一家就剩不下什么人了。

他通过这种“亲身经历”来谆谆告诫百姓不要起来造反。

·7·

说到这里，我们就理解他为什么讨厌《孟子》了。

他要删掉“有恒产者有恒心”理论。朱元璋的理论是，有恒产当然有恒心，但无恒产也必须有恒心。也就是说，在朱元璋的统治之下，你就算沦为赤贫，走投无路，也不得起造反之心。

他删掉帝王必须仁慈的内容。也就是说，对帝王，不得有任何要求，什么样的帝王，百姓都应该服从。

他不许人们批评商纣王，并不是喜欢商纣王，要像郭沫若先生那样为商纣王翻案，而是因为他主张，即使皇帝如同商纣王一样荒淫无道，臣下也不应该批评，更不应该推翻。

历代皇帝可能也有人和朱元璋一样，读了《孟子》感觉不舒服，不过他们还从来没想到可以“阉割”《孟子》。因为《孟子》是儒学体系的核心部分，正如黄仁宇所言：“从个人说辩的能力和长久的功效两方面看，孟子在传统政治上的地位要超过孔子。”

朱元璋不一样。对于他这样赤手空拳开天辟地的人来说，没有什么是至高无上、神圣不可侵犯的。真正至高无上的是他自己，人世间的一切，包括所谓真理，都是为他服务的。朱元璋袭用孔孟之道，是因为孔孟之道可以巩固他的统治。如果不利于他的统治，他当然可以改造它，甚至消灭它。对别人来讲骇人听闻的大逆不道，对他来说，却完全符合逻辑。

·8·

朱元璋做事的特点是考虑极为长远。在与元朝作战之时，他已经想到了未来王朝的巩固问题。所以，遇到那些宁死不屈的元朝官员，他权衡利弊后，挑出几个大加表彰，在自己的大臣中树立“忠”的观念。

元太平路总管靳义在太平城破时投水自杀，朱元璋称之为“义士”，下令“具棺殓葬之”。元将领福寿死于集庆，石抹宜孙死于处州，余阙死于安庆，他也一一加以礼葬和祠祀，以彰其“忠”。他夸奖福寿说：“疾风识劲草，其福寿之谓乎？为人臣者当如是也。”

蔡子英为元至正中进士，累官至行省参政。元亡后他被明兵捕获，押至京师。朱元璋久闻其名，以礼遇之，但蔡子英不为所动，在羁所大哭不止。“人问其故，曰：‘无他，思旧君耳！’”朱元璋闻听，十分感动，“洪武九年十二月命有司送出塞，令从故主于和林”。也就是说，命人给了车马路费，送他到北方草原去找北元皇帝去了。这一出人意料的举动，有力地向天下人宣示了他对“忠诚”这一品质的推崇。

朱元璋善于招揽人才，许多故元的将领文臣投奔到他的麾下，为他的事业做出了巨大贡献。在奔向帝位的途中，他对这些人毕恭毕敬，遵礼有加，比如刘基因为做过元朝臣子，不想出山，朱元璋绞尽脑汁，想尽了办法劝他出来，又对刘基非常尊重，每次都“称老先生而不名”。

然而，开国之后，当这些人的重要性降低之后，朱元璋的态度出现了微妙的变化。

刘基为朱元璋的事业尽了肱股之力。可以说，没有刘基，也许就没有朱元璋的天下。因此，当元顺帝北逃、皇子买的里八剌被送到南京时，他和其他开国元勋一样，欢欣鼓舞，文思泉涌，写了一封祝捷文章，正要给朱元璋送上时，朱元璋却下了这样一道诏书：

> 因命礼部榜示：凡北方捷至，尝仕元者不许称贺。

也就是说，做过元朝官员的人，不要参与庆贺。

这对以刘基为首的在元朝当过官者的精神打击可想而知。朱元璋的意思表达得很清楚，以“忠臣不事二主”的标准，刘基易主求名，是“大节有亏”，犯了原则性错误，是不可饶恕的。因此在大封功臣之时，朱元璋只封了刘基一个伯爵，不久就把他赶回家，最后还听任其政敌将他害死。

元翰林学士危素在元亡之际曾投井自杀，却被救出。朱元璋听说此事，认为其人忠义可用，把他招来，安排在自己身边做侍从文官，十分信任。危素也卖命尽职，为朱元璋做了许多工作。可是天下大定之后，朱元璋看他就有些不顺眼了。有一天，朱元璋坐在东阁侧室的屏风后面，危素从屏风外慢步走来，履声橐橐。朱元璋问：“谁？”危素答道：“老臣危素。”朱元璋嫌他自称老臣，就嘲笑说：“我只道是文天祥来！”

元顺帝有头大象，能在宴会上起舞助兴。明军攻入大都后，把它运到南京。有一次，朱元璋宴请群臣，叫人把大象牵来，要它起舞，这头大象却趴在地上不动。朱元璋一气之下，下令把大象宰了。第二天，他便借这件事，叫人制作两块木牌，一块写着“危不如象”，一块写着“素不如象”，挂在危素的左右肩，将他羞辱一通。

后来，御史王著等人上书，弹劾危素是亡国之臣，“不宜列侍从”。朱元璋便下诏把危素贬到和州去看守余阙庙。不到一年，危素便郁闷而死。

这样的例子不止危素一个。许多元朝降臣都是“始虽荣遇，终必摒辱”。

六　洪武朝的知识分子政策

·1·

如前所述，在打天下的过程中，朱元璋十分重视知识分子的作用。善于任用读书人，是他成功的主要原因之一。在开国之前，他对知识分子毕恭毕敬，十分热情。

开国之后，朱元璋对知识分子的态度前后发生了很大变化。

洪武初年，他仍然十分重视人才工作。

开国之初，百废待兴，各条战线都急需人才。朱元璋掀起了一次访求知识分子的运动，来充实自己的官僚队伍。

他继续打天下时的老办法，命人携带大量金钱分赴各地寻找人才。对知识分子还是坚持“给足面子”，嘱咐使臣们“求贤之道，非礼不行。……有司尽心询访，必求真材，以礼敦遣”。洪武元年徐达北伐，朱元璋命他一边作战，一边注意访取人才。徐达毕竟是武人，只要是读书人，不管本人是否愿意，都强迫他们赴京，不动身就动武。朱元璋得知，即发布公告，进行安抚，说：“所征人才，有不愿行者，有司不得驱迫，听其自便。”

不过，这时他的知识分子政策已经由一手变成了两手。天下未定之际，读书人不出山他不硬逼，因为逼急了，这些人有可能跑到他的对手那里去。他只能摆出宽怀大度的样子，置之不问。如今天下已经姓朱，形势不可逆转，读书人无处可逃，所以对那些太不给他面子的知识分子，朱元璋也时常不自觉地失去耐心，露出自己的獠牙。

广信府贵溪县的夏伯启叔侄想做元遗民，不愿当官，把自己左手的大拇指砍掉了。朱元璋闻知后大怒，将夏伯启叔侄枭首示众，籍没全家。和夏伯启叔侄一样被朱元璋杀死的还有苏州人才姚润、王谟，他们也是“被征不仕”，结果“皆诛而籍其家”。

《明朝小史》更记载：

> 帝既得天下，恶胜国顽民，窜入缁流，乃聚数十人，掘一泥坑，特露其顶，而用大斧削之。一削去头数颗，名曰“铲头会”。

就是说，他痛恨那些托身寺庙的遗民，将他们埋入地中，只露其头，用大斧削去，称为“铲头会”。

在朱元璋以前，虽然君权强大，但士大夫阶层还是享有一定程度的人格独立的。“山林隐逸”不但被宽容，甚至被尊崇。这是传统社会留给人们的最后一块自由呼吸的空间。朱元璋却毫不犹豫地封杀了这块空间。他认为，这些拒绝与他的政权合作的人必定是看不起他这个前乞丐的。他发布命令：“率土之滨，莫非王臣。寰中士大夫不为君用，是自外其教者，诛其身而没其家，不为之过。”这就是所谓“寰中士大夫不为君用”罪。天下是他朱元璋的天下，所有读书人都是仰仗他朱家的阳光雨露而活，不为他朱家服务，这本就是滔天大罪。后来他还专门写了一篇《严光论》来继续阐述他的“不为君用即为罪”的理论。严光是汉光武帝刘秀故人，刘秀登基后他隐姓埋名，不愿出山。刘秀也只好让他潇洒自在地在富春江垂钓消遣。这本是中国历史上的一桩著名美谈，不想在一千三百年后，却遭到了朱元璋的严厉批判。朱元璋说，假使王郎、刘盆子等辈混乱未定之时，严光到哪儿钓鱼？现在他之所以有地方钓鱼，是因为皇帝平定了天下。既受皇帝之恩，他理当出山服务。

胡萝卜加大棒政策效果十分显著。天下知识分子再也不敢东躲西藏，都老老实实出来为新政权服务。由于大批知识分子加盟，大明王朝的官僚体系迅速得以建立，国家机器按计划有效运转起来了。

·2·

第二阶段是渐起轻视之心，言辞不再卑逊。

朱元璋原本大字不识几筐，随着身边的知识分子越来越多，他在他们的熏陶下开始有计划地读书，博览经史，学作文章，渐渐地登堂入室。他发现，原来知识并不那么高不可攀，只要下功夫，他朱元璋一样可以博古通今，甚至写出像模像样的文章。

随着自己文化水平越来越高，了解了知识的堂奥，朱元璋对知识分子的迷信之心渐淡。他发现，知识分子们既有突出的长处，也有明显的短处。他们的长处是知识广博、足智多谋，弱点是多谋寡断、缺乏行动力。朱元璋明白了为什么人家说“秀才造反，三年不成”。他们做事畏首畏尾，条条框框太多，缺乏胆气魄力，只会做君子，不敢当小人。所以他们难以独立成大事，只能追随自己寻找功名富贵。真正的英雄，还得数他和刘邦这样的大老粗。明白了这一点，朱元璋对文人渐启轻视之心。

开朝之后，他在给宋濂的诰命中，这样坦率地谈到对宋濂的真实看法：

尔濂虽博通今古，惜乎临事无为，每事牵制弗决。若使尔检阅则有余，用之于施行则甚有不足。（《明太祖集》卷三）

也就是说，他认为宋濂虽然博古通今，学识出众，但缺乏决断力和实行力，办不了什么实际的事情。

这样的话，朱元璋在开国前是绝对不会说的。对开国文臣之首宋濂尚如此评价，别的文臣在朱元璋心目中的地位就可想而知了。事业的顺利使朱元璋不可避免地自我膨胀起来。

随着政权越来越稳定，大家都认识到天下姓朱已经没有任何悬念。朱元璋不用再像以前那样费力地去寻访、邀请，多如牛毛的知识分子就主动满怀热情地依附到朱家政权这张皮上。朱元璋广泛兴建的学校系统已经开始培养车载斗量的文化人，一时间知识分子极大丰富，似乎取之不尽用之不竭，他们在朱元璋眼中的价值也越来越低，他对他们的态度也越来越轻慢。

洪武七年，朱元璋的一位贵妃去世。贵妃与皇后相比，是小老婆。按古礼，庶母死，子孙不需服丧。朱元璋十分喜欢这位妃子，要求孩子给她服丧。文臣们纷纷上书，反对他更改古礼。朱元璋因此写了篇《孝慈录·序》，大骂这些知识分子为“迂儒”。说他们只知道死读书，读死书，以古非今，而不知道审时度势，现实灵活地处理问题：“今之迂儒，只知其一，不知其二，是古非今，昭然矣。”又说，这些人其实不过是一群废物，做不出什么好事来，警告后世君主不要过于听信他们：“朕观宫生之君，好内山林之士，任为股肱爪牙，暴贵其身，致君牵制文义，优游不断，国之危亡，非迂儒者谁？其丧礼之论，时文之变态，迂儒乃不能审势而制宜，是古非今，灼见其情，甚不难矣。”

通过这些痛快淋漓的斥骂，朱元璋将那些“山林之士”贬低成一群废物，警告后世君主不要过于听信他们，以防“牵制文义，优游不断”。这里面有对知识分子弱点的灼见，更多的是一竿子打死的偏见。

朱元璋不但对知识分子的政治能力不屑一顾，对文人学士们的文字本行，也越来越敢于评头品足。朱元璋虽然中年之后才开始学习写文章，但因天分不错，常有出色之作。他的一些文字虽粗头乱服，却风格独特豪迈，气势吞吐千古，在古代帝王中独树一帜，他也颇以此自矜。洪武七年，朱元璋举行诗文大会，命文臣们作《阅江楼记》。读完之后无一当意者，于是他亲自动手，写了两篇，给文臣们做示范。大臣们当然赞颂佩服不已，朱元璋照单全收，扬扬自得地登上了大明第一文学家的宝座。不久之后，他对当代文坛第一人的地位也不满意了，写了《驳韩愈颂伯夷文》《辩韩愈讼风伯文》等文章，开始对中国文学史上的显赫人物韩愈、柳宗元大加批驳，说韩愈对于“格物致知，尚未审其情”，说这些文人只会讲究辞藻，不通人情物理。朱俨然以帝王之尊，指导天下文人如何写作，文章强词夺理，满纸咄咄逼人的霸气，高己卑人、予智予雄于此达到了极点。

· 3 ·

第三个阶段，则是一边任用，一边残杀。

在统治前期，朱元璋极少杀文臣。到了洪武中期，天下已如磐石之安，朱元璋对自己的流氓本性不再刻意压制。他对文臣，一方面要任用他们安邦治国，另一方面，因为知识分子到处都是，用不过来，他稍不高兴，就随手杀掉，毫不可惜。

洪武九年十二月，刑部主事茹太素上万言书直陈时务，朱元璋叫中书郎王敏将万言书读给他听。一开头茹太素说了一大堆套话，让朱元璋十分讨厌。他把茹太素叫进宫，按在地上痛打了一顿。第二天晚上，又叫人接着念茹太素的万言书，听到后面有四件事可行，这才把茹太素放了，说你的错误在于文章写得太长，其实五百个字就足够了。过了几年，茹太素当到户部尚书，仍然爱提意见，因而“屡濒于罪”。一天，朱元璋在便殿宴请茹太素，给茹太素倒了一杯酒，吟诗说：“金杯同汝饮，白刃不相饶。”茹太素磕头致谢，续韵吟道：“丹诚图报国，不避圣心焦。”朱元璋听了，不禁为之恻然，但不久后还是找借口把茹太素处死了。

洪武十五年（1382）四月，朱元璋设置僧司机构，大力崇佛。大理寺卿李仕鲁是声名颇著的程朱理学家，对皇上崇佛的举措颇不以为然，劝朱元璋崇儒辟佛，朱元璋不从，他一气之下把手中的朝笏扔到地上。朱元璋大怒，叫武士当场把李仕鲁摔死在台阶下。

同州进士王朴性格耿直，最爱直言极谏，有时见自己的谏言未被接受，还当面和朱元璋展开辩论。朱元璋开始几次对他的敢言劲头表示欣赏，后来次数多了不胜其烦，把他杀头了事。王朴根本不了解自己这类知识分子在皇帝心中无足轻重的地位，路过史馆，还高声呼喊：“学士刘三吾志之：某年月日，皇帝杀无罪御史朴也！”

除了这类因为顶撞进谏而死者外，更多的知识分子死于朱元璋的文字狱。

虽然朱元璋越来越看不起知识分子，但他对知识分子的防范戒备之心丝毫没有放松，起因是“士诚小人”这个典故。

洪武初年，因为不满朱元璋的重文轻武，有一位武臣对朱元璋大讲知识分子的坏处。他说，这些人心胸狭窄，嘴巴又刻薄，经常变着法地骂人：“读书人用心歹毒，特擅讥讪，如不警觉，即受其愚弄。如张九四（张士诚原名）优礼文人，请他们给自己改名，哪承想他们竟给他取名为‘士诚’。”

朱元璋说，这名字很好啊，有什么毛病？

武臣说：毛病大了去了。我的幕僚跟我讲，《孟子》上说了，士，诚小人也。这是骂张士诚小人啊！

朱元璋听后，立即找了本《孟子》来查，发现果然有这句话。他不禁悚然一惊：张士诚也算半个君王，被人叫了半辈子小人，到死都不知道，真是可怜。读书人欺负他是盐贩子出身，瞧不起他，才这样捉弄他，而他朱元璋出身和尚乞丐，肯定更被他们瞧不起。从此朱元璋就开始对文臣们大起疑心，阅读奏章时多了一个心眼儿。

朱元璋口口声声称自己是“淮右布衣”“江左布衣”“起自田亩”“出身寒微”，显得十分豪爽坦率，但是这些话只能他自己来说，别人可千万不能说。实际上，做过乞丐与和尚，这一直是朱元璋内心深处最大的一块伤疤，万万触碰不得，但凡“光”“秃”“僧”等与和尚沾边的字眼，都会犯他禁忌。因为起义起家，所以他也讨厌人提“贼”和“寇”。大明臣民其实谁也没有胆子当着朱元璋的面提这壶水，也没有兴趣提这壶水，所以奏章中不用这些字，朱元璋却更不放心，总怀疑别人会拐弯抹角地骂他，遂将防区无限扩大，到了极为可笑的程度。比如“生”字，因为近乎“僧”字，在他看来就不怀好意，而“则”字也很危险，因为“则”在淮西方言中发音与“贼”同。

按照明初习惯，逢年过节、皇帝生日之时，文武大臣都要上表庆贺。所上的表笺，照例由学校教官代作。虽然表笺中都是毫无营养的陈词滥调，但因为都是颂扬自己的话，朱元璋很喜欢阅读。读来读去，越来越多的敏感词蹦了出来。出现次数最多的敏感词是“则”字。如浙江府学教授林元亮因所作《谢增俸表》中有“作则垂宪”句被杀；桂林府学训导蒋质因所作《正旦贺表》中有“建中作则”被杀；北平府学训导赵伯宁为都司作《万寿表》，因表内有“垂子孙而作则”句被处死；福州府学训导林伯璟为按察使作《贺冬表》，因表内有“以则天下”句而被处死。其次，表笺中若有“生”（近“僧”）、“法坤”（近“发髡”）等字样，朱元璋也以为这是讽刺他曾出家为僧之事。常州府学训导蒋镇因所作《正旦贺表》中有“睿性生知”句被杀。祥符县教谕贾翥为本县作《正旦贺表》，中有“取法像魏”句，因“取法”音同“去发”，贾翥亦未免一死。尉氏县学教谕许元为本府作《万寿贺表》，表中有“体乾法坤，藻饰太平”一句，因“法坤”音同“发髡”，“藻饰太平”音同“早失太平”，也送了性命。

除此之外，还有许多事例，形形色色，五花八门。朱元璋的想象力实在惊人，他制造的文字狱也因此触目惊心、骇人听闻。亳州学训导林云所作《谢东宫赐宴笺》内有“式君父以班爵禄”句，朱元璋以为“式君父”为“弑君父”之隐语，林云因此被杀。德安府学训导吴宪所作《贺立太孙表》中有“永绍万年，天下有道，望拜青门”句，朱元璋以为“有道”为“有盗”之谐语，吴宪也因此身首异处。怀庆府学训导吕睿所作《谢赐马表》中有“遥望帝扉”之语，朱元璋以为“帝扉”隐含“帝非”之讥，吕睿也遭杀头之祸。此外，陈州府学训导周冕为本州作《万寿表》，以表内有“寿域千秋”句被杀。人们怎么想也想不明白为什么，后来只能揣测也许是因为“寿”字与“兽”字同音之故。

除了在表章里挑毛病之外，朱元璋还将文字狱扩展到文学作品中，看到谁写的诗文让自己不舒服，就把作者抓来杀掉。

据郎瑛《七修类稿》记载，洪武年间，四明僧人守仁应诏入京，闲着没劲，作了《翡翠》诗：“见说炎州进翠衣，网罗一日遍东西。羽毛亦足为身累，那得秋林静处栖。”朱元璋读了之后，对守仁说：“你不想见我，说我法网密吗？”于是以谤讪罪将他处死。

顾公燮《消夏闲记摘抄》则记载，一位叫来复的和尚在给朱元璋的谢恩诗中有“金盘苏合来殊域”和“自惭无德颂陶唐”两句，朱元璋看后大怒，说：“汝诗用‘殊’字，是谓我为歹朱也。又言无德颂陶唐，是谓我无德，虽欲以陶唐颂我而不能也。”将之斩首。

明初“吴中四杰”之首高启是中国文学史上的一位重要人物。洪武七年，朱元璋读到高启创作的《郡治上梁文》中以“龙盘虎踞”一词形容魏观的府治，以为此语只可用来形容帝王之居，非他人能用，故将高启腰斩。

·4·

讲到这里，我们不妨逸出一笔，介绍一下中国文字狱史上很有意思的一种文字狱：外国文字狱。

朱元璋不仅对本国臣子的表笺深文周纳，对外国来的表笺亦是如此。文字狱因此在中国历史上首次走出国界，走向了世界。

那是在洪武二十五年，李成桂废黜高丽国王自立，毕恭毕敬地上表明廷，请朱元璋赐他一个国号。朱元璋批准他用“朝鲜”国号，李成桂又赶紧派文臣李恬为谢恩使，来感谢更国号之恩。在谢恩表中，李成桂为了表示恭顺，没敢用朝鲜国王的名义，而用了“权知国事”这个头衔。朱元璋疑忌顿生，认为李成桂这种做法是对他的不尊重，命人将谢恩使李恬按在地上痛打，“棒恬几死”，在他回朝鲜时，又不给他马骑，让他忍着伤痛步行回家。

李成桂得知此事后更为害怕，于是又专门巴巴地派人来谢罪，在《谢罪表》中这样解释：“照得小邦僻处荒远，言语不通，闻见不博，粗习文字，仅达事情。其于制作，未谙体格，以致错误，非敢故为侮慢。”就是说朝鲜国文化水平不高，对明朝文件格式不熟悉才犯了这个错误，绝对不是有意的。朱元璋这才饶了他。

这事刚过去不久，洪武二十九年朝鲜恭贺新春的表笺又起祸端。朱元璋认为表文中有“侮慢之辞”“轻薄戏侮”“不停当的字样多有”，扣押朝鲜使臣不许回国，还命朝鲜马上把起草表文的人押来问罪。朝鲜马上老老实实把作者金若恒送到南京，在给明朝礼部的信中说：

> 小邦僻居海外，声音语言，不类中华，必凭通译，仅习文意，所学粗浅，措辞鄙陋，且不能尽悉表笺体制，以致言词轻薄。何敢故为戏侮，以生衅端。

就是说，朝鲜因为语言不通，要借助于翻译，所以出现“言词轻薄”的错误，并不是有意为之，请大皇帝原谅。

这一风波还没处理完毕，紧接着又一个表笺惹了祸。洪武二十九年正月，李成桂派遣郑总到中国请求大明颁给他们诰命、印信。表文之中引用了商纣王的典故，朱元璋阅后，认为这是在讽刺他，于是说：“近日奏请印信、诰命状内引用纣事，尤为无礼……以此来使未可放回。若将撰写、校正人员尽数发来，使者方回。”命朝鲜国将表笺的作者以及校对人员一起押送中国问罪。使臣郑总也倒了大霉，朱元璋不但将他拘留，还“遣人取家小”，命人到朝鲜把他一家大小都押来中国。

这两次文字狱的处理结果，是郑总以及表文的作者金若恒、卢仁度都被朱元璋杀了头。朱元璋还在圣旨里这样教训李成桂：“如今两国之间，秀才每戏弄，不直不正。以小事大，事事都要至诚。直直正正，日头那里起，那里落，天下只是一个日头。”

李成桂以权臣篡位，极度希望得到朱元璋的承认，所以他对朱元璋一直毕恭毕敬，忍气吞声，极力讨好。不论从哪个角度，他都不可能在表文中故意讽刺朱元璋。朱元璋郑重其事地在外国表文中大挑毛病，只能说明他的心理变态已经到了十分严重的程度。

·5·

人到老年，人格常会发生剧烈变化。朱元璋晚年身体很不好，多年超强度的脑力劳动又使他出现精神变态。他开始随心所欲，通过无节制的屠戮来发泄自己的不良情绪。洪武晚年，稍有名气的文化人都难逃一死，死法主要有两种：一种是文字狱，第二种是牵连进各种大狱之中。

除了高启，“吴中四杰”中另外的三位，杨基、张羽、徐贲也没有一个落到好下场：杨基入明曾任山西按察使，后来被谗削职，罚作劳役，死于工所。张羽入明曾任太常寺丞，后来获罪贬谪岭南，没到半道，又被召回，“自知不免，投龙江以死”。徐贲入明曾为给事中，后来又任河南左布政使，出征边疆的明军路过河南时，他“坐犒劳不时”，也就是没有及时提供给养，下狱而死。

除了以“吴中四杰”为代表的诗人作家外，明初还有一批最有才华的著名学者，被召集参与了《元史》的修撰。在修完《元史》后，大部分人都遭遇悲惨，比如王彝被朱元璋寻故杀死，高逊志“以事谪朐山”，傅恕“后坐累死”，张孟兼为吴印所讦而被杀，张宣“坐事谪徙豪梁，道卒”……

除此之外，还有太多著名文化人死于非命。“淹贯经史百家言”的文人王行，因为给蓝玉当过家庭教师，蓝玉案发，“行父子亦坐死”；“词采灿然”的诗人孙蕡，尝为蓝玉题画，“遂论死”；供事内府的宫廷画家赵原奉命画昔贤像，“应对失旨，坐法”；画家盛著奉命画天界寺影壁，结果画出了毛病，他在龙背上画了一只水母，惹得朱元璋大怒：“以水母乘龙背，不称旨，弃市。”

类似事例，不胜枚举。一时才能之士“幸存者百无一二”。洪武十九年，方孝孺在致好友的信中这样写道：“近时海内知名之士，非贫困即死，不死即病。”

不但这些文人小臣没有几个有好下场，就是那些一直追随朱元璋、功成名遂的大知识分子，也鲜有善终者。朱元璋起兵后，第一批追随朱元璋的知识分子中最有名的是李善长、陶凯、陶安三人。除陶安因死得早得了个善终外，李善长被朱元璋满门抄斩，陶凯因致仕后起了个号叫“耐久道人”，朱元璋“闻而恶之”，找了个借口把他抓来杀掉了。第二批追随朱元璋的文士中功劳最大的是刘基、宋濂，刘基因不被朱元璋所信任，罢官回乡，后被胡惟庸（一说朱元璋）毒死。宋濂则因其孙宋慎的事，被胡惟庸案株连流放外地，在途中自缢于夔州。洪武一朝的著名文臣，得以善终者寥寥无几。以热情延请开始，以摧残屠戮告终，这种专制君王与知识分子之间的游戏，在中国历史上不止上演过一次。

那些活下来的知识分子，则大多被吓破了胆。有个可笑而又令人心酸的故事说：

> 新淦有诗人邓伯言，宋潜溪（濂）……以诗人荐之。廷试“钟山晓寒诗”，太祖爱其中二句曰“鳌足立四极，钟山蟠一龙”，不觉御手拍案诵之。伯言俯伏墀下，误疑触天怒遂惊死。扶出东华门，始苏。次日，遂授翰林。

也就是说，朱元璋读到邓伯言的两句诗，大为激赏，用手拍了一下桌子。邓伯言却以为皇上发脾气，当场就吓晕了过去，太监把他弄出东华门，他才苏醒过来。

朱元璋的文化政策成功地使明初文化人如履薄冰、收敛个性、粉饰现实、一味颂圣、循规蹈矩、点缀升平，埋下了永乐至成化年间“台阁体”的伏笔，同时也决定了有明一代学术不兴的基本局面。

七 学习《大诰》运动

·1·

虽然朱元璋投入巨大的行政资源来扭转社会风气，成效却并不显著。大明天下并没有出现“尧舜之治”，相反，帝国很快就陷入黄宗羲定律中去，洪武初年，社会形势一直处于动荡不安的状态。

在专制制度下，官僚系统的腐败并不是一种病态，而是一种常态。它的威力是如此惊人，登上大宝的朱元璋龙椅还没有坐热，四顾一看，腐败已经像瘟疫一样在他眼皮底下迅速蔓延开来：诸多王公贵族的亲戚、家人、家奴，狗仗人势，横暴乡里，欺压百姓，人命案不断发生；刑部尚书（部长）收受罪犯贿赂，指示属下把罪犯放走，用死囚来代替罪犯坐牢；印钞局大使（印钞厂厂长）和户部官员勾结，印了七百万锭纸币，自己私藏了一百四十三万锭；兵部侍郎（副部长）借抓捕逃亡军人的机会，收受军人家属贿赂二十二万锭……那些远离他视线的地方官员，胡作非为，程度更加惊人：苏州知府陈宁为了完成征收农业税任务，把那些抗税户抓起来，用烙铁烙，得了个外号“陈烙铁”。浙江的农民，交纳的农业税比国家规定的数额多出百分之四十五，全部落入地方官的腰包，农民交不起税，他们就上房揭瓦，赶牲口……

官员如此，百姓同样也不老实。两浙的中小地主们勾结官府，多年来用包荒、洒派、移丘换段等手法，把农业税转移到普通农民身上。他们甚至还把自己的田产转寄到长工名下，叫“铁脚诡寄”。这种欺骗一层层上报，乡骗县，县骗府，州府骗中央，一直骗到朱元璋，名叫“通天诡寄”。

各种贪污腐败最终损害的是社会最底层人民的利益。因此，刚刚立国不久，就有不少地方的百姓发动起义。从洪武元年到洪武十八年，各地上报的农民起义居然达一百多次，平均每年六次。这在历代王朝中都是不多见的。

面对这种形势，一向强调以严治国的朱元璋怎么能不勃然大怒？朱元璋终生保持着对贪污腐败的极度痛恨。这种痛恨，既源于血液，又源于理智。作为一个前贫民，朱元璋痛恨贪腐是因为自己底层生活的痛苦经历；作为一个帝王，他的痛恨则来自对自己家业的爱惜，他生怕这些硕鼠咬坏自己辛辛苦苦建立起来的统治之网。他诛杀异己，摧残富民，虽然名不正言不顺，尚且心狠手辣，我们当然可以想象，名正言顺的惩贪运动会进行得怎样残酷暴烈。

在生活中，我们经常听大妈们愤怒地说，如果把天下小偷的手都剁了，小偷就绝迹了。如果贪污一块钱也把他给抓起来，贪官就不敢再贪了。谁都知道这是激愤之语，连大妈们当政，也不会这样做。然而，朱元璋却这样做了。他说：“朕于廉能之官，虽然有过，往往宽宥之。如果是贪污之人，虽小过也不放过。”一开始，他规定，凡贪污六十两的，就剥皮实草。后来干脆说：“我欲除贪赃官吏，奈何朝杀而暮犯！今后犯赃的，不分轻重都杀！”

朱元璋对贪污之官毫不姑息，务期净尽。《大诰》中规定，所有贪污案件，都要层层追查，顺藤摸瓜，直到全部弄清案情，将贪污分子一网打尽为止。《大诰·问赃缘由第二十》规定：“如六部有犯赃罪，必究赃自何而至。若布政司贿于部，则拘布政司至，问斯赃尔自何得，必指于府。府亦拘至，问赃何来，必指于州。州亦拘至，必指于县。县亦拘至，必指于民。至此之际，害民之奸，岂可隐乎？”这样做固可使贪吏无所遁形，但在法制不健全的情况下，却也易生流弊，审理者务为严酷以当上旨，株连蔓引，往往累及无辜。从洪武四年到洪武十八年，朱元璋在全国范围内掀起数次轰轰烈烈的反腐败运动，如洪武四年（1371）甄别天下官吏、十五年（1382）的空印案、十八年（1385）的郭桓案，声势都极为浩大。其中，尤以空印案与郭桓案的规模最大，两案连坐被冤杀的达七八万人。郭桓案，“自六部左右侍郎下皆死，赃七百万，词连直省诸官吏，系死者数万人。核赃所寄遍天下，民中人之家大抵皆破”。

·2·

朱元璋不知道，造成这种现象的根本原因，在于他自己。史称明代“官俸最薄”。正一品官月俸米八十七石，正四品二十四石，正七品七石五斗。折合成银两，一个县令月收入不过五两，折换成现在的币值，有一千元左右。那时的官员，并不享受国家提供的福利待遇，不但不享受别墅、小车、年终奖，也没有地方报销吃喝费。用一千余元养活一个大家庭甚至家族，这个县令的生活只能是城市贫民水平。如果不贪污，官员如何生活？

治理腐败，必须从“不必贪”入手，以高薪或者起码是合理的薪水来养廉，以支持由思想教育达到的“不想贪”的道德境界和由制度建设保证的“不敢贪”的纪律要求。古今中外，都不能例外。

然而，朱元璋似乎从来没有想到这一点。他做事从来都是选择成本最低的方式。在惩贪问题上，“强盗”出身的他显得相当一根筋，他知道知识分子们骨头软、胆子小，相信暴力恫吓可以取代一切其他努力。

一方面是离奇的低薪制，另一方面是朱元璋对惩贪工作的过高要求，他希望用刀剑造成一个绝无贪污的纯而又纯的世界。他生性苛细，连贪污一张信纸，也绝不放过。翻开《大诰三编》，你会看到皇帝亲自惩办的贪污案里，有这样一些赃物："衣服一件、靴二双""圆领衣服一件""书四本、网巾一个、袜一双"。用这样的标准来惩贪，天下官员几乎无人不是贪官。所以，他的严刑峻法只能收效于一时，不可能肃清腐败。不管朱元璋如何吓唬，为了生存，为了糊口，官僚体系还是不得不按它自身的规律来运行。所以，从即位不久就开始惩贪，直到洪武十八年，在他看来，贪污势头还是不减。大的腐败案消失了，小的腐败却仍然层出不穷。监察官员和锦衣卫报上来的贪污案件，每天都堆了满满一桌子。由于诛戮过甚，两浙、江西、两广和福建的行政官吏，从洪武元年（1368）到十九年（1386）竟没有一个做到任期满的，往往未及终考便遭贬黜或杀头。用朱元璋自己的话说："自开国以来，两浙、江西、两广和福建设所有司官，未尝任满一人。"弄得朱元璋连声哀叹："朝治而暮犯，暮治而晨亦如之。尸未移而人为继踵，治愈重而犯众多！"

·3·

朱元璋对形势做出了过于严重的估计。他认为，他的官僚体系基本上全烂掉了。在诏书里，他指控的对象往往是官员全体。"朕自开国以来，凡官多用老成。既用之后，不期皆系老奸巨猾，造罪无厌。"他的秘书代他作的《大诰后序》中说："日者中外臣庶，罔体圣心，大肆贪墨……"

对于官员如此争先恐后地奔赴法网，朱元璋震惊之余，也曾苦苦思索原因。他反复思考，没发现自己的措施有丝毫不对的地方。他屡屡说，"其法已定，其法已良”。因此，他把原因归结于奸顽之人之难于教化：“于戏！世有奸顽，终化不省，有若是！且如朕臣民有等奸顽者，朕日思月虑，筹计万千，务要全其身命，使扬祖宗，显父母，荣妻子，贵本身，共安天下之民。朕所设一应事务，未尝不稳，一一尽皆的当。其不才臣民百姓百般毁坏，不行依正所行，故意乱政坏法，自取灭亡，往往如此，数百数千矣！”意思就是说：“哎呀！这些奸顽之人，怎么也教育不好，真想不到！我绞尽脑汁，要这些官员能顺顺当当地当官，给他们创造条件，让他们光宗耀祖，荫及子孙。我所制定的法规政策，没有不稳妥的，一一都十分得当。可恨这些不才臣民百姓，百般破坏！不走正道，偏做坏事，自取灭亡，难以计数。”又说：“唉，可怜那贪心勃然而起，迷乱了本性，做出这些恶事，虽然自求生路，又怎么可得！”

算来算去，他还是把账算到了别人头上。他认为，一百年的元朝统治，“天下风移俗变”，人心不古，导致“天下臣民不从教者多”。他们长期“为奸顽之人所引诱”，“一概善恶立场动摇，至今为非之心不改，表面顺从，内心则异”。其中官员们尤其如此。“过去元朝统治华夏，九十三年之治，使华风沦没，彝道倾颓。读书人只知道背书，对于思想净化，毫不用力。所以做事之时，私心战胜公心，以致往往犯下大罪。”这些人受“前代”恶劣风气的“污染”，“贪心勃然而起，迷失真性”，所以“明知故犯”，大面积地贪污腐化，“终化不省（怎么也教育不过来）”。

明知山有虎，偏向虎山行。朱元璋认为，根本的办法还是进行思想教育。他还是相信，“自古及今，无有不可变之俗，无有不可化之民”。虽然“难化”，他终还是不能眼睁睁看着这些人被错误的思想所吞噬。既然和风细雨式的教育不起作用，他决定在全国范围内兴起一次强制性的、深入的思想教育活动，用大量的血淋淋的案例来警示官员和百姓。这次活动一定要搞深搞透，通过触及人民灵魂深处，希望他们“鉴此非为，格心从化”，以此来消灭腐败和犯罪的土壤。

为此，他亲自作了《大诰》这一与雍正的《大义觉迷录》并列的千古奇文，作为这次运动的学习材料。

皇帝亲自纂写的这本《大诰》，简要说，就是一本血淋淋的案例汇编。朱元璋把他惩办的大案要案编成一册，书里夹杂着大量的说教。由于是朱元璋亲自写作，所以这本书文辞鄙俗、体例杂乱，多有语句不通之处，唯以说教和吓唬为能事。让我们来看看其中的两篇。

《大诰初编·伪钞第四十八》讲他如何惩办一起伪钞案：宝钞通行天下，本为方便百姓交易。两浙、江东、江西有伪造者，其中最严重的是句容县。该县杨馒头本人起意，县里百姓合谋者众多，银匠秘密刻制锡板，文理分明；印纸马之人家，同谋刷印。罪犯捕获到官，我全部杀掉，自京师至于句容，其途九十里，所枭之尸相望，其刑甚矣哉。我想绝对不会有再犯的了。岂期不逾年，本县村民亦伪造宝钞，甚至邻里互知而密行，死而后已。呜呼！你说这样顽愚的人，可怎么治理是好？

《大诰三编·递送潘富第十八》得意扬扬地讲了他如何因一个逃囚杀了一百零七户人家：

> 皂隶潘富犯法外逃，沿途有二百余家知情，有的人家并曾提供食宿。追者回奏，将豪民赵真、胜奴并二百余家尽行抄投，持杖者尽皆诛戮。沿途节次递送者一百七户尽行枭令，抄投其家。呜呼：见恶不拿，意在同恶相济，以致事发，身亡家破，又何恨欤？所在良民，推此以戒狂心，听朕言以擒奸恶，不但去除民害，身家无患矣。

他在《大诰》里绘声绘色地描绘贪官们临死的惨境："临刑赴法，才方神魂仓皇，仰天俯地，张目四视，甚矣哉，悔之晚矣。"希望他们因此抽身退步，不敢再胡作非为。

同时，《大诰》里还夹杂着大量陈腐的教条。比如《大诰续编·申明五常第一》里说：

> 今再《诰》一出，臣民之家，务要父子有亲；率土之民，要知君臣之义，务要夫妇有别，邻里亲戚必然长幼有序，朋友有信……倘有不如朕言者，父子不亲，罔知君臣之义，夫妇无别，卑凌尊，朋友失信，乡里高年并年壮豪杰者，会议而戒训之。凡此三而至五，加至七次，不循教者，高年英豪壮者拿赴有司，如律治之。有司不受状者，具有律条。慎之哉，而民从之。

朱元璋村长式的思维方式实在过于混乱，他从来分不清楚道德和法律。请问，这《申明五常》如何操作？如何界定？如何量化？如何避免出现大量深文周纳出来的冤假错案？

这类无法操作的条文还有许多，比如：

> 诰至，所在有司，务必崇尚德人，上助朕躬，下福生民。无藉之徒见此，即早退去。

"无藉之徒"见了这个文件，为什么就会乖乖退去？

就是这样一套混乱芜杂的文件汇编，成了全国人民必须学习的"精神财富"。

·4·

结合学习《大诰》，朱元璋发动了一场轰轰烈烈的群众运动。洪武十九年，大明帝国发生了一件中国历史上前所未有的事情：皇帝号召底层民众起来，造官僚阶级的反。

他在《大诰三编·民拿害民该吏第三十四》中这样号召："我设各级官员的本意，是为了治理人民。然而，过去我所任命的官员，几乎都是不才无藉之徒！他们到任后，和当地吏员、衙役、地方上的恶势力相勾结，千方百计害我良民。现在，我要靠你们这些高年有德的地方上的老人以及乡村里见义勇为的豪杰，来帮助我治理地方。如果要靠当官的来给百姓做主，打我当皇帝到如今十九年，我还没见到一个人！"

在《大诰》的另一章里，他表达了同样的意思：因为我高居九重之上，难以清晰地观察帝国政治的每一个细节，"如果民众不主动起来揭露奸顽之人，明彰有德之官，朕一时难知，所以嘱民助我为此也"。

那么，皇帝希望民众怎么帮他呢？

朱元璋告诉百姓，他们可以直接向他举报官员们的违法行为。他大手一挥，慷慨地赋予草根阶层以监督、评议各级官僚的权力，并且许诺，皇帝会根据普通民众的意见来奖励和惩罚官员。

洪武十八年，他在《大诰初编》中就这样号召百姓：从省级官员到府州县级官员，如果在国家规定之外，巧立名目，搜括百姓钱财的，准许境内德高望重的老人串联附近的乡亲，联名到京城来上告，有凭有据，惩办罪犯，更换好官，抚育人民。同时，从省级到县级的官员，如果清廉能干、政绩卓著，准许境内百姓来京汇报，我给他们奖励。

因为对监察官员们不信任，在另一章中，他说，如果好官被诬陷，百姓有权直接向皇帝申辩。

“今后各级政府，若有廉能官吏，切切为民造福者，所在人民必深知其详。如果这些廉能官吏被坏人捏词排陷，一时不能明其公心，远在数千里，情不能上达，我允许本处城市乡村有德老人们赴京面奏，以凭保全。”（《大诰初编·耆民奏有司善恶第四十五》）

洪武十九年，他的政策又大幅度地前进了一步。他令人吃惊地宣称，在他的帝国之内，任何一个人都可以冲进官府，捉拿他所不满意的吏员！

如果以后有吏员们打官司时枉断曲直，被冤枉的人可以纠集四邻，直接到刑房里把这个吏员拿住，送到京城来！如果有强买百姓东西不给钱的，收税有的家多收有的家少收不公平的，捉拿逃军时受贿放纵犯罪却捉拿了同名百姓的，等等犯罪情况出现，都许百姓直接将这些吏员拿获！

他又规定：如果害民官吏逃回老家，邻居和亲戚们知道了，要立刻将他拿获。（《大诰初编·积年民害逃回第五十五》）

另一章中发布了这样的通知：十二布政司及府、州、县，朕尝禁止官吏、皂隶，不许下乡扰民，其禁已有年矣。有等贪婪之徒，往往不畏死罪，违旨下乡，动扰于民。今后敢有如此，许民间高年有德耆民，率精壮拿赴京来。

从“把民众捆绑在土地上”这一极端轻易地跳到了“放手让民众造反”的另一个极端后，朱元璋想起了他的“路引”制度。他知道这一制度一定会被官员们用作阻拦百姓上访的借口。于是他又宣布：凡是进京反映问题的人，不论有没有路引，一律放行。如果有人敢阻挡，治以死罪。

另一章中又规定：百姓们捉拿吏员，当官的如果敢阻挡，那么会受到“族诛”的处置。

赋予地位低下的农民以不经任何法律程序，直接纠拿官吏的权力，这在中国政治史上是从来没有过的事情。这一号召再一次证明这个通过农民起义登上皇位的皇帝对农民理想的某种忠诚。

·5·

朱元璋身上一直有着某种“民粹主义”的味道，在对官僚阶级表现出极度痛恨的同时，他却一直对社会底层人民充满亲近感。他对他们的面孔从来都是温和的、亲切的。乡村生活中人与人之间那种淳朴、真诚的关系一直被他铭记在心。他相信，在乡村生活的人，其良心还没有被贪婪和物欲所污染。

由于对官僚体系的不信任，朱皇帝想起了他的乡村生活经验。他收回了官员们的部分权力，把这些权力下放给了乡村百姓，希望一定程度的村民自治能有利于治理吏治的败坏。

在《教民榜文》中，他规定，一些次要的司法事务，例如家务、骂架和斗殴等纠纷都可由老人和里甲来审断。官员们不许干预诉讼过程，也不许参与判决事宜。如果地方当局干预老人审断案件，其他老人可以直接奏报给皇帝，那么，官员们可能会被牵连进受审者的罪行中去。当然，人命大案等还应报告政府来审理。

·6·

在全帝国范围内掀起这样疾风骤雨式的群众运动，朱元璋自然有他的想法。在一则命令中，朱元璋宣布了他村长式的设想：“如果天下百姓都听我的，认认真真照这个命令办，那么，不出一年，天下的贪官污吏都会变成好官。为什么？因为良民时刻监督，坏人不敢胡作非为，所以各级官员都不得不做好官、做好人。”

在另一则命令中，他这样说：“呜呼！所在城市乡村耆民智人等，肯依朕言，必举此行，即岁天下太平矣。”

这当然是典型的“如果……就……”的逻辑。依靠社会底层人民来监督官员，这样的思路无疑是正确的，问题是，朱元璋没有认真考虑把这种监督机制化、常态化，而希望仅仅用一次群众运动来解决所有问题。

“激进主义”在中国这个“中庸”大国里有着十分深厚的土壤。“激进主义”是一种“幼稚病”。就像热恋中的青年男女相信只要有爱情，两个人身上其他的一切不协调都会不成问题一样，政治上的“激进主义”者也相信，道德激情可以击败一切不义，只要在政治操作中倾力贯注和绝对恪守道德原则，实际政治中的任何困难都不难克服。看事过易、意气用事、态度偏激、思想狂热、喜爱暴力是它的特点。它拖累着中国政治一直不能脱离中古式“伦理政治”范畴而进化成“世俗理性政治”。

“理性”并不是朱元璋先天素质中的缺项，他在战争中头脑之清醒、次序之清楚，充分证明了他的理智之强大。然而，越到晚年，他的政治思维中“激进主义”的狂想就越来越成了主旋律。

毕竟，朱元璋是人而不是神。在群雄并起的强大压力之下，他能强迫自己每分每秒都恪守理性的指挥，在重重困难中苦心孤诣地寻找那条唯一的生路。登上帝位后，虽然他一再提醒自己要“小心”“谨慎”，然而由于外面的压力都已消失，天性中那长期压抑着的“急躁”“峻切”不可避免地浮出水面。而屠戮功臣和牢狱百姓之顺利、容易，几乎没有遇到反抗，又大大强化了他的自信心和浮躁感。坐踞极尊、四周毫无约束，这种地位对人性的腐蚀，他也不可能避免。于是，一方面，他仍然能兢兢业业、宵衣旰食，强迫自己忘我工作；另一方面，他却没有能力再把那个强大而盲目的“本我”纳入“理性”的控制之下，反而越来越为“本我”所控制。性格中天生的“狂暴”和乡村视野中天然形成的“泛道德主义”倾向与“权力万能”幻象合流，导致中国历史上首次出现这样的现象：皇帝坐在九重之上，伸出手来在最底部的草根阶层中放了一把火，异想天开地希望用局部的“无政府主义”这把烈火来彻底烧毁官僚主义的基础。

·7·

诏书发布下去了，天下却没有出现朱元璋想象中的“群起响应”的局面。

毕竟，自有国家以来，中国老百姓就一直匍匐在官员的脚下。面对皇帝的“造反”号召，他们一时不知所措。虽然皇帝一再发出“呜呼！君子目朕之言，勿坐视纵容奸恶愚民”的殷切呼唤，他们还是将信将疑，愣在原地不敢动。

朱元璋火了。他自然有他的办法。洪武十九年，他严厉惩罚了镇江的一些市民，原因是他们没有按照他的要求，积极捉拿坏官韦栋，而听任他在镇江胡作非为，直到这个坏官被皇帝本人发现。皇帝发布诏书说，因为这些市民不听他的话，所以他“将坊甲邻里尽行责罚搬石砌城”。皇帝得意扬扬地说：“有罚款把家罚得精光的，有的家破人亡，有的不及去搬石就被我处死了！”

这就是朱元璋的动员方式。

他知道，这种方式在这片土地上当然最有效。同时，对那些乍着胆子捉拿官员的“吃螃蟹者”，他立刻大加奖励。常熟县百姓陈寿六串同弟弟和外甥，把县里的恶劣吏员顾英捉住，送到南京。朱元璋大为高兴，他在《大诰续编·如诰擒恶受赏第十》中说：

> 前者《大诰》一出，民有从吾命者。常熟县陈寿六为县吏顾英所害，非止害己，害民甚众。其陈寿六率弟与甥三人擒其

吏，执《大诰》赴京面奏。朕嘉其能，赏钞二十锭，三人衣各二件。更敕都察院榜谕市村，其陈寿六与免杂泛差役三年，敢有罗织生事扰害者，族诛。若陈寿六因而倚恃，凌辱乡里者，罪亦不放。设有捏词诬陷陈寿六者，亦族诛。陈寿六倘有过失，不许擅勾，以状来闻，然后京师差人宣至，朕亲问其由。其陈寿六其不伟欤？！

在这动员加恐吓之下，朱元璋发起的捉贪运动终于在各地兴起。懦弱的老百姓居然敢对官员下手，自古以来人民所不敢想象的翻天覆地的现象终于出现了。在通往南京的路上，经常出现一群衣衫褴褛的百姓押解着贪官污吏行走的情景。也有贪官逃回家里，被亲戚捉住送到京师的，朱元璋得意地说："为《大诰》一出，邻里亲戚有所畏惧，其苏、松、嘉、湖、浙东、江东、江西，有父母亲送子至官者，有妻舅、母舅、伯、叔、兄、弟送至京者多矣。"于是，大明天下出现了这样的情景：一直骑在人民头上作威作福的官员们向百姓下跪求饶：

北平布政司永平府滦州乐亭县主簿汪铎等设计害民，妄起夫丁，民有避难者，受财出脱之，每一丁要绢五匹，被高年有德耆民赵罕辰等三十四名绑缚赴京。行间，有的当人、说事人、管事人何波等十名，翻然改图，格前非心，一同辅助耆老赵罕辰等四十四名，将害民工房吏张进等八名绑缚起行。去县四十里，其县官主簿汪铎等追赶求免，谓耆老言："我十四岁读书，灯窗之劳至此，你可免我此番，休坏我前程。"呜呼愚哉！孰父母生此无藉不才之徒，官于是县，是县民瞻，今既不才，为民所觉，乞怜哀免于耆民，纵然得免，何面目以居是任？呜呼！兴言至此，虽非本人，凡听读者亦皆赧焉。贤人君子，可不为之戒乎？（《大诰三编·县官求免于民第十七》）

县里的主簿，相当于今天的县委办公室主任，是科级实权干部，平日在地方上怎么耀武扬威就可想而知了。而今被群众揪出来打翻在地，再踏上一只脚，立刻露出了一副可怜样：这个科级干部，是我从十四岁起读书考学辛苦换来的，父老乡亲可怜可怜我吧，不要断送了我的大好前程！

真是平日只见民求官，怎想还有官求民！在朱皇帝轰轰烈烈的群众运动中，被封建统治颠倒过去的世界又颠倒回来了！

·8·

从洪武十八年到洪武二十八年，皇帝与百姓密切配合，严厉打击贪污腐化。那个时候，朱元璋几乎无日不杀人。有些衙门因为官吏被杀太多，没有人办公，朱元璋不得不实行“戴死罪、徒流办事”“戴斩、绞、徒、流刑在职”的办法，命判刑后的犯罪官吏戴着镣铐回到公堂办公。

他不仅动用刑狱严加惩处，而且还法外加刑。罪行严重的，处以墨面文身、挑筋、挑膝盖、剁指、断手、刖足、刷洗、称竿、抽肠、阉割去势、斩趾枷令、常枷号令、枭首、凌迟、全家抄没发配远方为奴、族诛等各种非刑。

在洪武时代做官，真的是一件极为危险的事。据说，皇帝每天上朝，如果把玉带高高地贴在胸前，这一天杀的人就少一些；如果把玉带低低地按在肚皮下面，这一天准得大杀一批，官员就吓得面如土色。在这种恐怖气氛中，不论大官小官，个个胆战心惊，不知什么时候就有大祸临头。传说当时的京官，每天清早入朝，必与妻子诀别，到晚上平安回家便举家庆贺，庆幸又活过了一天。

原来天底下最热爱做官的读书人此时也视仕途为畏途。他们“以溷迹无闻为福，以受玷不录为幸”“多不乐仕进”。有的家里有好学之子，怕被郡县所知，弄去当官，反而叫他们休学种地。有的为了避免被强征出仕，甚至自残肢体。

不少人在时过境迁之后回想起洪武朝的情景，还心有余悸。如当时的左佥都御史（监察部副部长）严德珉，在洪武朝因病要求辞职，朱元璋怀疑他是装病，将他黥面发配到广西南丹。后来遇赦放还，活到宣德朝。回忆起当年的经历，严德珉说先时国法甚严，做官的常保不住脑袋，这顶官帽不好戴啊！说完还北面拱手，连称：“圣恩！圣恩！”

能得到“圣恩”的人太少了。连不少受到朱元璋多次表彰的清官，也因为牵连到空印案之类毫无必要、人为制造的大冤案中送了命。济宁知府方克勤是有名的清官，一件布袍穿了十年也没有换新的，因为牵连到空印案里，被朱毫不留情地杀死。户部尚书滕德懋被人举报贪污，朱元璋迅即将他处死，之后剖开滕的肚子，想看看这个贪官的肚子里都有些什么。孰料剖开之后，发现里面全是粗粮草菜，朱只好悻悻地长叹一声：“原来是个大清官啊！”朱元璋清楚地知道自己杀的人里有许多无辜之人，然而他的原则是宁可错杀一千，不可放过一个。他要的是一个纯而又纯的与贪污绝缘的官僚队伍，要的是不惜任何代价实现这样一个在别的王朝没能实现的人间奇迹，而不是什么公平正义。如果能达到这个目标，多少人冤死，朱元璋都觉得无所谓。

·9·

虽然反腐力度如此之大，然而朱元璋期望的纯而又纯的状况终究没有出现。在朱的政策下，想在官场全身而退几乎不可能，所以有些人认为反正动辄得咎，不如趁早捞一把算了，反而加紧贪污搜刮。他们“当未仕之时，则修身畏慎，动遵律法。一入于官，则以禁网严密，朝不谋夕，遂弃廉耻，或事掊克，以修屯田工役之资”，享受一天是一天，于是贪污事件仍然层出不穷，弄得朱元璋连声哀叹：“似这等愚下之徒，我这般年纪大了，说得口干了，气不相接，也说他不醒。”

连朱元璋寄以最大希望的村民自治也很快破产。因为有了权力，可以处理一般的案件，老人也很快腐败起来。他们毫不自重，以权谋私，甚至贪图酒食贿赂，“公道不昭，贞邪莫辨，妄张威福，颠倒是非，亭宇与职掌败隳”。

至于擒拿犯法吏员一举，负面作用也很快体现出来。群众运动的火候是最难掌握的。不久，就有许多地方官为了政治利益，威逼利诱百姓保举自己，打击他人，更有许多地方群众为了抗税而把正常工作的税收官员捉拿到京。这类事情远比真正捉到贪官要多，弄得朱元璋呜呼不已。

朱元璋多次承认自己的思想教育工作收效甚微。他在谈及《大诰》前两编的施行情况时说：“迩来凶顽之人，不善之心犹未向化”，“奸顽之徒难治，扶此彼坏，扶彼此坏。观此奸顽，虽神明亦将何如！”观洪武二十一年至三十一年所颁布的榜文，我们可以看到朱元璋的目标并没有实现，让他不满的现象比比皆是：“县州府行省官吏在职役者，往往倒持仁义，增词陷良”，“凌虐良善，贪图贿赂”，“奸顽小人，恃其富豪，欺压良善，强捉平民为奴仆，虽尝累加惩戒，奸顽终化不省”，“无藉之徒，不务本等生理，往往犯奸做贼。若不律外处治，难以禁止”。

朱皇帝在晚年对自己的暴力惩贪曾经有过困惑和动摇。洪武二十三年，他对刑部官员说："愚民犯法，如啖饮食，嗜之不知止。设法防之，犯者益众，惟推恕行仁，或能感化。"

虽然朱元璋屡次重申"已成之法，一字不可改易"，"后世敢有言改更祖法者，即以奸臣论无赦"，但还是改变不了他曾经希望世世代代指导人民的《大诰》很快被弃如敝屣的现实。虽然没有哪个后世皇帝敢明确宣布废除《大诰》，但在朱元璋死后，《大诰》再也没有发挥过实际作用。到明代中叶，《大诰》已经鲜为人知。曾经发行上千万册的"宝书"，到明末在民间几乎一本也没有了。这也许是朱元璋从来没有想到的。

朱元璋更没有想到的是，虽然他在世时，贪污腐化现象得到了一时的抑制，然而却积蓄了巨大的反弹能量。在他死后，腐败又迅速发展起来，大明最终以中国历史上最腐败的王朝之一被载入史册。明朝之亡，即缘于此。

八 屠杀功臣始末

·1·

洪武三年，徐达大败元王朝最后一个劲敌扩廓帖木儿，元顺帝也病死于蒙古草原，明朝天下大定，朱元璋长长出了口气。这一年十一月，他在奉天殿举行盛大仪式，大封开国功臣，一口气封了六公、二十八侯。

六公全是淮西人：韩国公李善长（他虽然原籍歙县，但后来徙居滁阳，在渡江前已经投奔朱元璋，所以也被视为淮西老臣）、魏国公徐达、郑国公常茂（常遇春之子）、曹国公李文忠、宋国公冯胜、卫国公邓愈。

二十八名侯爵也基本都是淮西人，且以凤阳人为多。十二岁以前，朱元璋家在钟离西乡（即凤阳县广德乡东湖里），后来搬到太平乡孤庄村。最初中国地图上根本找不到的这两个小小乡里，后来成了著名的“将军乡”，一共出了十二名侯爵：中山侯汤和、巩昌侯郭兴、武定侯郭英和永平侯谢成，都是广德乡东湖里人，是朱元璋的同村“发小儿”；延安侯唐胜宗是广德乡毛城村人，也是真正意义上的“同乡”；吉安侯陆仲亨是太平乡义城村人；江夏侯周德兴、燕山侯孙兴祖、临江侯陈德都是太平乡孟家庄人；济宁侯顾时是太平乡涂山村人；凤翔侯张龙和航海侯张赫是太平乡焦山村人。

中国东部这块最贫瘠的土地，一时之间却成了功臣名将的富产区。朱元璋的乡土情结十分浓厚，只要一听到凤阳话，他就觉得异常亲切；只要听说这人是淮西的，他就对这人平添一层信任；只要是乡里乡亲，但凡有点能力的，他都不吝提拔。在漫长的战斗生涯中，他和这些老乡结下了深厚的友谊。开国之后，朱元璋与徐达等人说话，还常称对方为兄。《明史·徐达传》载：朱元璋与徐达“宴见欢饮，有布衣兄弟称，而达愈恭慎。帝尝从容言：‘徐兄功大，未有宁居，可赐以旧邸。’旧邸者，太祖为吴王时所居也”。可以说，朱元璋的封爵体系，基本上是为他的老乡们设置的。这是他们这么多年来为他出生入死、提头血战而应得的报偿。

除了名爵之外，朱元璋更报以实打实的财富。大封功臣的典礼上，朱元璋公布了公侯们的俸禄数额：韩国公李善长食禄四千石，魏国公徐达五千石，郑国公常茂以下俱三千石，中山侯汤和以下皆一千五百石。除了俸禄，还有赐田。洪武三年十二月，“赐魏国公徐达以下勋臣田有差”。传统时代，土地才是铁打的财富，原来这些田无一亩的贫农们现在都成了帝国的头等大地主。

淮西话本来并不好听，在明朝开国之后却成了大明王朝的正式官方语言。淮西菜本来缺油少味没人稀罕，上不得台盘，如今却成了南京城内最高雅的口味。凤阳人喜欢背着手走路，喜欢蹲墙根聊天，不久之后，这两个动作成了大明官场的标准姿势。开国之初，淮西人个个趾高气扬，不可一世。贝琼的一首诗写道：“两河兵合尽红巾，岂有桃源可避秦？马上短衣多楚客，城中高髻半淮人。”（淮河流域在春秋时属楚，故“楚客”“淮人”指的都是淮西人）道尽淮西人权倾朝野之势。

·2·

朱元璋晚年屠杀功臣之酷烈、彻底，使人们常以为“兔死狗烹”是他的素志。其实不然。开国之初，朱元璋曾真心实意地希望与老乡兼功臣们“共富贵”。

朱元璋处处取法他的偶像刘邦，认为刘邦的作为几乎桩桩高明。然而在开国两年前的一次谈话中，朱元璋却罕见地批评了刘邦。那是一次饭后与侍臣们聊天，聊起汉高祖和唐太宗谁更伟大。朱元璋说，刘邦总体上强于李世民，但是他有一个严重的污点，那就是“内多猜忌，诛夷功臣”，因此“度量亦未弘远”。相比之下，唐太宗“能驾驭群臣，及大业既定，卒皆保全”，更有人情味儿。从这一点来看，刘邦不如李世民。

如果我们本着阴谋论传统，怀疑这是朱元璋开国之前笼络功臣之语，那么开国之后朱元璋的举动，应该可以打消我们的这一怀疑。

赐爵赐田仍未能完全表达朱元璋的报答之心。开国之后，朱元璋一直琢磨着赐给功臣“铁券”，来确保他们永保功名。

小时候看戏，皇帝们经常赐给功臣们丹书铁券，或者叫免死功牌。《水浒传》中的柴进之所以可以为所欲为，专收留别人不敢收留的好汉，原因就是他“是大周柴世宗子孙。自陈桥让位，太祖武德皇帝敕赐与他誓书铁券在家中”，有了这个神奇的“铁券”，“便杀了朝廷的命官，劫了府库的财物，柴进也敢藏在庄里”。

小时候朱元璋与朋友们玩游戏，他自己顶着车辐板扮演皇帝，游戏的一个最重要的内容就是给朋友们发树叶当免死牌。有了这个东西，他们就可以成为不受普通法律束缚的特殊阶层。“跳出三界外，不在五行中”，打死几个平民，犯下几桩罪行，可以置之不理，那是何等的潇洒快意！

朱元璋的政治风格，到底是受底层文化影响大，还是受儒家帝王之学影响大，很难说得清楚。反正大封功臣之际，要是不搞个免死的“誓书铁券”，让老乡们免死几次，他就觉得不过瘾。不如此，不能彰显他们与自己的特殊关系；不如此，不足以显示他们高普通人一等乃至几等。在计划大封功臣之前，他先兴兴头头地和礼部官员讨论应该怎么制造这个“铁券”。

铁券之制，起自汉高祖刘邦，唐宋年间也偶有颁赐，不过后来就不再实行了，因此谁也没见过铁券长什么样子。

还是翰林学士危素见多识广，说唐代大将钱镠曾受赐铁券，钱镠的后世子孙说不定现在还收藏着。

朱元璋闻听，马上降旨，寻找钱氏后代。人们很快找到了钱镠的第十五世孙钱尚德，钱氏铁券被送到京城。朱元璋放下手头一切事务，召集大臣们一起玩赏。只见这块历经数百年的铁券“形如覆瓦，面刻制词，底刻身及子孙免死次数，质如绿玉，不类凡铁，其字皆用金填”（《万历野获编》卷五）。也就是说，形状像瓦，券面略带弧度，铁质十分特别，看起来有如绿玉。上面刻着文字，填以黄金，说明受赐人自己和后代的免死次数。

好奇心得到满足，朱元璋命礼部用木头照着样子雕刻了一副模子，以备参考。他和礼部官员一起参照这个范本，制定了大明王朝的铁券规格。

明代铁券一式两副，分为左右二券：“凡券，左右各一，左藏内府，右给功臣之家。”（《明史》卷七十二）左半券藏在宫中，右半券赐给功臣之家。一旦有事，可以拿出来核对。朱元璋根据功臣的爵位高低，将铁券分为七个等级。公爵铁券分为两等：一等高一尺，阔一尺六寸五分；二等高九寸五分，阔一尺六寸。侯爵分为三等：三等高九寸，阔一尺五寸五分；四等高八寸五分，阔一尺五寸；五等高八寸，阔一尺四寸五分。伯爵分为二等：六等高七寸五分，阔一尺三寸五分；七等高七寸，阔一尺二寸五分。

那么，铁券上都刻了些什么内容呢？我们来看看现存的朱元璋赐给南安侯俞通源的铁券。全文如下：

> 朕观历代有父及其子，兄及其弟，皆为佐运之良臣者，心甚嘉之，然世不多见。朕起自淮右，驻兵和阳，尔兄通海以所部师来附，东渡大江，如履平地，乃克采石，定金陵。继而两平敌国，勋绩著焉。何大功将集，遽然先逝？朕悯其劳，追封为豫国公。尔通源实其亲弟，因世其官，以平章镇于江淮。从征中原，多效劳力。今天下已定，论功行赏，朕无以报尔，是用加尔爵禄，使子孙世世承袭。兹与尔誓：若谋逆不宥，余犯死罪，尔免二死，子免一死，以报尔功。于戏！勤劳以立事，恭俭以保禄位，尚其日慎一日，则富贵永延于世矣。

这篇誓文写得情真意切。俞通源的哥哥俞通海立有大功，但在开国前不幸去世。朱元璋追溯了他“东渡大江，如履平地”“两平敌国，勋绩著焉”的功劳，封其弟为侯爵，并且承诺，除了谋反大罪不能免死外，如果俞通源自己犯了死罪，可以免死两次，他的儿子，可以免死一次。

在洪武三年大封功臣的典礼上，发放铁券这一戏剧性的环节让功臣们都异常感动。一时之间，他们觉得自己都活在了传奇里，自己确实没有白白拼命，这位“带头大哥”确实义气无双。

·3·

朱元璋为人处世，从来不会让感情压倒理智。他如此厚待功臣，除了感情因素外，还包含着如下几层的考虑：

第一层，开国之初的朱元璋，信心满满，雄心勃勃，一门心思要超越汉祖、唐宗，成为中国历史上最伟大的皇帝。因此，他希望自己的一举一动都能成为后世的楷模和佳话。他要用自己的慷慨报答，塑造起自己情深义重、有始有终的美好形象。

第二层，虽然天下初安，但这些功臣仍然是自己的左右手。开国之初，各地起义叛乱不断，他治国安邦，仍然要倚重这些战友。

第三层，有功厚赏，有过重罚，是他的一贯原则。只有建立起有效的激励机制，才能激励大明臣民们为了皇帝舍生忘死。

这层意思，朱元璋在发布的圣旨中说得很清楚。他制定铁券制度的目的是，“欲使功臣之后世世相踵，非徒子孙，乃关苗裔，报德明功，勤勤恳恳，如此之至，欲以劝诫后人，用命之臣，死而无悔也”。也就是说，在君与臣、功与报之间，形成一个良性循环，以保大明王朝千秋万代。

但是，随着时间的流逝，朱元璋发现自己最初的设想有些天真了。

开国皇帝与功臣，是历史上最难处理的关系之一。功臣们下场悲惨，并不完全是皇帝们薄情寡义，也确实是势有必然。

明初这批功臣可能是历代以来平均素质最低的。他们全部起自草根，没什么文化，也谈不上什么修养。除了一身武勇外，一无所有。成为开国元勋之后，他们的小农意识和流氓本性依旧，个个志得意满，贪婪鄙野，目光短浅，不可一世。在战争中，他们是大元帝国的破坏者；在战后，他们又成为新王朝法律、纪律和秩序的破坏者。他们仗着手中的特权，贪婪地捞取每一个铜板，到处侵占土地，私纳奴婢，侵夺民财，欺压良善，驱役士卒，贪得无厌，无所顾忌。开国之后不久，勋臣们违法乱纪之事，就开始一桩桩、一件件，不停地反映到朱元璋的面前：

赵庸随李文忠出征应昌，私占奴婢，废坏国法；薛显妄杀胥吏，杀兽医，杀火者，杀马军，为了抢夺天长卫千户吴富缴获的牲口，还动手杀了吴富；郭英“擅杀男女五人”，随便杀戮平民；淮安侯华云龙在北平住进了故元丞相脱脱的宅第，大模大样地使用起元朝皇帝才能用的东西：“凡元宫龙榻凤裀及金玉宝器非人臣可僭用者，皆用之弗疑”，后来又嫌脱脱宅第不好，无偿征用士兵和百姓给他翻盖，“奢丽而过制特甚”，完全超过了朱元璋规定的等级规格……

不光功臣们自己犯法，他们的亲友也一个个不把国法当回事。许多功臣的亲戚、家人甚至佃仆、火者，也都倚势冒法，横暴乡里，欺压百姓，“诸勋臣亦不禁戢”，成了地方霸王。比如信国公汤和的姑父席某就仗势蔑视法纪，“隐瞒常州田土，不纳税粮”；胡惟庸的家人“为奸利事道关，榜辱关吏”。

朱元璋发现，他的免死金牌成了功臣们气焰嚣张的助推器，他们“或犯常刑，有司不得加责”。只要不造反，谁拿他们也没办法。

·4·

朱元璋带兵行政，一直以纪律严明闻名。开国之后，他将这一作风进一步发扬光大。官员们隐漏公文没有上报这样的细故，《大诰》中居然规定一律凌迟。开国之后，他对文臣进行过几次大规模的集中清洗，如洪武四年（1371）录（甄别）天下官吏、十五年的空印案、十八年的郭桓案、十九年逮官吏积年为民害者、二十年罪妄言者，声势都极浩大。

空印案发生在洪武十五年（1382）。按朱元璋的规定，地方政府每年都要向户部报告地方财政账目，其数目必须与户部掌握的数字完全吻合才能通过，如有分毫差错，整个账目就要全部重新编写。各省离京师远的六七千里，近的三四千里，为了减少麻烦，各地官员都带上已经盖好大印的空白表册，以备账册被驳回时在京城就地重新编写。

这种情况当然算是违规，不过其实也没有什么危害。因为账册上盖的地方政府大印，都是骑缝印，就是每页纸上只有半个印章，这种空白纸张，并不能用来伪造其他公文。各地官员年年都这么办，已经成了习惯。

谁能料到，这一约定俗成的做法居然给天下官员带来了塌天大祸。洪武十五年的某一天，朱元璋偶然发现了这一情况。他认为这是天下官员蔑视他的规定，勃然大怒，因此小小一事兴起大狱，自户部尚书周肃以下，各省与此事有关的官员，全部掉了脑袋。吴晗在《朱元璋传》中说，朱元璋因空印案杀掉了数万人。

另一个惊天大案是郭桓案。洪武十八年（1385），有人告发户部右侍郎郭桓等勾结地方官“侵盗官粮”，也就是把国家的税粮偷偷占为己有。朱元璋派人调查，发现情况属实，郭桓和其他官员共侵吞官粮七百万石。这一案件导致礼部尚书赵瑁和六部的左右侍郎以下，都掉了脑袋，各省被牵连被杀的官员和富户又有几万人。

除了这几起大案外，中案小案也每年都有。在日常生活中，朱元璋杀起文官来，真是随心所欲，“逸兴遄飞”。他一时不高兴，可能几百上千人就掉了脑袋。因此洪武一朝成了文官们的地狱。

然而，对于功臣们，朱元璋却异乎寻常地宽容和温柔。苛刻严峻的个性让他对功臣们的违法乱纪行为不可能置之不理，但与功臣同享富贵的宣言刚刚发布，他不想以这些“细故”，破坏自己“厚待功臣”的良好形象。所以他采取了软硬两手。

软的一手是教育。

天下粗定之后，朱元璋就意识到提高老乡们文化素养的重要性。毕竟一个个都已经是公侯伯爵，人五人六，再像以前一样，满口粗话，浑身农民习气，怎么配得上他们的高贵地位和巨大权力呢？因此，早在洪武三年十月，朱元璋就给功臣们办起了“学习班”，令通经学古之士在每个月的初一和十五两天让秀才们轮流为诸将讲学，给他们讲怎么样才能成为一名合格的高级大臣，怎么样遵守君臣之礼，“庶几忠君爱国之心、全身保家之道油然日生而不自知也”。（“洪武初，御史袁凯言：‘今天下已定，将帅在京师者，于君臣之礼，恐未悉究。臣愿于都督府延至通经学古之士，每于诸将朔望早朝后，俱赴都堂听讲经史。庶几忠君爱国之心、全身保家之道油然日生而不自知也。’太祖深以为然，遂敕省台延聘儒士，于午门番直，与诸将说书。”）

除了办讲座，朱元璋还专门组织人给大臣们写书。洪武八年，朱元璋主编了一本厚厚的大书，叫作《资世通训》，是一本全国人民（包括僧、道、尼等方外之人）都要遵守的“大明国民守则”，其中第二章就是《臣道章》，分为“忠孝、勿欺、勿蔽”之类十七条内容，专门规定大臣们如何忠于职守。朱元璋把这本书颁赐给功臣们，每人一本，命令他们认真学习，并以此对照自己的行为，发现差距，加以改正。

除了教育之外，他还采取了稍为强硬的一手，那就是从约束功臣的部下、家人入手，在功臣和死罪之间建起一道防火墙。

洪武五年，朱元璋命工部铸造了一个铁榜，也就是铁的公告牌，上面铸着约束公侯家人的条文。在铁榜文中，朱元璋这样论述自己的功臣观：

> 朕观古昔帝王之纪及功臣传，其君保恤功臣之意，或有始无终，使忠良股肱不免受祸，诚可悯也。间有聪明圣主，待功臣之心，皎如日月，奸臣不能离间，故君臣得以优游终其天年，在社稷有磐石之安，在功臣之家享富贵无穷，朕甚慕焉。亦有明智之君，欲保全有功，其心切切，奈何跋扈之臣，恃其有功，数作过恶，累宥不悛，不得已而诛戮，此臣下自取之也。又若主有宽仁之德，臣有忠良之心，然彼此各少察断而不明，何也？盖功臣奴仆倚恃权贵，欺压良善，为臣者不能察其所为，致使纵横。刑官执法具罪以闻，在忠良大臣必不如是，特奴仆自作之过。其君

不能明察大臣之心，将谓大臣使之。如是，姑息有功，释而不问者有之，略加诫谕奴仆者有之，又不明白与功臣道其奴仆所作之过，含忍太多，及法司屡奏却疑大臣欺罔君上，一旦不容即加残害，此君不明之所致也。当时功臣虽有忠良之心，却不能检察其下，一有罪责，即怨其君，何也？亦由奴仆之类在外为非，归则言是，大臣职任朝堂，或优闲元老，加以小人阿谄，少能劝谏，及至奴仆犯罪，法司执问，君命诛其奴仆，大臣不知君上保爱之心，便生疑怨，累及其身，往往有之。或是天子念功臣之劳，而免其罪，其奴仆归告大臣曰："君上不能容公，故枉问奴等耳。"大臣一时听信，不自加察，以为必然，遂生猜疑，致遭刑戮。此臣不能检察其下之过也，可谓君臣两失之矣。

也就是说，他一心想要保全功臣，使皇帝之家享有磐石之安，使功臣之家享有无穷富贵，彼此成为一段佳话。但是他也深知达成这一境界之不容易。

第一种情况是"跋扈之臣，恃其有功，数作过恶，累宥不悛"，皇帝最后"不得已而诛戮"之。这虽然是"臣下自取之"，毕竟也是惨伤之事，所以他要极力避免。

另一种情况是，皇帝有宽仁之德，功臣有忠良之心，却难免功臣的奴仆们倚恃权贵，欺压良善，为所欲为。有的皇帝会念及大臣功劳，对这种情况置之不问，导致愈演愈烈，最后不得已罪及大臣。

第三种情况是君臣都本无他意，无奈有小人从中挑拨，导致君臣各生疑心，最终拔刀相向。

因此他"虑公侯之家奴仆人等，习染顽风，冒犯国典，今以铁榜申明律令"。

铁榜文的具体内容有九条：

其一，凡内外各指挥千户、百户、镇抚并总旗、小旗等，不得私受公侯金帛、衣服、钱物，受者杖一百，发海南充军，再犯处死。公侯与者，初犯再犯免其罪附过，三犯准免死一次，奉命征讨，与者受者，不在此限；

其二，凡公侯等官，非奉特旨不得私役官军，违者初犯再犯免罪附过，三犯准免死一次。其官军敢有辄便听从者，杖一百，发海南充军；

其三，凡公侯之家，强占官民山场、湖泊、茶园、芦荡及金银铜场铁冶者，初犯再犯免罪附过，三犯准免死一次；

其四，凡内外各卫官军，非当出征之时，不得辄于公侯门首侍立听候，违者杖一百，发烟瘴之地充军；

其五，凡功臣之家管庄人等，不得倚势在乡欺殴人民，违者刺面、劓鼻，家产籍没入官，妻子徙至南宁，其余听使之人各杖一百，及妻子皆发南宁充军；

其六，凡功臣之家，屯田佃户、管庄干办、火者、奴仆及其亲属人等，倚势凌民夺侵田产财物者，并依倚势欺殴人民律处断；

其七，凡公侯之家，除赐定仪、仗户及佃田人户已有名额报籍在官，敢有私托门下、影蔽差徭者，斩；

其八，凡公侯之家，倚恃权豪，欺压良善，虚钱实契，侵夺人田地、房屋、孳畜者，初犯免罪附过，再犯住支俸给一半，三犯停其禄，四犯与庶民同罪；

其九，凡功臣之家，不得受诸人田土及朦胧投献物业，违者初犯者免罪附过，再犯住支俸给一半，三犯停其禄，四犯与庶人同罪。

这道铁榜，虽然规定得十分严密，其实也是相当客气的，朱元璋对功臣之家可能出现的各种违法犯罪情况，虽然防范甚严，但他一直小心翼翼地不直接触及功臣们。

·5·

甚至在洪武十三年的胡惟庸大案中，功臣们也被刻意回护。

胡惟庸是安徽定远人，是李善长的老乡，他于龙凤二年（1356）才投奔朱元璋，不过由于才干过人兼善于钻营，升迁极快。洪武六年，胡被朱元璋提拔为右丞相，洪武十年更进为左丞相，成为一人之下、万人之上的角色。

能力出众的人，往往毛病也突出。胡惟庸的火箭式蹿升是因为他有能力，他的最终败落，也是因为他太有能力。胡惟庸这个人，性格和朱元璋很像："为人雄爽有大略，而阴刻险鸷，众多畏之。"他和朱元璋一样，喜揽权，爱专断，做事大刀阔斧，不避锋芒："生杀黜陟，或不奏径行。内外诸司上封事，必先取阅。"

性格相似的人容易相克，更何况君权与相权的冲突历来是中国高层政治中一直难以处理的难题。胡惟庸案从本质上来说，是朱元璋调整君权与相权关系的必然结果。胡惟庸因为没能处理好与皇帝权力分配的关系，过于飞扬跋扈，引发了对权力异常敏感的朱元璋取消丞相制的念头，也给自己惹来了杀身之祸。洪武十三年，朱元璋以"谋反"的罪名兴起大狱。

胡惟庸案的处理手法也是非常残酷的。曾任朱元璋帐前黄旗先锋的俞本，在永乐初年撰写的《纪事录》中，对胡惟庸案是这样记述的：

> 是年（洪武十三年）……左丞相胡惟庸、右大夫陈宁，擅权坏法，俱伏诛于玄津桥，掘坑丈余，埋其尸，次日复出之，支解于市，纵犬食之。录其家资，以妻子分配军士，子弟悉斩之……上以应天府所属上元、江宁二县之民与胡惟庸为党，将男妇长幼悉屠之。

也就是说，朱元璋把胡惟庸押至玄津桥斩首，埋入一个丈余深的大坑，第二天又感觉不解恨，命人将尸体挖出，在众目睽睽之下肢解，然后“纵犬食之”。财产则全部没收入官，妻妾分配给军士，男性后代则全部斩首。与胡惟庸关系亲密的大批官员也被处死。甚至朱元璋因为上元、江宁两县百姓与胡惟庸关系密切，居然将这两县之人，不分男女老幼，全部杀光，其凶残超出了正常人的想象。然而，对于案中牵涉的功臣，他却网开一面：

> 以善长及陆仲亨等皆初起时腹心股肱，置不问。（《朱元璋系年要录》）

胡惟庸与李善长关系十分密切。“素与太师李善长相结，以兄女妻其从子佑，自是势益炽。”胡惟庸的最初发迹，就是因为李善长的推荐。所以他对李善长感激不尽，“因相往来”，把李善长作为自己向上爬的阶梯和保护伞。他不仅将自己的侄女嫁给李善长的侄子李佑，还极力帮助李善长打击非淮西籍大臣。

陆仲亨、费聚等人也是胡惟庸为了培植势力而极力拉拢的对象。吉安侯陆仲亨自陕西归，擅乘驿传，受到朱元璋的怒责。平凉侯费聚曾经受命到苏州抚绥军民。“聚不任事，唯嗜酒色。召还，责往西北招降达达，无功，上亦责之。”这两个人都因惧怕处罚，而投靠到胡惟庸门下以求庇护。他们与胡惟庸的亲密关系，朱元璋心里十分清楚，但是在公布胡惟庸的罪状时，他只含糊地说到胡惟庸有结党之嫌，并没有牵及这三位功臣。他宣布的罪状是：“窃持国柄，枉法诬贤，操不轨之心，肆奸欺之蔽，嘉言结于众舌，朋比逞于群邪，蠹害政治，谋危社稷。”

非但如此，在胡惟庸被杀后，朱元璋进一步扩大与开国武将的联姻关系，“因结肺腑”，稳定功臣们的情绪。他亲自决定，聘魏国公徐达次女为代王妃、三女为安王妃，信国公汤和长女与次女为鲁王妃，安陆侯吴复之女与宁河王邓愈之女为齐王妃，前军都督佥事于显之女为潭王妃，靖海侯吴祯之女为湘王妃，永昌侯蓝玉之女为蜀王妃，颍国公傅友德之女为晋世子妃，并将汝宁公主嫁给吉安侯陆仲亨之子陆贤，福清公主嫁给凤翔侯张龙之子张麟，寿春公主嫁给颍国公傅友德之子傅忠，南康公主嫁给东川侯胡海之子胡观，永嘉公主嫁给武定侯郭英之子郭镇。

·6·

朱元璋对功臣们一而再再而三地退让宽容的一个原因是，他对文臣和武将的态度和判断上有很大区别。在他眼里，文官这类东西，比如韭菜，割不胜割，毫不值钱。不管怎么杀，都会有大批新的送上门来，但武将则不是这样。一个好的将领，是在大阵仗中磨炼出来的，可遇而不可求。他们都是大明帝国不可缺少的宝贵财富，杀掉一个少一个。事实上，在大明开国之后，几乎无年不用兵，离了他们，他根本无法维持自己的正常统治。

洪武四年正月，朱元璋命汤和为征西将军、傅友德为前将军，分兵两路伐蜀。

洪武五年，朱元璋以徐达为征虏大将军、李文忠为左副将军、冯胜为征西将军，分兵三路北征蒙古。

洪武八年，元将纳哈出进犯辽东，被大将叶旺击败。

洪武十一年四月，庆州屯田百户山丹等起义，朱元璋分遣杨仲明、沐英、王弼等镇压。

洪武十三年这个多事之秋，军事活动仍然极为频繁。在这一年，沐英率领明军，对蒙古进行了第三次北伐。十一月，故元平章乃儿不花等率数千骑入洮儿河，掠永平。

可见，直到这一年，朱元璋仍然离不开这些老乡做他的左膀右臂。

不过，胡惟庸案中，胡氏与一些将军的勾结，让朱元璋胆战心惊。开国之后，他第一次直接感受到军事政变的威胁。如果有那么三五个开国元勋与心险胆大的胡惟庸共同起事，他的大明江山还真有可能变色。

文官们对皇权的威胁再大，也没有武将严重。开国功臣和皇帝光屁股长大，一起分享过黄色笑话，深知对方并非什么神龙天子，不过一介村夫、流氓，睡觉爱放屁磨牙，爱抠鼻孔和脚趾头。他们很难像其他出身的臣下那样视皇帝如神明。这些闯过重重鬼门关的家伙，都有着异乎寻常的胆量、魄力和机诈权变。他们一旦动了染指最高权力之念，会比文官更直接、更有力、更不顾后果。一旦天下有事，他们不会放过“皇帝轮流做”的机会。所以历代皇帝们对武臣元老们无时无刻不怀着警惕。

朱元璋本有多疑的毛病，凡事过分小心。他刚刚登上帝位，就“寝不安枕，忧悬于心”。即位第三天，他就谆谆告诫大臣们，要高度注意一切危险的苗头：“忧患之来，常始于细枝末节。明智者能从无踪无形中嗅出危险的味道，而愚昧的人在事情已出现萌芽时还毫不在意。”（“忧患之来，常始于宴安者。明者能灼于未形，昧者犹蔽于已著。事未形犹可图也，患已著则无及矣。”）刚刚登上皇位不久，他就下令设专人，每天五更之时在城门的谯楼上吹起画角，高声唱道：“为君难，为臣又难，难也难；创业难，守成更难，难也难；保家难，保身又难，难也难！”

他之所以要竭尽全力“保家”，不仅仅是因为“家”得来不易，也是因为一旦失去，他的家族必然要付出血的代价。

所以，朱元璋在因胡惟庸案取消了丞相制之后，又进行了一项重大军事体制改革。他于洪武十三年撤销了大都督府，改设左、右、中、前、后五军都督府，以分散中央军事机构的权力。他规定五军都督府管兵籍，但无调动军队之权，兵部掌军官升迁，但无直接指挥军队之权。所谓“征伐则（皇帝）命将充总兵官，调卫所军领之；既旋则上所佩印，官军各回卫所”（《明史·兵志》），“兵部有出兵之令，而无统兵之权，五军有统军之权，而无出兵之令，合之则呼吸相通，分之则犬牙相制”（《春明梦余录》）。这样，既可防备将领擅调兵力发动叛乱，又使军权集中到了皇帝手中。

诛杀胡惟庸，废除丞相，又改大都督府为五军都督府，这些都是震动全国的重大举措，在执行过程中很容易出乱子。为了防止意外事变的发生，朱元璋不得不采取了上述对功臣的一系列安抚措施。

·7·

朱元璋做事，总是考虑得极为长远。事实上，早在开国之初，他就盘算过制衡武将的问题，并未雨绸缪，采取了一项重要措施。

虽然朱元璋十分重视地缘，但是和血缘比起来，这种重视就不值一提了。说实在的，天下诸人，他只信得过自己的亲生儿子们。

洪武三年，虽然朱元璋的二子不过十六岁，三子不过十五岁，四子不过十一岁，最小的儿子刚刚一岁，他就于大封功臣之前封诸子为王。他在诏书中说：

考诸古昔帝王，既有天下，子居嫡长者必正位储贰。若其众子，则皆分茅胙土，封以王爵，盖明长幼之分，固内外之势者。朕今有子十人。前岁已立长子为皇太子。爰以今岁四月初七日，封第二子为秦王、第三子为晋王、第四子为燕王、第五子为吴王、第六子为楚王、第七子为齐王、第八子为潭王、第九子为赵王、第十子为鲁王、侄孙为靖江王，皆授以册宝，设置相傅官属。凡诸礼典，已有定制。于戏！众建藩辅，所以广磐石之安；大封土疆，所以眷亲支之厚。古今通谊，朕何敢私！

以诸子分驻天下要地，以“固内外之势”“广磐石之安”，确保江山永远在朱姓之手，是他在开国之前就画好的蓝图。他规定诸王的府第、服饰和军骑，下天子一等，公侯大臣见了他们都要“伏而拜谒”。法定其亲兵护卫，“少者三千人，多者至万九千人”（《明史·诸王列传》）。特别是北方塞王，掌握的兵力更为雄厚。比如宁王所部“带甲八万，革车六千”，他们因此一个个实力雄厚，“连邑数十，城郭宫室亚于天子之都，优之以甲兵卫士之盛”。朱元璋对自己的孩子们无限信任。他规定，遇有战事，即使元勋宿将也要听藩王节制。

对于这种安排，稍有中国政治常识的人都会看出其不妥之处。因为强藩必然挑战中央集权，成为帝国长治久安之隐患，外藩之乱在中国历史上出现得实在太多了。平遥县训导叶伯巨的看法十分典型。洪武九年（1376），他上书言事，指出朱元璋“分封太侈”：

> 臣恐数世之后，尾大不掉，然则削其地而夺之权，则必生觖望，甚者缘间而起，防之无及矣。议者曰，诸王皆天子骨肉，分地虽广，立法虽侈，岂有抗衡之理？臣窃以为不然。何不现于汉、晋之事乎？孝景，高帝之孙也，七国诸王，皆景帝之同祖父兄弟子孙也，一削其地，则遽构兵西向。晋之诸王，皆武帝亲子孙也，易世之后，迭相攻伐，遂成刘、石之患。由此言之，分封逾制，祸患立生，援古证今，昭昭然矣。

这番话入情入理，不料朱元璋却勃然大怒，认为这是离间他们一家骨肉，要亲手射杀叶伯巨。经过群臣力劝，朱元璋才没有亲自动手，不过叶伯巨终于为此事死在狱中。

以自己的子孙制衡天下武臣的构想虽然美好，无奈朱元璋的孩子们在开国之初都年龄太小。虽然朱元璋日夜盼望他的孩子们尽快成长起来，然而人的成长不像庄稼，不是多施几次肥就能催起来的，所以这一构想真正发挥作用，还需待以时日。在这之前，朱元璋只能耐下心来，对功臣们极尽敷衍之能事。

·8·

专制制度的自私性使君权表现出强烈的排他性。这就决定了君臣关系，尤其是开国君臣关系的脆弱性。皇帝与功臣的关系，经常在昨与今、情与理、势与义中纠结冲突，酝酿出一个又一个危机。

决定历代开国功臣命运的一个重要因素，是开国皇帝的年龄。郑宏卫在《开国功臣归宿论》中说，皇帝登基时年龄越老，对身后事就越担心，因此就越容易对功臣们动起杀机。比如刘邦，登基时已经五十五岁。因此他开了兔死狗烹的先例，开国时所封的七个异姓王，后来大部分或诛或伐，非死即亡，“至孝惠时，唯独长沙全”。相反，那些青壮年的登基者，则对控制功臣更有自信心。比如李世民登基时不到三十岁，刘秀不过三十一岁，而赵匡胤也不过三十四岁。因此唐太宗李世民使用功臣勋旧，并无避讳。贞观年间，事无巨细，勋臣皆得过问。唐初开国功臣，绝大多数都大权重位，各展所长，圆满地实现了自己的人生目标。光武帝刘秀则取消功臣实权，保全他们的厚禄。光武之世，列侯只有“高密、固始、胶东三侯”参与国事，其他人都远离权力，但光武帝对他们礼貌周到，“远方贡珍甘，必先遍赐列侯，而太官无余”，且“每能回容，宥其小失”。至于宋太祖的“杯酒释兵权”，更人我两便，被认为人情与形势两全，历代称为高明之举。

朱元璋开国之时，已经年过四十，不过仍算年富力强，所以他才高调宣布要保全功臣。然而随着年龄增长和健康状态的恶化，朱元璋与功臣们共富贵的信心越来越低。

长期紧张的战斗生活和繁忙劳累的国事，使朱元璋的健康受到了损害。洪武初年，他便“患心不宁”，害了心跳过速的病症，有时发高烧，“每心火炎上，喜怒不常”。而对太子朱标能力的担心，使这种疾病更加恶化。

虽然早就知道长子朱标性格柔弱，但是农民出身的朱元璋宗法情结特重，对立嫡立长原则毫不动摇。早在称吴王后，他便立朱标为世子，即帝位后又马上把他立为太子。

为了把这个资质平庸的长子培养成合格的接班人，朱元璋费尽了心血。洪武元年十一月，他下令在宫中建大本堂，搜集古今图籍充实其中，征聘四方名儒教授太子。朱元璋经常亲自布置太子的课程并亲自检查。洪武五年十二月，太子刚满十八岁，朱元璋即命“今后百司所奏之事，皆启皇太子知之”。洪武十年起又令天下大小事务，都要先由太子拿出处理意见，再报皇帝，“自今大小政事皆启太子处分，然后奏闻”。

然而，朱元璋的心血并没有得到太多收获。所谓“江山易改，本性难移”，随着时间的推移，朱标的仁柔懦弱不但没有什么改进，相反，在朱元璋严格而急切的要求下，他变得木讷胆怯，做事越来越畏首畏尾，没有主意，处理事情颠三倒四，经常惹得朱元璋发火。越到老年，朱元璋越确信这个孩子不可能成为一个雄才大略的帝王。他开始怀疑在自己身后，朱标能否驾驭这些老资格的虎狼之臣。他经常幻想也许有一天，这座宫殿被人一把火烧掉，子孙妻妾被掠去为奴作婢。一想到这些，他就浑身出冷汗。他成日里吃不下饭，睡不好觉。看见宫女太监偷偷瞅他一眼，他就认为是在盘算他诅咒他；看见文武百官在殿上说话吞吞吐吐，就以为是要欺瞒他。尤其是天黑下来，一个人坐在禁城里，就揣测别人心里都在想些什么，官员们有没有在私下里交通，是不是有人正在灯下密谋造反，乡里有没有人聚众拜佛烧香。显然，在历经磨难之后，他的心理状态已经不正常了。他自述道，自己经常夜卧不能安席，常常因为想起一件什么可能危及帝国安全的事，便一夜失眠。一天到晚，他的心总是悬着的。他成天把定下的法度一遍遍从头细捋，看看有什么不安稳的。

对老友们的友爱之情，在冷酷的权衡下日渐消淡。朱元璋对功臣们心态的变化，在史料中的一个细节中表露无遗。

洪武初年，每有功臣去世，朱元璋经常感伤不已，对他们的后事安排十分重视。比如“鄂国公常遇春卒，灵车之至，朕亲临奠……痛哭而还”，“大都督府同知康茂才卒于陕州……柩至龙江，上亲为文祭之”，“卫国公邓愈卒……讣闻，上哭之恸，诏辍朝三日……”。

从洪武十二年起，朱元璋为自己修建的陵园初步落成，再有功臣去世，朱元璋一般都会命他们葬到陵园边，死后与自己万年相依。比如洪武十二年“济宁侯顾时卒……敕葬钟山之阴”；洪武十三年，“广西都指挥使王真卒，敕归葬于钟山之阴”；洪武十四年，“江阴侯吴良卒……遣使迎丧还京，赐葬钟山之阴”。洪武十二年到洪武二十一年，大部分功臣死后都获赐葬于钟山之阴，逐渐形成功臣陵墓拱卫孝陵之势。

但是从考古发现和文献记载来看，洪武二十一年之后，不再有功臣被赐葬钟山之阴。甚至洪武二十五年（1392）朱元璋的养子黔国公沐英卒，千里迢迢从云南归葬南京，也没能葬入钟山，而是葬在江宁的观音山一带。

这一细节显示，此时的朱元璋心中，对老友故旧的友爱和信任已经消失殆尽。将军们日常表现中的小小不谨不敬，在朱元璋的特殊心态中都被放大成了叛逆的苗头。胡惟庸案更让他对这些无论怎么教育提醒都改不了粗野本性的将军大为担心。他对开国元勋们的一切都越来越看不顺眼：“此等愚夫，不学无术，勇而无礼，或闲中侍坐，或饮宴之间，将以朕为无知，巧言肆侮，凡所动作，悉无臣礼。”甚至对他们的亡魂也生了提防和厌恶之心。

一个大屠杀的计划，在朱元璋的心中慢慢形成。他决定在自己生前，亲手将令他稍有不放心的将军全部除掉，以便留给朱标一个万世无虞的铁打江山。

不过，虽然杀心已起，朱元璋还是尽力隐忍。他是一个极有耐心的猎手，不到时机完全成熟，他不会动手。

·9·

洪武二十三年（1390）初，大明帝国内发生了一件极为重要的事，不过当时注意到这一点的人很少。

这一年元旦刚过去不久，分别驻守北平和太原的燕王朱棣和晋王朱㭎受朱元璋之命，分头出兵，合击蒙古草原上的蒙元丞相咬住和平章乃儿不花大军。

蒙古军队一直是大明帝国的心腹大患。他们不甘仓皇北逃之命运，时时窥伺中原情形，经常南下骚扰。这一次，朱元璋命自己的孩子们先发制人。

这一年朱棣正好三十岁，所谓而立之年，而朱㭎则三十二岁。两位王子封藩多年，拥兵甚众，此次都是初试啼声。

为了让自己手中有足够的好牌来减弱对功臣们的过度依赖，朱元璋对孩子的教育费尽了苦心。史书记载，诸子幼时，朱元璋认为他们“宜习劳，令内侍制麻履以行。凡诸子出城稍远，马行十七，步行十三”（《明朝小史》卷一）。为他们选择师傅极尽天下英杰之选，希望他们能文武双全，成为自己真正的左膀右臂。在他的严格要求下，朱元璋诸子中颇有几个才能突出者，比如二子秦王、三子晋王、四子燕王、六子楚王、十二子湘王皆武艺高强，熟读兵书战策。虽然教育良好，不过他们到底能不能承担维护帝国藩屏的重任，不经试验，谁也无法判定。所以这次出兵之前，整个大明帝国都和朱元璋一样心存疑虑。

洪武二十三年三月初二，燕王率诸将出古北口。先遣的哨兵打探到，乃儿不花正驻军迤都（今内蒙古苏尼特左旗北）。虽突降大雪，气温骤然下降，燕王仍决定冒雪急进，给蒙军一个突然袭击。经过数日冒雪急行军，明军悄悄对乃儿不花完成了包围。等到乃儿不花察觉，为时已晚，最后只好率众投降。于是朱棣首次出征就擒获“乃儿不花及其名王酋长男女数万口，羊马无算，橐驼数千”（《明太宗实录》卷一）。

晋王出兵，北上甚远，却没有遇到敌人，只好空手而归。不过据报，晋王带兵，行军布阵也十分有章法。

对于这一结果，朱元璋十分满意。他说："清沙漠者，燕王也。朕无北顾之忧矣！"（《明太祖实录》卷二〇一）

这一天，朱元璋盼了太久了。以前诸子参加的军事活动，都是勋臣元帅们为主，皇子处于学习或者说实习地位。直到洪武二十三年的这次北征，皇子们首次亲任大型军事活动主帅，且战果如此辉煌，朱元璋才彻底放了心。

有了这样如狼似虎的儿子，他朱元璋还怕什么呢?

燕王凯旋，朝廷上下都喜气洋洋，但所有人都没有想到，大屠杀计划在朱元璋的头脑中已经成熟。

·10·

洪武二十三年五月，也就是在燕王取胜一个月后，发生了封绩事件。

封绩本是元朝的旧臣，归降于明。据后来朱元璋公布的审问结果，说是洪武十二年，胡惟庸准备谋反，偷偷派封绩前往蒙古草原，带信给蒙古人，"着发兵扰边"，要他们里应外合，合力推翻朱元璋的统治。据说是因为胡惟庸案发，封绩听到消息留在了蒙古，不敢回来。洪武二十一年，蓝玉北征，在捕鱼儿海蒙古军队中俘获了封绩，将其押解回国。但据说李善长对此人加以包庇，"匿不以闻"，没告诉朱元璋。

在洪武二十三年这一微妙的年头，这一事件被恰当其时地揭露出来。

朱元璋派人审问封绩，审问的结果是，十年前的胡惟庸案，由普通的"心怀不轨"升级为勾结蒙古、串通李善长等功臣共同谋反。朱元璋的屠刀终于在功臣们毫无心理准备之时突然落下。

凡是朱元璋不放心的功臣，都被罗织进这个案中，以曾与胡惟庸相勾结的罪名被处死。在这一年之前，病故和得罪而死的公侯已达二十四人，而因这一案，被杀戮和死后追究的公侯一共有二十二个。资格最老的是韩国公李善长，其次是吉安侯陆仲亨、平凉侯费聚、延安侯唐胜宗、南雄侯赵庸、荥阳侯郑遇春、宜春侯黄彬、河南侯陆聚、申国公邓镇（邓愈之子）、临江侯陈镛（陈德之子）。另有宣德侯金朝兴、宁济侯顾时、营阳侯杨璟、靖海侯吴祯、永城侯薛显、巩昌侯郭兴、六安侯王志、南安侯俞通源、汝南侯梅思祖、永嘉侯朱亮祖、淮安侯华云龙等，在案发之前已死，也追坐胡党，革除爵位。毛骧（毛骐之子）、李伯升、丁玉、胡美、于显、陈方亮、耿忠、于虎也死于是案。

此案之后，朱元璋公布的罪状却相互抵牾，漏洞百出。后世王世贞、钱谦益、潘柽章以及吴晗等多名学者，经过仔细考订，证明它们都属于向壁虚构，并不足信。李善长之死就十分典型。

李善长是朱元璋驾下数一数二的得力功臣，在洪武三年（1370）获封为韩国公，到洪武二十三年（1390），他已经七十七岁，替朱元璋卖了三十九年命，位极人臣，为人老实本分，又和朱元璋成了儿女亲家，本以为能尊荣富贵到头，不料却突然遭遇灭门之祸。

根据朱元璋公布的罪状，李善长被捕，是由于有人告发他包庇封绩之事。在接下来的审讯中，又审出一条“私借兵卒罪”。说是洪武二十三年，李善长年已七十有七，“耆不能检饬其下”，为营建私宅，向信国公汤和借用卫卒三百人，汤和“攘臂大怒，曰，非奉命，太师敢擅发兵耶？善长惭谢，至是事败”。

然而，钱谦益在《太祖实录辨正》中辑得一份原始供词。在这份供词中，李善长的妻子朱氏交代此事发生在洪武十二年。朱氏说，洪武十二年十月，李善长向汤和借军卒三百名帮自己盖房子，“汤大夫说：‘上位的军，不是我的军，如何敢借？与你酒。’”。

且不说朱元璋将发生在洪武十二年的事后推十一年作为证据，本来就已经使这条证据失效；就算此事确实发生于洪武二十三年，想凭借三百名借来的士兵造大明帝国的反，素以谨慎敬畏著称的李善长怎么能如此愚蠢呢？这明显是欲加之罪，何患无辞。

朱元璋不管罪证充不充分，借口“会有言星变”，需杀大臣应灾，下令将李善长及其妻女弟侄家七十余人悉皆斩杀，家产全部抄没，“籍入六万金”。

这一案一共诛杀了三万多人。凡是与这些公侯沾点边的，一律大祸临头。连在洪武十年已经退休的老臣宋濂也受到牵连，被贬至茂州。七十二岁高龄的宋濂拖着老迈之身走到夔州，忧愤成疾，自缢而死。

· 11 ·

洪武二十三年的大杀戮，搞得非常突然，所有人都完全没有防备。其实如果冷静分析一下，我们就会发现，洪武年间那些令朱元璋不放心的武臣，对大明江山并不构成根本性威胁。虽然他们中的许多人飞扬跋扈、贪财好货，经常破坏帝国纪律，但是这些毕竟都是小节。“自明兴以来，勋臣不与政事。”林正根在《论明太祖的心态与功臣群体的覆灭》中指出，除李善长等个别文人出身的功臣外，朱元璋的武将们基本都不在政府中供职。和刘邦时不同，洪武年间的功臣们虽然有封号，但没有封地，“未尝裂土自王也”。因此，他们除了战时带兵之外，别无他事，并无领兵造反的地方经济资源。即使有人不自量力，起了反心，也很难兴起大浪。

然而朱元璋的政治信条是追求“万全”。凡是他不放心、不喜欢的开国功臣，基本被他一网打尽。剩下的，都是他认为经过多年考验，并无二心，可以为太子朱标所用的忠贞之臣。朱元璋悬了十多年的心，这才放了下来。

洪武二十三年五月初二，大屠杀之后不久，朱元璋对幸存的功臣采取了一项抚慰措施。为了让功臣们彻底放心，他以“列侯年老，悉遣还乡”，效仿宋太祖杯酒释兵权之举，给功臣们每个人一笔丰厚的遣散费，让他们回老家享受生活。魏国公徐辉祖、开国公常升、曹国公李景隆、宋国公冯胜、申国公邓镇、颍国公傅友德六公，各赐黄金三百两、白金两千两、钞三千锭、文绮三十匹；永平侯谢成、南雄侯赵庸、崇山侯李新、怀远侯曹兴、凤翔侯张龙、定远侯王弼、安庆侯仇成、武定侯郭英（巩昌侯郭兴弟）、鹤庆侯张翼九侯，各赐黄金二百两、白金两千两、钞一千锭、文绮三十匹。并且赐给每人兵卒一百一十二人为从者，永远使用，称“铁册军”。

直到此时，这些身经百战的老将对帝国的安全还有很大的残余价值。为了发挥他们的价值，也为了表明自己对他们仍然信任有加，朱元璋对他们仍然经常委以重任。在这次大屠杀之后不久，洪武二十四年正月，为了防备北元势力乘机南下袭扰，朱元璋命傅友德为征虏将军，以王弼、郭英为副，前往北平备边。三月，又令徐辉祖、李景隆、蓝玉等备边陕西，叶升练兵甘肃。洪武二十五年三月，再派冯胜等十四名大将分理陕西、山西、河南诸卫军务。在朱元璋的计划中，这些久经考验的老臣要在他身后发挥余热，为太子朱标保驾护航。

经过朱元璋的一系列抚慰措施，已经成了惊弓之鸟的功臣们长长出了口气。他们确认自己已经逃过了生死大劫，可以永保功名了。

然而，人算不如天算。洪武二十五年，大明帝国发生了一件震动全国的大事：年仅三十八岁的太子朱标去世了。之前一年，朱元璋命朱标巡察陕西。朱标立为皇太子后，养尊处优，极少远行。这次长途往返，顶风冒雪，舟车劳顿，回来后一病不起，在洪武二十五年（1392）四月二十五日与世长辞。

这一年朱元璋六十五岁。老年丧子，本来是人生最重大的打击之一，更何况他在朱标身上已经投入了那样多的心血。虽然太子朱标的能力一直没达到朱元璋的期望，但是他毕竟已经年长，性格已经成熟稳定，为人老实谨慎，作为一个守成之主，还是没太大问题的。不想却出此意外。六十五岁的老皇帝承受不住这个沉重的打击，第二年便“患热症”病倒了。这一次朱元璋病得很重，“几将去世”。经过太医的精心治疗，总算从死神手里夺回了性命，但仍“病缠在身”，身体更加虚弱。

洪武二十五年九月，坚决恪守立嫡以长原则的朱元璋将朱标十六岁的儿子朱允炆立为皇太孙。

十六岁这个年龄，对于一国之主来说实在是太小了。更何况太孙生于深宫之中、长于妇人之手，性格比太子更为“仁柔”，很难一下子担起皇帝之任。为了确保大明江山的安全，看来本是打算留给太子所用的这批老臣，也得除掉了。

·12·

这次大屠杀的抓手是蓝玉。

蓝玉是定远人，为人勇悍有才略。常遇春、徐达死后，他成了朝中数一数二的大将，“数总大军，多立功”。

洪武二十一年，蓝玉立下了平生最大一次功绩，他率领十五万大军，追击蒙古军队，一直追到捕鱼儿海，大获全胜。这一次战役，明军抓获脱古思帖木儿的次子地保奴、嫔妃公主等一百二十三人，又追获吴王朵儿只、代王达里麻及平章以下官属三千人、男女七万七千余人，并宝玺符敕金牌金银印诸物、马驼牛羊十五万余，焚甲仗蓄积无数。

捕鱼儿海战役是北元政权在明朝开国后遭到的最大失败，也明朝对北元取得的最具决定意义的一战。这一战北元精锐皆尽，从此一蹶不振，再没有力量与明朝正面较量，对明王朝不再是一个致命的威胁。

消息传到京师，朱元璋大喜过望，立刻遣使劳军，在谕中将蓝玉比作卫青、李靖，蓝玉回朝后立刻晋封他为凉国公。

所谓福兮祸之所伏，这场大胜使蓝玉成为洪武后期第一功臣，也使蓝玉成为朱元璋眼中最大的钉子。正是这场为明王朝扫除了后患的关键战役，使朱元璋感觉蓝玉的存在不再那么必要了。同时，蓝玉身上的毛病也让他日复一日地不安。

蓝玉虽然能力强、功劳大，却性格粗豪，为人不谨。朱元璋杀了那么多人，仍然没能让他警醒，他仍然一路立功，一路惹事。他出征打仗，随便侵占战利品，“私藏珍宝驼马无算”。又“尝占东昌民田，御史按问，玉执御史，捶而逐之”。也就是说，随便圈占民田，有关官员受理此事，居然被他痛打。这次北征归来，夜至喜峰关，关吏没有及时打开关门迎纳，他便纵兵毁关而入。在回朝途中，他又奸污投降的北元妃子，致妃子羞愤自缢而死。回朝之后，蓝玉“犹不悛，侍宴语傲慢，在军擅黜陟将校，进止自专”。这一切，都使在丧失长子之后心情极度抑郁的朱元璋把他列为屠杀名单上的第一位。

据朱元璋后来公布的罪状，蓝玉被捕，是因为“谋反”。据说洪武二十六年，蓝玉密遣亲信，暗中联络景川侯曹震、鹤庆侯张翼、舳舻侯朱寿、东莞伯何荣、后军都督府同知祝哲、中军都督府同知汪信等，密谋策划造反，定在洪武二十六年二月十五日朱元璋外出举行籍田礼时起事。据说这些密谋被锦衣卫的特务侦知，朱元璋先发制人，于洪武二十六年二月初八将蓝玉逮捕。蓝玉被捕后第三天，即被处死。

杀蓝玉只是朱元璋计划中的第一步。他随即将此案扩大化，以蓝党为罪名，把一大批淮西老将及其子弟加以牵连诛杀。整个蓝案总共杀了大约两万人，包括二公、十二侯、二伯。二公是凉国公蓝玉、开国公常升。

十二侯为景川侯曹震、鹤庆侯张翼、会宁侯张温、普定侯陈桓、永平侯谢成、舳舻侯朱寿、宣宁侯曹泰（曹良臣之子）、怀远侯曹兴、西凉侯濮玙（濮英之子）、东平侯韩勋（韩政之子）、全宁侯孙恪（孙兴祖之子）、沈阳侯察罕（纳哈出之子）。二伯是徽先伯桑敬（桑世杰之子）、东莞伯何荣。过了一年，颍国公傅友德、定远侯王弼也追坐蓝党赐死。又过了一年，宋国公冯胜也以蓝党罪名被杀。

其他被杀的重要人物还有吏部尚书詹徽、户部侍郎傅友文、都督黄辂、杨泉、马俊、王诚、聂纬、王铭、许亮、谢熊、汪信、萧用、杨春、张政、祝哲、陶文、茆鼎等十余人。

经过这次大屠杀，整个勋臣队伍只剩了耿炳文和郭英二人。“及洪武末年，诸公、侯且尽，存者惟（耿）炳文及武定侯郭英”。活跃于政治舞台的淮西勋贵势力被完全铲除了，朱元璋的心到此才彻底放了下来。

蓝玉案的处理是非常残酷的。蓝玉被剥皮而死，朱将其皮传示天下各省。蓝玉之皮，到明朝末年还存放在四川：“初献贼入蜀王府，见端礼门楼上奉一像，公侯品服，金装，人皮质，头与手足俱肉身。讯内监云：‘明初凉国公蓝玉，蜀妃父也，为太祖疑忌，坐以谋反，剥其皮，传示备省。自滇回蜀，王奏留之。’”这一案的其他官员，大多数也都受凌迟之刑而死。

越到晚年，朱元璋的生活就越缺乏乐趣。只有杀人，他的心里才会舒服些。每杀一个人，他的心就放宽一些：毕竟人死不会复生，少一个人，就少了一份威胁。他痴迷于使他人遭受不幸而获得满足。这是反社会型人格的重要特征。

·13·

蓝玉案当然也是彻头彻尾的冤案。

首先，朱元璋事后所辑的《逆臣录》，也就是蓝玉案的供词集中，并没有蓝玉本人的口供，这表明蓝玉根本没招供。没有主犯的口供，这份供词的真实性就颇值得怀疑。

其次，从《逆臣录》中其他人的供词中反映出这桩谋反大案的策划过程如同儿戏。蓝玉造反明目张胆，毫不避人。洪武二十五年年底，朱元璋派谢熊前往成都召蓝玉回京。据谢熊的供词，十二月二十二日，在凉国公宅第，蓝玉和他说的第一句话，就是劝这位皇帝的钦使造反："我知道，必是我亲家靖宁侯胡党事内有我名字，差你来提取。实不瞒你，我如今回家看动静，若是果有这话说，好歹下手做一场。你回去休要泄机，若事成时，大家得安享富贵。"

接着，在回京路上，二十五年年底在四川，二十六年正月初一、初二在武昌，初三在九江，初七在安庆，蓝玉一路到处活动，见人就劝人造反，毫不避嫌，这已经令人咋舌。而回到京城后的"策划"活动，更令人瞠目。

蓝玉于洪武二十六年正月初十抵达南京，二月八日被捕。据《逆臣录》所载口供，近一个月里，上自侯爷、督爷、指挥，下至千百户、总旗小旗，乃至奴仆家丁、贩夫走卒、流氓无赖，有几千人穿梭来往于凉国公府，畅言谋反，可谓车水马龙、门庭若市。按照这些供词，蓝玉谋反的事，搞得京城内无人不知、无人不晓。蓝玉和他的下属智商皆属正常，造反是铤而走险的大事，怎么可能在雄猜好杀的皇帝眼皮下如此张扬？更何况蓝玉与之商量的那些人，多数是不靠谱的人。比如，一个名叫蒋富的人招供，说是蓝玉曾请他吃酒，对他说："老蒋，你是我的旧人，我有句话和你说知，是必休要走了消息。如今我要谋大事，已与众头目都商量定了，你回家后打听着，若下手时，你便来讨分晓，日后也抬举你一步。”这个“老蒋”是谁呢？只是蓝玉家一个打鱼的。另有一名叫张仁孙的人招供道，他曾去拜见蓝玉，听蓝玉对他说，要成大事，要张仁孙等各置军器，听候接应，日后事成时都与大官人做。这个张仁孙是谁呢？只是乡里的一个染匠。

很显然，《逆臣录》不过是朱元璋仓促罗织出来的一个幌子。

·14·

经常有人把朱元璋的大屠杀与刘邦诛杀功臣相提并论，其实二者有着本质上的不同。

刘邦所诛杀的开国功臣，主要是异姓王。汉初一共封了七个异姓王，他们有土地，有人民，有甲兵，是汉帝国内的半独立王国。正如翦伯赞所说：“这种封拜，不过是对于同盟军的占领予以承认而已。实际上，上述诸人，封亦王，不封亦王也。”（《秦汉史》）这七人当中，被诛者五，幸存者一，长沙王吴芮后降为侯。对他们的诛杀，实际上是汉高祖统一全国的继续。

汉初所封列侯，一共一百三十七位，以谋反而被诛杀者仅两人。一是阳夏侯陈豨，一是淮阴侯韩信。陈豨于汉高祖十年九月公开反叛，自立为大王。汉高祖十二年，为樊哙军追斩于灵丘。可见诛陈豨是平叛战争，不能算入诛杀功臣之列。列侯在汉高祖死前被诛者，实际上仅有韩信一人。加上刘邦死后因罪失爵的五人，第一代列侯被处死的一共有六人，占汉高祖朝列侯总数的百分之四点三七。即使加上被诛的异姓诸侯王，被诛和因罪失爵者也仅占汉高祖朝所封功臣的百分之七点七。而《明史》功臣世表所载明太祖朝功臣共六十九人，被明太祖诛戮赐死者共三十二人。若加上得罪贬死于戍所的开国公常升，受朱元璋之命被胡惟庸毒死的诚意伯刘基，因明太祖赐蒸鹅而速亡的魏国公徐达，则达三十五人，占明初功臣的百分之五十点七二。

朱元璋的大屠杀，当然是野蛮、下作和卑鄙的。然而奇怪的是，在传统正史中，对朱元璋此举进行严厉批判者并不多。

这样残忍的大屠杀，在中国文化中自有其理路在。朱元璋兴此大狱，下此杀手，与中国传统政治中“过度防御”的策略传统有关。

在中国历史上，一个王朝被灭掉之后，新皇帝的第一件事就是千方百计追索前朝皇帝的后代，务必干净利落地将他们全部杀掉。甚至中国历史上最有人情味、最为宽容理性、最有人缘的唐太宗李世民也是同样的刽子手。在和自己的兄弟争夺皇位胜利之后，为了确保自己皇位的安全，他把哥哥建成和弟弟元吉的那些无辜的孩子，一律杀掉。当然，这在中国历史上几乎是例行公事一般，不值得大惊小怪。所以，数百万言的《资治通鉴》对这件事只用了这样一句话轻轻带过：“建成子安陆王承道、河东王承德、武安王承训、汝南王承明、钜鹿王承义，元吉子梁郡王承业、渔阳王承鸾、普安王承奖、江夏王承裕、义阳王承度皆生诛，仍绝属籍。”

中国人习惯于通过强力确立尊卑秩序，也就是说，通过暴力在群体之内形成压制与服从的关系。一个超大群体的构成，首要的条件是出现一个超级强硬的权威。而维持群体的稳定，则必须有效地消灭对权威的挑战。所以，朱元璋的诛戮功臣，被认为是中国的权威型政治体系自我保护的一种反应，虽然血腥、下作，但是并未受到传统史观的苛责，也不影响朱元璋在传统史家眼中一代雄主的地位，甚至正相反，它成了朱元璋雄图大略的一个组成部分——如果把稳定作为最高政治目标的话，这一举动是达到这一目标的保险系数最高的手段。

九　对老乡深情重义

·1·

朱元璋的故乡凤阳古称钟离，在元代升为濠州，是淮河流域一个不起眼的小地方。这里除了在淮河两岸成为兵家必争之地时在史籍中偶尔露一下面外，很少有人提到它。但朱元璋的发迹使凤阳的地位发生了翻天覆地的变化。

至正二十六年三月，一个重大消息传到了南京：朱元璋的故乡濠州被朱元璋的军队收复了。

朱元璋的心情异常激动。从军之后，他只有至正十三年回钟离招过一次兵，此后再也没有回过家乡。如今屈指算来，已经整整十三年了。

十几年戎马倥偬，日日夜夜精神高度紧张，他似乎已经忘了故乡的存在。然而在消息传来之际，朱元璋才发现自己内心深处其实无时无刻不挂念着那片贫瘠的土地，毕竟，他二十五岁以前的所有记忆都存放在那里。

生存斗争的压力抑制了他对故乡的思念。如今全国大势已经初步明朗，三分天下，他已有其二，可以喘一口气了。接到故乡收复的消息，朱元璋发现自己的思乡之情如同洪水决堤，居然一发不可收。故乡的记忆在脑海中一下子全面复活，一幕幕一刻不停地闪过。他感慨道：“濠，吾家也。济如此，我有国无家可乎！”攻得濠州这一天，正好是朱元璋大哥的忌日，距他父亲的忌日刚过三天，距他母亲的忌日尚有十三天。此时，攻灭东吴的第一个作战计划即将完成，第二个作战计划尚未开始，他决定利用这短暂的间歇时间回濠州省墓。

至正二十六年四月，朱元璋从南京起身，随从的还有两个特殊人物，一个叫刘大，一个叫曹秀。

·2·

刘大就是慨然送地，使朱元璋得以安葬父母的刘继祖的儿子，曹秀则是当年拿出自己所有家底置办礼品，送他入皇觉寺为僧的汪大娘的儿子。他们是朱元璋终生难忘的两大恩人。

至正十三年，朱元璋已经成为红巾军镇抚大将，这一年年底，他在濠州城意外地见到了前来投奔的刘大和曹秀，惊喜非常，说“吾故人至矣”，忙问刘继祖夫妇和汪大娘的情形。原来汪大娘在朱元璋投军后不久就去世了。到至正十三年初，刘继祖也病故了，家里只剩刘大一人，刘大年小力薄，遂和曹秀一起来投奔。朱元璋闻听，“惨怛动容”（《凤阳新书·刘继祖传》），留下他们做了自己的贴身护卫。虽然二人才能平庸，不堪大用，朱元璋却对他们一直另眼相看。两人屡次请缨到前线作战，朱元璋都没有同意，说：我不会让你们冒生命危险，那样对不起你们的父母！

这次回乡，朱元璋特意带上这两个人。除此之外，他还特意带上一名博士官（许存仁）和一名起居注官（王祎），来记录他这次必将载入史册的“太祖还乡”。原来的流浪和尚现在已经成了即将登上帝位的“吴王”，这种巨大的身份变化使这次回乡一定比普通的衣锦还乡更具戏剧性。

刚刚上路之际，他还想摆设全套吴王仪仗，可一出南京城，他已经心如归鸟，把仪仗甩在身后，命令士兵日行百里，仅用三天，就奔到了故乡。

跨过村边那条小河，村头那棵老白杨还在，可其他东西都已经面目全非：村边那座规模不小的皇觉寺，而今只剩几段低矮的残墙和数堆瓦砾。村中一座座房屋坍塌破败，原本一百多家的村庄，而今只有二十多户还有人烟。自己家的老院子里，荒草已经近人高，三间草房早已经塌了顶落了架，朱元璋一行人的接近，只惊起了一窝鸦雀。

朱元璋内心一阵酸痛。

二十几户乡亲早已经被马蹄人声惊起，战战兢兢地在门口向这里张望。在确定这不是一伙劫掠者后，人们渐渐聚集到了朱元璋家的老院子里：一个个鸠形鹄面，面带胆怯，衣衫褴褛。

朱元璋首先认出了小时候的玩伴刘添儿。添儿比自己大两岁，今年应该四十二岁，看起来却像是五六十岁的样子，腰弯背驼，面目黧黑，瘦得如同一具骷髅。小时候，刘添儿处处关照他，在自己吃不饱的时候，经常掰给他半个饼子。如今，他竟然沦落到了这个地步。朱元璋眼眶湿润，向他走过去："添儿？是你吧？"

刘添儿满脸迷惑，朱元璋说："我是重八啊！"

"重八？""重八！""啊呀，重八回来啦！"……乡亲们激动不已，奔上前把朱元璋围在中间："这谁敢认啊！重八，你这是做了大官啦？"

朱元璋拉着一双又一双枯手，半天不能言语。他终于平复下来，能说话了，嘱咐身边的侍卫：把你们带的干粮干肉都拿出来，给乡亲们分了，把带的那些礼品也给大家分了。

二百多名士兵的行军粮分给了二十多户人家，每家还分到了朱元璋从南京带来的两匹绸子、两匹棉布。那个时候，棉花在中国尚未普及，因此棉布也是珍贵礼物。此外，每家还分到了二十两银子。

青黄不接的时节，许多人家已经吃了一个月野菜了，此时许多孩子当着朱元璋的面大口大口地吃起干粮来。整个村庄一片喜气洋洋。

朱元璋却高兴不起来，衣锦还乡的自得已经消失得无影无踪。他没有料到战争把家乡破坏得如此彻底。趁着大家回家生火做饭，他带着随从到村外去给父母上坟。

坟地几乎找不到了。朱元璋记忆中堆得很高的坟头经过风吹雨打，已经几与地平，荒草连天，大地寂静无声。朱元璋想着躺在地下的父母，可惜赶不上他今日的荣华了。他跪在低矮的坟头前，泪如雨下。

他本来想把父母的遗骸起出来，找个好地方另葬，但是博士官许存仁和起居注官王祎极力反对。他们说主公能有今日，显然是因为父母的坟地风水好，要是起坟改葬，恐泄山川灵气。朱元璋一听有理，于是下令就地培土，“增土以倍其封”。

再回到村子，乡亲们已经从留在村中的侍卫那里知道，如今的重八现在已经是“吴王”，不久之后就是皇帝了。再见到朱元璋，大家扑通一下，都跪了下来。朱元璋命大家起来，大家起来后也都面带拘谨，不敢说笑了。朱元璋和他们细话家常，问他们这些年的境况，才得知村中人一多半死了，剩下的也都逃走了。濠州的战争刚刚停止，大家都指望今年能过个太平年。

朱元璋宣布任命和自己同来的刘大与曹秀为守陵官，全权负责守护皇陵之责，又宣布赐给这二十多户乡亲每户视人口多少二十到三十顷地，免十年钱粮。朱元璋说，你们这二十多户，以后就不用种地了，地佃给别人种，你们专门帮我看守祖坟，我立你们为陵户，帮我照料祭祀之事，不要你们出钱，祭祀过后的猪羊，就给你们吃了！以后你们每日间，只要收收租子，吃吃酒，快快活活度日罢！

大家又纷纷趴到地下，结结实实给朱元璋叩了几个头。

朱元璋环顾乡亲，发现和刚才比，少了一人：前地主刘德。

·3·

从南京出发之前，朱元璋头脑中就一直在想，那个刘德如今怎么样了？在刘德家里叩头求地的情景，是朱元璋一生中最大的耻辱。

刚才那二十多户之中，他注意到了刘德。当年那个精壮富态的刘德，如今也已经苍然老矣。在幼时的朱元璋眼里，刘德就是村里最大的成功人士了，其举手投足都十分有派，让朱元璋十分敬畏。如今看起来，他不过是个又老又猥琐的没见过世面的乡间老头。

听到朱元璋如今已经是吴王，刘德心里忐忑起来。朱元璋再次回村，他躲在家里，不敢出门。

朱元璋派人把他叫了过来。大家心里都紧了一下。谁都不知道接下来会发生什么事，要知道，朱元璋这些年可是以杀人为业的。

刘德跪倒在朱元璋面前，一边磕头一边叨念：主上开恩，恕小的当年有眼不识泰山吧！可怜小的如今也一把年纪了吧！

朱元璋亲自上前，把他从地上拉起来，说：你不用害怕。当年之事，我不会计较，“此恒情耳，不必问。吾贫时，尔岂知今日为天子耶！”（《国榷》卷一）嫌贫爱富，这是人之常情，我不和你计较。那时候你怎么会知道我会当天子！

同时还宣布，赐给刘德三十顷田。

在场之人，无不为朱元璋的宽容大度所感动。起居注官忙把这段话记载下来，他知道，这必将成为一桩历史佳话。

其实这一刻的一举一动和每一句话，朱元璋在离开南京前就筹算好了。朱元璋处处模仿汉高祖刘邦，对刘邦样样都佩服，但是对刘邦封侄子刘信为“羹颉侯”一事，却一直大不以为然。

由贫贱起身的人，总有相似的尴尬。年轻时的刘邦喜欢带着酒肉朋友到哥嫂家蹭吃蹭喝，喝酒吹牛。时间长了，嫂子难免不愿意。有一天，刘邦和一帮小兄弟走进家门，却听到嫂子拿锅铲狠狠铲锅的声音，那意思是告诉他，锅里没饭了，到别处去蹭吧。这把刘邦弄得脸没处放，从此便留下了“击釜之怨”。当了皇帝之后，他大封近亲为王为侯，但唯独就是不封大哥大嫂的独子刘信。直到太上皇刘煓亲自说情，刘邦才决定封刘信为侯，但在下旨时，却颁了一个刻薄的封号:“羹颉侯”。“羹颉”之意是“饭没了”。

即将开国的朱元璋，期望以史上最伟大的皇帝形象进入历史，因此，他对自己的一举手一投足都很重视。朱元璋认为:“论高祖豁达大度，世咸知之，然其记丘嫂之怨而封其子为羹颉侯……则度量亦未弘矣。”也就是说，刘邦本是宽怀大度之人，却因为这桩小事破坏了形象，十分不值。帝王形象无小事，越是戏剧性的小事，越是人们津津乐道的环节。

在离开家乡前，朱元璋命人从外面采买食物，请乡亲父老痛痛快快吃了一顿。史载，朱元璋在宴会上向乡亲们发表了如下重要讲话:“吾与诸父老不相见久矣。今还故乡，念父老乡人罹兵难以来，未遂生息，吾甚悯焉。”并嘱咐道:“乡人耕作交易，且令无远出，滨淮诸郡尚有寇兵，恐为所抄掠。父老等亦自爱，以乐高年。”据说乡亲们异口同声答道:“久苦兵争，莫获宁居。今赖主上威德，各得安息，劳主上忧念。”

·4·

朱元璋对家乡的情感确实非常深厚。他就是凤阳这片土地上长出来的一棵植物。在戎马倥偬之中，他时刻感受着人性的冷酷，但是一旦回到这贫瘠的故乡，他马上感觉一切都是那么熨帖、那么踏实。故乡那熟悉的一草一木和乡亲们对他的真挚情感，构成了一个巨大的自然“子宫”，他在这里感觉最安全、最舒服。

洪武元年，大明开国，定都应天，也就是今天的南京。然而不久之后，朱元璋就提出一个令大臣们十分震惊的计划：把帝国的首都设在他的老家凤阳。

开国前后，关于新帝国的首都选址，君臣们进行过多次讨论，因为南京在全国的位置偏于东南，所以大臣们提出过长安、洛阳、开封和北平等几种方案。这四座城池都是历史名城巨镇，各有优势，当得起首都之任："或言关中（指长安）险固金城，天府之国；或言洛阳天地之中，四方朝贡，道里适均；汴梁亦宋之旧京，漕运方便；又或言北平元之宫室完备，就之可省民力者。"

没想到朱元璋却提出，在凤阳建设中都。他说，南京"去中原颇远，控制（北方）良难"。而"有天下者非都中原不能控制奸顽"（《高皇帝御制文集·中都告祭天地祝文》）。凤阳则离中原很近，而且"前江后淮，以险可恃，以水可漕"（《明太祖实录》卷四十五），以之作为中都，可以补救定都南京的不足。

除了淮西籍的功臣们赞同外，其他大臣们都面面相觑。将一个名不见经传的穷乡僻壤定为首都，这实在太匪夷所思了吧？凤阳经济落后，又"平旷无险可守"，从哪个角度来说，都不是适合定都之地。性格耿直的刘基直接对定都凤阳表示反对，说："中都曼衍，非天子居也。"

然而朱元璋听不进去，大家也就罢了。他们深知他说一不二的性格，主子定了的事情，除了服从，还有什么选择呢？大家都知道，朱元璋罗列了那么多证据，其实原因只有一个，就是"圣心思念帝乡，欲久居凤阳"。

于是在洪武二年（1369）九月，朱元璋正式下诏在临濠营建中都，"命有司建置城池宫阙如京师之制"。在朱元璋的设想中，自己的故乡将成为未来的正式首都，南京将降为陪都。农民虽然生活节俭，但修宅院总是不惜血本。同样，朱元璋一贯做事节俭，这一次却不惜血本。他要倾全国之力，高标准、严要求，要把中都建造成万年不易的金汤之地。所以中都从设计之初就务求雄壮华丽，他要求选取最好的材料，每一个环节都精益求精。

经过百万民工六年日夜不停地建设，一座座雄伟的宫阙相继拔地而起。朱元璋的要求在各个环节都得到了很好的贯彻。考古学家后来在中都遗址中发现，中都残存石构件的数量、品种、质量都远超元大都。大殿蟠龙石础每块都是二点七米左右见方、面积超过七平方米的庞然大物，其气派远胜过历代首都。后来明成祖修建北京城，金銮殿上的石础体量只有中都的三分之一。现在中都石构部件的所有外露部分，全都精雕细刻，花费了巨量人工。历史上一直默默无闻的小城凤阳一时成了明帝国最大的城市。这座巨大的城市有里外三道城垣，三城相套，布局奢侈宏阔。宫城（大内）城垣“周六里”，“高三丈九尺五寸，女墙高五尺九寸五分，共高四丈五尺四寸五分”。皇城周长“十有四里”，砖石修垒，“高二丈”。最外面的中都城城垣“周五十里零四百四十三步”，用土夯筑，“丈高三”（当为“高三丈”），气势极为雄伟。为了使这座城池垂之万世，朱元璋还要求在城墙关键部位灌注熔化的铁水。比如“城河坝砖脚五尺，以生铁熔灌之”（《明太祖实录》卷八十三）。

洪武八年，工程基本完竣，朱元璋又一次亲临凤阳，验收工程质量，“验功赏劳”。然而在参观完这座耗尽了全国物力的雄伟新都之后，朱元璋却又做出了一个让全国人惊掉下巴的重大决定：废弃中都！

原来，在这次验收中，朱元璋听到了一个意外的消息：因为劳动太苦，又不给工钱，那些被迫调来兴工的匠人心怀不满，实施了“厌胜法”，也就是我们说的“下镇物”，在宫殿的一些关键部位，埋下了咒符、泥人、木人、弓箭、剪刀、纸人等东西，据说这样将给居住者带来厄运。建筑已经完成，要想清理出这些镇物，十分困难。

《明史》卷一百三十八对这件事是这样记载的："时造凤阳宫殿，帝坐殿中，若有人持兵斗殿脊者。太师李善长奏诸工匠有魇镇法。"也就是说，在验收工程的时候，朱元璋坐在新修成的宫殿中，却隐隐约约听到似乎有人在殿脊上拿着刀枪打斗。他询问怎么回事，李善长奏报说，有人对这座宫殿"下了镇物"。

朱元璋的反应是我们可以想见的。《明史》说他"将尽杀之"，也就是想把修造宫殿的几千名工匠全部杀掉。工部尚书薛祥冒死进言，说只有木匠才能下镇物，铁匠和石匠没有责任，"活者千数"，一句求情，救活了一千多人。

就因为这一件偶发之事，导致了中都城全部作废。这在今天看来不可思议，在大明王朝却是天经地义：天下者，帝王之天下也。他的意志，是国土内唯一的意志。难道你以为他会为了珍惜一百万工匠六年的劳动，而生活在会给自己造成心理障碍的建筑中吗？

·5·

生活在老家的想法破灭了，但是朱元璋对自己的老乡从来不改亲爱之情。对别人，他是高高在上的帝王，是杀人如麻的魔鬼，但是对老乡，他却始终是那个讲义气、重感情的"重八"。

开国后不久，他正式任命刘大、曹秀为从仕郎，专门守护皇陵。他还特意为他们改了名。刘大之名当然不能进入诏旨，被改名为刘英。曹秀则连名带姓一起改了，叫作汪文。

何以把姓也改了呢？原来汪大娘有子三人，为了报恩，朱元璋特令曹秀改姓汪，以示对汪大娘的纪念。其他二子，继承曹氏香火，依然姓曹，所以凤阳民间至今有"洪武改姓，曹汪一家"之说。六百多年过去了，凤阳曹汪二姓之间，仍有不能通婚的习俗。

洪武七年元月，朱元璋专门设立了皇陵祠祭署，于是汪文、刘英的官名分别又被改为“皇陵祠祭署署令”和“署丞”。汪大娘的另外两个儿子，一个被安排为祠祭署中层官员，另一个被封为卫所指挥。汪大娘地下有知，当可含笑了。

这一年六月，朱元璋又特意把恩人的第三代——汪文的儿子汪伦、刘英的儿子刘鉴——送到南京国子监读书，“日给糈脯，冬夏给衣布等物”(《凤阳新书》卷二)，照顾得十分周到。

及至洪武十一年五月皇陵完工之时，朱元璋又宣布，将刘继祖追封为义惠侯，特命将刘继祖夫妇、汪大娘，还有村中一位朱元璋小时候叫干娘的赵氏的神主配在父母陵寝，享受皇家祭祀。这在中国历史上是空前绝后的。

洪武年间，别的大臣见了朱元璋，都如同老鼠见了猫，大气都不敢出。只有他的老乡们，在朱元璋面前一直大大咧咧，不拿自己当外人。洪武中期，刘英有一次从家乡跑到南京来看望朱元璋。朱元璋因有事在身，三天之后才召见，官员却找不到刘英了。找了好几天，才知道刘英等得不耐烦，已经回到凤阳了。朱元璋请刘英再进京，不料刘英觉得朱元璋摆架子，不高兴，居然一直没动身。如果是别人敢这样做，朱元璋一定会灭他九族，对刘英，朱元璋却感觉很抱歉，只想着怎么把刘英请来，这时却传来消息，说刘英突然病故了。朱元璋深感悲痛，特意写下了《祭署令刘英》:

> 昔者朕寓居是方，存亡者感英父子之恩，至今犹存情怀，未尝有所忘也。
>
> 前者英赴京来，朕为机务浩繁，兼寿有年，失顾问于英，三

日复觉，令人觅英所在，莫知所之。稽于金川之门守者，报无知英之出入。复于京内物色数日，乃知英还矣。命召复劳再见，久未至。再命召之，告者乃云英亡。

呜呼！感恩之道常怀，感恩之礼未终，英遽然长逝，朕思昔恩，不胜嗟悼，特以牲醴之奠祭之。英其不昧，飨之！

朱元璋的御制文集，篇数本不太多，有关汪刘两家的圣旨，竟然多达五篇，可谓绝无仅有。朱元璋的开国功臣，后来被他杀戮殆尽，只有汪刘二姓，不但在洪武一朝享尽荣华，甚至终明之世，都世袭为官。朱元璋的报答，可谓情深义重了。

·6·

朱元璋回乡所见到的二十多户老乡，后来成了大明帝国的一个特殊群体。他们被朱元璋立为陵户，不用下地干活，坐享国家补助，职位由子孙世袭。

朱元璋在制定了天下各阶层的礼仪制度后，还特别规定，这二十多户陵户建房，可以用官员用的红色。所谓“无贫富，皆赐朱户复其家”。数代之后，有的陵户家庭破败下来，住进了“茅屋柴扉”，然而“上犹施朱”（沈士谦《明良录略》）。

洪武二年，凤阳大规模修建皇陵，因为工程阔大，陵园圈进了许多乡亲们的祖坟。按历朝定制，这些普通坟墓都要迁出皇陵陵园另行安葬，不得混于皇家陵寝之中。这次，朱元璋却特批不用迁动，还允许他们随便进入皇陵祭扫：“此坟墓皆吾家旧邻里，不必外徙，春秋祭扫，听其出入不禁。”（《朱元璋与凤阳》）

当听说乡亲们有人生活贫困之后，朱元璋还会赐给他们银钱、土地。《明太祖实录》记载，洪武二十六年二月，他“赐皇陵祠祭署令汪伦（此时汪文已经去世，由汪伦接班）及守陵人七十七户钞有差。先是，上以山陵之故，命给伦等田地，以优眷之”。

朱元璋对老乡们说话，从来都是直截了当，如同与自己的家人聊天一样。有一次，汪文汇报，想在自己署内多设几名吏员，也让老乡们的孩子有份好工作。朱元璋没有同意，特意下圣旨说：

> 昨日，汪署令奏讨吏，我不与他。吏多生事害人。好人家子孙做了吏便害民。你陵户中间拣选识几个字的点得人名便罢。你陵里有甚么大事？一年祭祀，止轮一遭，将的猪来祭了吃了猪去，将的羊来祭了吃了羊去，钦此。

·7·

自从洪武八年发生了“厌胜事件”后，朱元璋再也没回过凤阳。不过，他却时时思念凤阳的老乡们。毕竟，这二十户乡亲就是他与凤阳联系的血管，通过他们，他才能感觉到故乡的体温。

洪武十八年八月初二，已经步入老年的朱元璋突然非常想念老乡们。于是他命人将二十户乡亲请到南京，一是以慰相思之情，二是也让他们来首都见见世面。几天之后，老乡们都进了城，却先派人向朱元璋奏报，说是大家衣服寒酸，见不了天子。朱元璋听后大笑，命尚衣监太监从自己的御用衣库中给每人挑衣服一套，靴、帽各一件，把他们安置到本来是专门接待外国使臣的会同馆休息。第二天，老乡们进宫，与朱元璋相见。朱元璋与大家一个个拉手叙了家常，又在奉天殿左庑摆开宴席，大宴乡亲。饭菜十分丰盛，都是乡亲们见所未见，吃完之后，还剩了一大桌。看着老乡们一副舍不得的表情，朱元璋命人把饭菜用捧盒打包，用“黄龙袱”包好，给他们送到会同馆，让他们晚上吃。

第二天朱元璋又请大家进宫，放下工作，亲自做导游，领着他们逛皇宫的一座座宫殿。对乡亲们来说，这真是“刘姥姥进了大观园”。朱元璋还让他们见了皇贵妃（此时马皇后已经去世），然后又大摆宴席，和大家痛饮了一回。

第三天老乡们回家，朱元璋赐给每个人五十贯钞。皇贵妃也赐给每人五十贯，还送给每人一斤苏木、一斤胡椒。朱元璋亲自把他们送出了西长安门，把手叮嘱他们爱惜身体，一一惜别。

送走乡亲们之后，朱元璋无限伤感。乡亲们年纪和自己差不多，都六七十岁了，身体却差得多，这一趟虽然开了眼界，却有好几个累病了。因此他当天发下诏旨：

> 凤阳亲邻二十家，老的们路途遥远，江河雨雪不便，今后不必来了。教他家里逢着时节，买炷好香烧，献天地，教训子孙读书，休惜课钱，遵奉乡饮酒礼。东鲁山，西鲁山，马鞍山，万岁山，都与他，教儿孙鞍马出入，行鹰放犬，采猎打围，弓箭我都不禁他们的。（以上俱见《凤阳新书》卷五）

·8·

虽然凤阳没能成为首都，但是朱元璋的崛起，仍然使它的政治地位得到了极大的提升。

早在吴元年收复濠州后，朱元璋马上升濠州为临濠府。为了配合兴建中都，洪武四年，朱元璋扩大濠州的领地，使临濠的领地由四县一下子扩展为九州十八县。洪武七年又更名为凤阳府，这一新府管辖亳州、颍州、太和、颍上、霍邱、寿州、怀远、蒙城、宿州、灵璧、天长、盱眙、泗州、虹县、五河、定远、凤阳和临淮等十八个州县，成为一个跨淮河两岸、占地广大的行政区。

罢建中都之后，凤阳作为龙兴之地，地位仍然非同寻常。洪武十四年九月，朱元璋于此设置中都留守司，所设正留守位高权重，“例以皇亲协守”，“勋臣非在戚里，不得与也”。此外，凤阳还设有察院巡按行台、河南按察兵备行台等政府机构及一系列皇陵祭祀机构。除此之外，凤阳还是江北四府三州的乡试之地。凤阳各类官员合计达一千四百人（《朱元璋与凤阳》），各级吏员总数达数万人。

朱元璋还将凤阳作为皇子的教育基地，经常派自己的孩子们回老家体验生活，忆苦思甜。早在吴元年（1367）十月，他就令刚刚十三岁的世子朱标前往临濠谒祀祖宗陵墓，“以知鞍马之勤劳”，“衣食之艰难”，“风俗之美恶”，“吾创业之不易也”。洪武八年（1375）十月，又命皇太子朱标和秦王、晋王、楚王、靖江王等王子“出游中都，以讲武事”。洪武九年二月，因秦王、晋王、燕王即将就藩，命皇太子带他们前往凤阳，“观祖宗肇基之地，俾知王业所由兴”。十月，又诏秦王、晋王、燕王、吴王（后改封周王）、楚王、齐王练兵凤阳。洪武十一年三月，诏秦王、晋王就藩，仍令燕王、周王、楚王“还驻凤阳”。从此，“诸王之国，皆令诣辞皇陵而后行”，便成为“定例”。为了给皇子提供阅武练兵的场所，朱元璋于洪武十四年特命驸马都尉黄琛在凤阳独山前开设了一个“广三里”的演武场，令诸王在这里操练两三年或六七年，然后就藩。此后，在洪武十八年，遣湘王朱柏、鲁王朱檀、潭王朱梓就藩，又命蜀王朱椿还驻凤阳，“阅武中都”。

朱元璋还将凤阳用作囚禁犯罪宗室的地方。朱元璋的从孙、朱文正之子朱守谦，因事被朱元璋废为庶人，“使居凤阳力田，冀其知稼穑艰难而思所以保富贵也”。由于这一先例，后来的明朝皇帝都把犯罪的宗室遣送凤阳囚禁。到明末，此处共关押过一百一十六批皇族。

由于以上种种设施，中都虽已罢废，但这个经济本不发达、文化有些落后、交通也并非十分方便的凤阳，仍然成为淮河流域的政治、经济、文化中心，成为大明政局中一个特殊而重要的城市，对明朝的政治、经济、军事和社会生活等各个方面，一直有着重大影响。这一格局延续到明末，波及清代。

·9·

如何复兴凤阳这块“龙飞之乡”，保护好这块国家“根本重地”，让家乡的经济发展快一点，让乡亲们生活得好一些，朱元璋对于这些问题没少费脑筋。他为凤阳提供了许多“特殊政策”。

第一项政策是大移民。至正二十六年四月那次回乡，给朱元璋留下了极为深刻的印象。他为战争对家乡的破坏深感震惊，后来他和大臣们聊起此行的感受时说：“田野荒芜，由兵兴以来，人民死亡，或流徙他郡，不得以归乡里。骨肉离散，生业荡尽，此辈宁无怨嗟？”（《明太祖实录》卷二十）当时史书也记载，“两淮以北，大河以南，所在萧条”“长淮南北，悉为丘墟”（《元史·张桢传》）。由于“民多逃亡，城野空虚”（《明太祖实录》卷三十四），大片土地荒芜，至洪武改元，凤阳府已是“十年之间，耕桑之地变为草莽”（《明太祖实录》卷五十一）。在大明开国之际，凤阳县的本地居民仅有三千三百二十四户（《中都志·户口》，引自陈梧桐《洪武皇帝大传》），不到一万六千六百二十人。整个凤阳府人口不超过十三万，人口密度是每平方公里五人。处处残垣，村村寥落，这当然让朱元璋十分不舒服。

要复兴经济，首先得有劳动力。为了迅速改变家乡面貌，开国之后，朱元璋组织了好几次大规模的移民填充凤阳，其中最大的一次是洪武七年“徙江南民十四万实中都”。这是明代历史上政府用行政手段移民数量最多的一次。除了这次外，比较大规模的还有从山西迁来的移民。洪武六年十月，“乃命指挥江文徙其民（山西北部诸地之人）居于中立府，凡八千二百三十八户，计口三万九千三百四十九”（《明太祖实录》卷六十二）。洪武年间朱元璋往凤阳填充移民，总共达到六次之多，数字大概在二十万到三十万之间。这么庞大的数字在明代移民史乃至中国移民史中，都是极为罕见的。除了普通移民外，凤阳还有庞大的驻军。据《明史·兵志》记载，洪武年间凤阳府各州县共驻军约六万四千九百六十人，与家属合计，则有军籍移民十八万八千人。这样算来，洪武年间凤阳府接受的移民总数近四十八万八千人（其中民籍移民三十万，军籍移民十八万八千）。而我们前面提到过，洪武之初，凤阳府人口不过十三万。外来人口是本地人口的三倍有余，约共占移民后的凤阳府人口总数的百分之八十。

没多少人想到兔子不拉屎的凤阳来，朱元璋自有他的办法。洪武时人胡翰在浙江人吴季可的墓志铭中提到了这次移民。吴氏为浙江兰溪人，“洪武八年春，有旨遣贫民无田者至中都凤阳养之，遣之者不以道，械系相疾视，皆有难色，独公所遣，掉臂走道上。公且戒其子，宜体上德意，无以私废义。公临事有为，类多如此”（胡翰《胡仲子集·吴季可墓志铭》）。从这个记载，我们可见此次移民的强迫性和残酷性。

第二项政策是减免赋役。洪武十六年，朱元璋有一次闲着没事，再次翻阅刘邦传记，发现刘邦当了皇帝后，免了他家乡人民的赋役。想想自己上次只免了老乡们十年赋役，明显没有刘邦大方，于是他再发谕旨：

凤阳实朕乡里，陵寝在焉。昔汉高皇帝丰县生，沛县长，后得了天下，免其丰沛二县之民粮差。今凤阳、临淮二县之民，虽不同我乡社，同钟离一邑之民。朕起自临濠，以全乡曲。凤阳府有福的来做我父母官，那老的们生在我这块土上，永不课征。每日间雍雍熙熙吃酒，逢着时节，买炷好香烧，献天地，结成义社，遵奉乡饮酒礼。（《凤阳新书》卷五）

细细推敲这份圣旨，朱元璋所免的，是“那老的们生在我这块土上”——土著人口——的赋役，对外来人口并不普免。另外一份圣旨也可以验证这个结论。那是洪武二十九年正月二十八日发布的一道圣旨：

或有人言，亦有非土民当籍土民之时，有等买嘱官吏，诈称土民而在籍者。……今命户部差人着落凤阳府，精清土民，非土民者，许里甲人乡人出首到官，赏钞五十锭。诈称土民，治以重罪，能自首者，与免本罪。

原来，由于朱元璋对土著居民实行优惠政策，于是许多外来移民买通官吏，冒充土民，以享受免赋之权。由此更可证明朱元璋对家乡的免税政策只针对自己的老乡，并不惠及外来移民。很多史籍关于这一点的记载都是错误的。比如《明史》卷三记载，洪武十六年三月丙寅，“复免凤阳、临淮二县民徭赋，世世无所与”。谈迁的《国榷》卷七说：“洪武十六年三月甲辰，永免凤阳、临淮二县徭赋。”这一系列记载，都误会了朱元璋的本意。其实朱元璋要突出的，只是他的老乡们的特殊地位。

第三则是兴修水利。兴修水利是一项全国性政策，但朱元璋对凤阳的水利建设特别重视。早在洪武八年，他就特别派两位侯爵康铎、俞春源来亲自抓凤阳的水利建设（乾隆朝《凤阳县志》）。在朱元璋之后，历代帝王也以凤阳“皇业所基，祖陵所在，视他地方不同”（《明宪宗实录》卷二七五），在兴修水利上特别重视。

第四是发展交通。朱元璋开辟了从凤阳到南京的驿道，设二十站，整治了“道狭而竣”的清流关，大大改善了凤阳的交通条件。

除了各项特殊政策外，朱元璋在此兴修大量工程，对带动当地经济发展也起了重要作用。

中都罢建之后，朱元璋还在凤阳继续修建皇陵、十王四妃坟和龙兴寺等，工程浩大，动用人数众多。在中都营建期间，朱元璋曾于洪武五年（1372）十一月“诏建公侯宅第于中都”。中都罢建之后，因为朱元璋鼓励开国元勋们退休回乡，所以公侯府第建设并没有停止。洪武十八年八月，朱元璋特赐给公侯每人钞一万锭、银五百两为买木雇工之用，“俾还乡建宅第”。一时凤阳数百里之间，“风云之彦，星罗棋布，于数百里间，王侯之家，甲第相望，冠盖如云……可谓盛矣”（光绪朝《凤阳县志》卷十）。大批淮西功臣来到凤阳居住，日常消费巨大，不可避免地带动了凤阳当地商业、建筑业、服务业的发展。

朱元璋的特殊政策，确实收到了明显效果。凤阳人口大幅度增加，已经荒芜许久的凤阳土地又出现了“一郡桑麻翠如洗”的兴旺景象。很多荒田被开垦出来，土地数量达到了四十万顷。明代以税粮多少来划分府县等级，二十万石以上为上府，十万石以上为中府，十万石以下为下府。洪武八年，凤阳府在减免了很多税粮的情况下，岁收仍超过二十万石，成为富庶繁华的上府。凤阳的临淮关“居民稠密，商贾辏集”，成为一个重要的商业城镇。

·10·

然而，谁也没料到，朱元璋对家乡的特殊关爱，最终却给家乡造成了难以承受的恶果。

在人口压力之下，凤阳的环境早已长期恶化。朱元璋的大移民，一时间虽给凤阳的农业提供了充足的劳动力，但如此巨量的移民一下子涌入，却给环境造成了极大的破坏。

当时凤阳的土地，最好的部分已经被勋贵圈占，凤阳本地人又占据了中等土地，移民们所获得的多是人们挑剩的低产土地。《凤阳新书》卷七说："田上则者，归之军，归之功勋矣。中则者，土民括其一，佃户括其一，惟留下则处瘠，乃得以实编民之耕。"卷五又载，移民所获"皆山冈硗确，土石伴错，溪谷流水无有，山林薮泽无存"之地。

没有好地，山地附近的新来移民就上山毁林开荒，对山地的肆意开垦，很快造成了明显的水土流失，挟沙而下的水流，加剧了淮河流域生态环境的恶化。

湖边的移民开始围湖垦田。涸湖为田表面上看增加了耕地，在短期内缓解了人地压力，实则使水利蓄泄失宜，破坏了当地生态的自然循环。

除此之外，凤阳的一系列重大工程对木材的需求很大，人们又开采了附近山区的大量林木，使许多山变成了童山秃岭。

最要命的是，为了保护祖陵风水，人们进一步破坏了当地生态循环。

位于洪泽湖畔的泗州是明祖陵所在地，朱元璋的祖父朱初一被埋在这里。由于害怕洪水淹没祖陵，导致"王气中泄"，所以自明中期淮患日益严重之后，明政府定下了这样的治水策略："首虑祖陵，次虑运道，再虑民生。"也就是第一要保护祖陵，第二要保证向北京运送粮食的航道，最后才是老百姓："淮域较运道，则运道重。以运道较祖陵，则祖陵尤重。"（《朱元璋与凤阳》）于是明政府经常不顾民生而决高家堰放水，人为降低洪泽湖水位以护陵。这一措施虽然暂时减轻了淮河对祖陵的威胁，但使得河道极为混乱，给周边的生态环境造成了极其严重的影响。

有明一朝，凤阳周围渐渐变成童山秃岭，森林损毁殆尽，湖泊淤塞，淮河则经常泛滥，水患频仍，两岸百姓民不聊生，“地力既尽，元气日销，天灾流行，人事屡变”（甘山修《霍山县志》卷十三）。凤阳由此十年更有九年荒。“雨三日则沛泽，极目洿洼，泥淖不可耕耘。稍亢阳又为焦土。”（《蒙城县志》卷十一）据《凤阳新书》记载，自万历十七年至天启元年（1589—1621年），凤阳共发生旱涝灾害六次，平均五年多一次（《凤阳新书》卷四）。这只是计算了影响较大的灾害。如果算上一般的灾害，则“凤阳十年九荒，非旱则雨”（《凤阳新书》卷四）。至明末更是“十余年来无岁不灾，无灾不重”（《凤阳新书》卷四）。

当初朱元璋强制迁来的移民的后代，在一次次灾荒中不断逃亡他乡。比如景泰三年（1452），凤阳府等处发生涝灾，“田禾无收，积年在彼逃民，俱各转徙，赴济宁、临清各处趁食，动以万计”（《明英宗实录》卷二二四）。成化八年（1472），“江淮南北，民多流亡”（《明宪宗实录》卷一一一）。凤阳的人口，在明中期以后迅速减少。据《凤阳新书》记载，该县“洪武之初，编民十有四万也。自时厥后，旧志尚在丁口四万七千八百五十余口，万历六年，则仅存一万三千八百九十四口”（《凤阳新书・赋役篇第二》）。

剩下的人，也无法正常定居，许多人渐渐以乞讨为职业。他们“群趋于惰，兼之水旱频仍，中人荡产，且乏兼岁之储。一遇灾荒，辄鬻子女、弃故土而适他乡者，比比皆是”（雍正朝《怀远县志・卷一》）。因此形成的“凤阳花鼓”，随着这些逃荒者的足迹，传遍了大江南北而闻名全国。明末清初的魏裔介，曾在一首《秧歌行》里描写说：

凤阳妇女唱秧歌，年年正月渡黄河。北风吹雪沙扑面，冬冬腰鼓自婆娑。衣衫褴褛帕在首，自言出门日已久。前年寿州无雨泽，今年泗州决河口……我唱秧歌度歉年，完却官租还种田。南来北往如飞燕，如此艰辛实可怜！

凤阳农业经济因此告别一时的繁荣，重现萧条衰落之状。本来经过朱元璋的大力经营，凤阳府土地数量一度达到了四十万顷。至明代中期的弘治十五年（1502），该府的耕地面积却回落到仅有六万一千二百六十三顷（《明会典·户部·川土》）。从洪武二十六年（1393）至弘治十五年刚刚超过一百年的时间，凤阳府的耕地面积竟减少了三十多万顷。“凤、淮土广人稀，加以水灾，民半逃亡，二千里皆成灌莽。”（《明神宗实录》卷五八）曾任庐州知府和吏部尚书的张瀚对淮河流域的土地荒芜之状有过细致的记述，在经过凤阳一带时，他目睹了那里的荒芜萧条之状，“尝往来淮、凤，一望皆红蓼白茅，大抵多不耕之地。间有耕者，又苦天泽不时，非旱即涝，盖雨多则横涝弥漫，无处归束；无雨则任其焦萎。救济无资，饥馑频仍，窘迫流徙，地广人稀，坐此故也”（张瀚《松窗梦语·三农纪》）。直到今天，淮河流域的大部分地区经济发展既不及苏南富裕发达，也不如鲁中蓬勃兴旺，同为沿海开发地区，差异如此之大，其中一个重要的原因正是当地生态环境在明代遭到了严重破坏。朱元璋当初做梦也想不到，他的一片好心会造成这样的后果。

十　朱元璋之死

·1·

朱元璋是个工作狂，很少娱乐和休息。

经过二十多年的“剪伐斫削、藻绘粉饰”，大明天下这座大厦的外表终于接近了朱元璋的蓝图：天下太平，四方安定，民生恢复，基业稳固。最主要的敌人蒙古已经被压制在了一隅，天下有实力挑战皇权的豪强世族已被消灭，经济迅速恢复，社会日渐稳定。洪武二十六年，户部呈上最新统计数字，全国的耕地面积达到八百五十万余顷，比史籍所载的北宋耕地的最高数字（宋真宗天禧五年，五百二十四万余顷）增加了三百二十六万顷。全国的人口为六千零五十四万，超过了《元史》所载元代最高的人口数字（元世祖至元二十八年，五千九百八十四万）。全国的田赋收入仅米麦一项即多达三千二百七十八万余石，比元朝岁入一千一百一十一万余石增加了近两倍。

这些统计数字的代价是朱元璋那颗超级大脑常年的超负荷运转。不间断地紧张工作持续消耗着朱元璋的健康，而晚年两次亲人去世，又使朱元璋的精神遭受重大打击：洪武十五年，五十一岁的马皇后病死，朱元璋十分悲痛。更大的打击是洪武二十五年朱标的去世。六十五岁的老皇帝如同天塌一角，精神几近崩溃。史载朱标去世后的第三天，朱元璋“御东角门，召廷臣谕之曰:‘朕老矣！太子不幸，遂至于此，命也！’因之大哭不止”。

第二年朱元璋大病一场，虽然被从死亡线上抢救回来，却从此“病缠在身”，身体大不如前。洪武三十一年五月初八,七十一岁的朱元璋再度病倒。一生好强的他开始还勉强撑着病体，“日临朝决事，不倦如平日”，以为能熬过去，不想百般治疗，病情始终未见好转。迁延月余，闰五月初十，他在西宫卧榻上停止了呼吸。驾崩之日，他发布了早已准备好的遗诏:

> 朕受皇天之命，膺大任于世，定祸乱而偃兵，安生民于市野。谨抚驭以膺天命，今三十有一年，忧危积心，日勤不怠，专志有益于民。奈何起自寒微，无古人之博智，好善恶恶，不及多矣。今年七十有一，筋力衰微。朝夕危惧，虑恐不终。今得万物自然之理，其奚哀念之有？皇太孙允炆，仁明孝友，天下归心，宜登大位，以勤民政。中外文武臣僚，同心辅佐，以福吾民。葬祭之仪，一如汉文勿异。布告天下，使知朕意。孝陵山川，因其故，毋所改。

朱元璋死后的第七天，皇太孙朱允炆即位，葬朱元璋于孝陵，上谥号曰“高皇帝”，庙号“太祖”。永乐元年(1403)，明成祖朱棣又上谥号曰“圣神文武钦明启运俊德成功统天下大孝高皇帝”。嘉靖十七年(1538)，明世宗改谥为“开天行道肇纪立极大圣至神仁文义武俊德成功高皇帝”。

·2·

临终之前，朱元璋发布了最后一道命令“责殉诸妃”，也就是命令妃嫔们为他殉葬，到地下去服侍他。这道命令，复活了在中国已经消失了一千多年的人殉制。

殉葬是先秦时代的野蛮风习，贵族们生前钟鸣鼎食，死后还要把生前喜欢的一切，包括美貌的侍女，都带到坟墓中去继续享用。墨子说：“天子杀殉，众者数百，寡者数十；将军、大夫杀殉，众者数十，寡者数人。舆马女乐皆具。”考古发掘战国以前的贵族大墓，常见累累殉人白骨。

随着人文精神的觉醒，从春秋晚期起，这种野蛮的做法就不断遭到人们的抨击。秦国起于西陲，在诸国中文化最为落后，公元前 621 年，秦穆公去世，殉葬者居然高达一百七十七人，秦人因此作了著名的《黄鸟》诗，表达讽喻痛惜之意。墨子批判殉葬制“辍民之事，靡民之财”，荀子则更激烈地批判道：“杀生而送死谓之贼！”随着文明的演进，春秋之后，人们开始大规模制造泥塑木偶代替生人陪葬，人殉现象越来越少，连最野蛮的秦国也于公元前 384 年正式下令废止人殉。两汉之后，中原王朝彻底废除了殉葬之制。

朱元璋却使中国文化出现了返祖现象。诸宫人中，除了张美人的女儿年仅四岁需要抚养得免一死外，其他为朱元璋侍寝过的近四十位妃嫔、宫人都被迫自杀。《明朝小史》卷三载：“太祖崩，伺寝宫人尽数殉葬。”

诸妃殉葬的具体情景，史书无载。不过朝鲜《李朝实录》中详细地记载了明成祖去世之后妃嫔从殉的过程。明永乐二十二年十月，明成祖效法朱元璋，遗命三十多名宫人自杀从殉。太监先是在一间大殿外摆上了数桌食物，让宫人吃了人生最后一顿饱饭，并与明成祖的继承人仁宗告别，然后把她们带到殿内。大殿之内，已经放好了三十多张“小木床”，梁上悬下三十多条结实的绳子，末端打好了一个个活结。看到这个情景，一时之间，宫人“哭声震殿阁”，有唤爹娘的，有喊老天的，还有几人干脆晕倒在地。那些清醒的人被命令站上木床，“以头纳其中，遂去其床，皆雉颈而死”。几个晕倒的，则被人抬着送到绳结中勒死。

《李朝实录》还特别记载了一名朝鲜进献女子韩氏的最后时刻。吃罢最后一顿饭，太监赶宫人进殿，韩氏突然跪爬到坐在殿外与她们“辞决”的明仁宗面前，痛哭失声，说自己在朝鲜还有老母，无人养老，哀求仁宗放她回国赡养。仁宗一声不吭，不为所动。太监上前，把韩氏拖进殿内。从朝鲜跟来的乳母也站在殿门前和她道别。韩氏把头伸进绳圈之中，回头看着乳母，喊道：“娘，吾去！娘，吾去！”话还没说完，脚下的小木床就被抽掉，转眼之间，命赴黄泉。

明朝特重祖制，因此我们有理由相信，朱元璋身后的诸妃从殉过程与此相似。

·3·

复活殉葬制，表明了朱元璋对生命特别是对妇女生命的一贯贱视。

朱元璋对女人的态度有些矛盾。一方面，和所有生命力强大的人一样，他性欲强烈，在年轻时代曾不择手段追逐女人。《国初事迹》记载了他强娶民女的故事：“濠州胡家有女守寡，太祖欲纳之，其母不从。后闻随军在淮安，不曾适人，太祖遣人以书达平章赵君用，请求之。君用以胡氏同其母送至，太祖纳之，立为胡妃。”也就是说，在老家时，朱元璋就看上了一个寡妇，想娶她，但她母亲不同意。后来朱元璋势力更大了，对此女还念念不忘，打听到她被军队裹挟到了淮安，于是写信给另一位起义军首领，终于弄到了这个女子，这就是后来的胡妃。

在击败陈友谅和推翻元朝后，他将这两处后宫的许多漂亮女子纳为己有。除此之外，俞本《纪事录》还记载朱元璋曾与属下的老婆私通，并生了个私生子：“故元帅韦德成妻美，上令移居后庭，通而生子，名曰朱生。”

虽然全力宣扬礼治，但为了弄到想要的女人，朱元璋并不顾忌什么礼法。《国初事迹》载：“太祖选宫人，访知熊宣使有妹年少，欲进之。员外郎张来硕谏曰：‘熊氏已许参议杨希圣，若明取之，于理不妥。’太祖曰：‘谏君不当如此！’令壮士以刀碎其肉。”也就是说，朱元璋听说熊宣使的妹妹漂亮，让人弄进宫来。员外郎张来硕劝谏他，说此女已经许配人家了，强娶进宫，怕引起非议。这一番好心好意的劝谏，换来的是一顿酷刑。

然而另一方面，朱元璋又将底层文化中轻视女性的倾向发展到了极致。朱元璋特别看不起歌女娼妓之流，命令她们平时必须穿着标志身份的黑色衣饰。有一次，朱元璋赐傅友德宴，命叶国珍陪同，还拨了十多个歌妓供他们取乐。不料叶国珍喝了点酒，一高兴，命令歌妓穿上华丽衣服陪坐。朱元璋闻知，在拘执了叶国珍后，又将无辜的歌妓割去鼻尖陪绑：“赐友德宴，命叶国珍陪饮，拨与歌妓十余人。太祖令内官觇视，后国珍令歌妓脱去皂冠、皂褙子，穿华丽衣服混坐。太祖怒，令壮士拘执国珍，与妓妇连锁于马坊，妓妇劓去鼻尖。”

开国之后，朱元璋管理后宫规矩特别严。自后妃以下以至宫女，所有衣食、用具、金银钱帛等供应，要经过重重复杂的手续领取，如果径直到部里领取，将处以死刑。宫人私递书信出外，将处以死刑。妃子宫人生病，只能派人把症状转告给太医开方，绝不准医生入宫诊治，否则必死无疑。为了抑制宫女的生理需求，传说朱元璋还曾对宫女们施以幽闭之刑。《耳谈》载：“传谓男子宫刑，妇人幽闭，皆不知幽闭之义。今得之，乃是于牝（阴户）去其筋，如制马、豕之类，使欲火消灭。国初常用此，而女往往多死，故不可行也。”

除了对结发妻子马皇后一直保持着尊重以外，朱元璋对于其他宫人妃子，稍有不满，就举起屠刀。《纪事录》载，洪武年间宫廷内有大量浣衣罪妇，专门为宫内人服务。有一次朱元璋听说她们中间有人与外面相勾结通消息，遂将五千多人——包括看守她们的守门人——都剥了皮：“上疑其通外，将妇女五千余人，俱剥皮贮草以示众，守门宦者如之。”甚至对那些服侍他多年的妃子，也不例外。有一次太监在御河中发现了一个堕胎的婴儿，朱元璋怀疑是楚王朱桢之母胡充妃（即那位被他强逼成婚的胡氏）所为，遂亲手持刀将她砍死，然后把尸体扔到荒郊野外，听任野狗啃食。楚王闻听，千里迢迢奔丧来到京师，到处寻找母亲的尸体也没找到，最后只好拿着母亲生前用过的一条练带回去了。另一次，朱元璋因为一件小事大发雷霆，鲁王之母郭宁妃、唐王之母李贤妃和伊王之母葛丽妃三个人同时被杀死。朱元璋还不解气，命人将三具尸体混装在一个大筐中，胡乱埋于太平门外。事情过后，静下心来，朱元璋又有些后悔，命人把几个妃子挖出来正式安葬。不料天气炎热，挖出的三具尸体已经腐烂，分不清谁是谁，只好在尸坑上面堆了三个坟丘了事。

· 4 ·

朱元璋创下殉人之例，明朝的后世帝王只能谨遵。明成祖死后，殉葬的妃嫔有三十余人。明仁宗死后有五个妃子殉葬，宣宗死后有十人殉葬。至于景帝，史书上仅记载“诸妃嫔唐氏等”殉葬，具体人数不明。五个皇帝加起来，殉葬妃嫔总数在一百人左右。不光皇帝，连诸王也都亦步亦趋。《明史·诸王传》中载，朱元璋第二子秦王死时，“王妃皆殉”。周宪王朱有燉是朱元璋之孙，正统四年临死前上奏表示身后务从俭约，故明英宗特命“妃夫人以下不必从死，年少有父母者遣归”。谁料未等圣旨传到，王妃巩氏和施氏等六夫人已经同日殉身。英宗无奈，只能表彰她们的“贞烈”“贞顺”。

为了对殉葬者有所补偿，朝廷会给那些地位比较高的殉葬者的亲戚一些优恤。《明史·后妃传》载：“太祖崩，宫人多从死者。建文、永乐时，相继优恤。如张凤、李衡、赵福、张璧、汪宾诸家，皆自锦衣卫所试百户，散骑带刀舍人进千百户，带俸世袭，人谓之‘太祖朝天女户’。历成祖、仁宣二宗皆然。”

明代的人殉制度终结于明英宗朱祁镇。他在临终之前，曾留下了这样的遗嘱：“用人殉葬，吾不忍也。此事宜自我止，后世勿复为。”

朱元璋的这个后代能做出如此英明的决定，有两个特殊原因。一是明英宗是一个历遭忧患的皇帝。他曾遭土木堡之变，又被自己的弟弟景帝软禁多年，这些不同寻常的经历使他比一般一帆风顺的帝王对人情冷暖更敏感，也更重感情。另一个是明英宗与钱皇后感情极深，钱皇后在明英宗危难时，曾经“夜哀泣吁天，倦即卧地，损一股。以哭泣复损一目”。明英宗被软禁时，钱皇后陪伴他度过了艰难时光。“英宗在南宫，不自得，后曲为慰解。”“闻英宗为太上时，钱后至手作女红卖，以供玉食。”由于钱皇后没生儿子，在内宫斗争中地位一度岌岌可危。明英宗临终时，“口占遗命，定后妃名分，勿以嫔御殉葬，凡四事，付阁臣润色”，并特别嘱咐“钱皇后千秋万岁后，与朕同葬”。这显然是担心自己死后，后宫中有人逼钱皇后自杀殉葬。英宗结束人殉制度，一个直接目的是保护自己的皇后。

不论如何，这项决定顺应天理人心，受到万民欢迎，公布之后，许多大臣甚至感动到流泪，“时读竟，涕下，悲怆不自胜”。后世史家对此举更是不吝赞美之词，说“英宗独见，罢免此举，遂破千古迷谬，视唐宗命孟才人先效死于生前者，圣愚奚啻千里”。中国历史上死灭后意外复活的野蛮殉葬制度终于被画上了句号。

·5·

如同使殉葬制度返祖一样，从世界史视角观察，朱元璋的统治使中国社会体制和政治文明都出现了重大退化，导致中国从明代开始与世界文明主流反向行进，从而失去了在人类文明中的领先地位。

14 世纪的明朝，与欧洲相比，表面上要光明得多。14 世纪的欧洲特别不幸：黑死病夺去了欧洲三分之一以上的人口，使西欧动荡不已的“百年战争”也始于这个世纪，因此人们称这是欧洲的“黑暗时代”。在中国，朱元璋却缔造了一个很长的和平时期，“华胄重光”，生产恢复，东方大地一片太平景象。

然而在一治一乱的表象下面，却涌动着两股方向相反的历史暗流。

在欧洲大陆，从 14 世纪起，漫长、死气沉沉的中世纪开始支离破碎。由于教皇和国王们忙于争权打仗，无暇管理地方事务，许多城市从封建统治中脱离出来，获得了独立。这些城市居民集资向国王们购买了自治权，可以组织自己的市政厅和法院，建立自己的法律。正如当时的一句俗话所说，“城市的空气能使人自由”。

在城市里，人们不再向国王、贵族们卑躬屈膝，他们投身于商业和企业，用自己的双手和头脑为自己创造财富，用财富来建立自信。“自治市的自由民从一开始就表现出自信和独立，这种自信和独立是欧亚大陆其他任何地区所没有的。”这些城市的本质就是一个大公司。“所有的商业法律，也就是民法；全部商业船只也就是海军。”这些城市一出现就显示了强大的生命力，在明朝建立十二年之后的 1380 年，威尼斯打败热那亚，成为欧洲海上霸主。从此之后，资本主义因素在封建社会的缝隙中像霉菌一样逐渐生长，很快摧垮了日趋腐烂的旧体制，使欧洲社会迸发出前所未有的能量。

欧亚大陆的另一端，却发生着相反的事情。朱元璋统治的原则就是全面的社会控制，把每个社会成员的一举一动都严格控制在政府权力之内，以杜绝任何不安定的因素。朱元璋把全国变成了一个大村庄，取消了多元和层级发展的可能，由官僚包办一切事情。在他的统治下，大明社会变成了一个大监狱，各级官员都是狱卒，所有百姓都是囚犯。百姓稍微逾越“狱规”，惩罚便立刻劈头而来：充军、斩首、乱棍打死……

如果把蒙古建立的元朝视作中国历史发展的一个意外，那么明朝作为一个汉人政权，直接继承的是宋代，朱元璋自己也宣称他的奋斗目标是“山河奄有中华地，日月重开大宋天”，然而明朝和宋朝的基本走向恰恰相反。

宋朝是一个充满“现代”因素的朝代。

大部分人认为中国的极盛期出现在唐朝，而宋朝通常被认为是一个衰弱的朝代。然而从经济角度来看，唐朝与宋朝根本不在一个数量级上。拿国家财政收入来比较，宋朝的国家财政收入是唐代最高额的三倍。

更具说服力的是财政收入的构成。中国历史上绝大多数时期，农业税是国家收入的主体，而宋朝时，工商税收占财政收入的百分之七十，农业税只占百分之三十。这说明宋朝的财政收入不是靠加重对农民的剥削得来的，而是工商业繁荣、生产力提高的结果。

孙隆基在《鸟瞰中国千年史》中说，宋朝钢铁工业高度发达，大型企业通常会雇用数百名全职的产业工人，而政府的两处军工厂聘用工人数多达八千人。“华北的钢铁业以 1078 年一年为例，达年产一百二十五万吨的水平，而英国于1788年亦即工业革命之始才不过年产七万六千吨。”宋朝采矿业发达，信州铅山的一个铜矿就有十余万矿工。煤已经成为首都的主要能源。“汴都数百万户，尽仰石炭，无一家燃薪者。”除此之外，宋代的矿冶业、造纸业、制瓷业、丝织业、航海业也高度发达，长江两岸货栈林立，广州、泉州和福州的商船远航至日本、马来半岛和阿拉伯。作为经济发达的一个标志，宋朝铸造的铜钱数量超出唐朝时的十倍以上。宋神宗时年铸币量五百万贯，而唐朝极盛的玄宗朝年铸币不过三十二万贯。宋朝还发明了纸币，出现了银行和支票这类非常“现代”的金融工具。

网络作者“Jiangpub”在《中国的大宋，世界的美国》中则说，从某种意义上说，宋朝是世界上第一个采用类似凯恩斯主义的宏观经济调控手段调控经济的王朝，王安石则是世界上第一个试图对全国经济进行宏观调控的经济专家。由于其雄厚的经济实力，宋朝也是中国历史上唯一一个长期坚持募兵制的王朝。宋朝用巨额的财政收入供养数量众多的军人，在很大程度上属于转移支付或者社会保障的性质，是政府在为国家由农业社会转向工商业社会付出的代价。西方“近代化”的标准，例如市场经济和货币经济的发达、都市化、政治的文官化、科技的新突破、思想与文化的世俗化等，宋代的中国都已经出现，比西方提早了至少五百年。美国比较历史学家麦克尼尔在《权力的追求》中说：“本书的假设是：中国在一千年前后转向市场调节的行为颠覆了世界史的一个关键性的平衡。我相信中国的例子启动了人类的一个千年探索，去发现在协调大规模行为这一点上，从价格和私人或小团体（合伙或公司）对私利的看法出发，会有些什么成果。”

在“现代”化的经济和社会结构基础上，宋代的人文精神也实现了突破性发展。宋代是中国历史上少有的“不杀大臣”，与士大夫共天下的朝代。宋代的文学艺术作品里，洋溢着前所未有的生活气息和个人尊严意识。

然而，朱元璋创造的明朝却在宋朝的坐标下实现了全面“大跃退”。黄仁宇说，“明朝之采取收敛及退却的态度者，也可以说是在王安石新法失败后的一种长期的反动”。明代的经济发展远远不及宋代。宋真宗时代，国家财政收入为一亿六千万两白银，而据黄仁宇计算，1570到1580年间，明王朝平均每年的财政收入是三千零七十八万两，不过是宋朝的百分之十九。更主要的是，农业税占明朝政府总收入的百分之八十一，工商杂税只占总收入的百分之十二。这个数字告诉我们，相对宋代，明朝的经济结构是何等落后。

宋代经济奇迹的出现主要是因为商品经济的高度发达。而做了皇帝之后，朱元璋敏锐地意识到商人财富的增长可能会对政权构成挑战，因此在他的统治下，中国几千年来的抑商传统被进一步发扬光大。他屡屡说：“农桑为衣食之本。”在他看来，只有实实在在出产了粮食和棉花的活动才是劳动。他说：“上古时代，每个男人都耕地，每个女人都织布，所以水旱无虞，饥寒不至。自从人们学会了经商，学会了享受，农桑之业废。……所以，要让天下人都吃饱饭的关键在于禁止商业。”他规定，商人外出经商，必须经官府严格审核，发给路引才行。如果没有路引随便外出，随便什么人都可以把商人拿赴官府，治以“游食之罪”，重则杀头，轻则发配到边疆地区。他又明令取消全国所有的商业经纪人和中间商，只允许最低限度的商业活动存在。商人被列为社会层级最低的一类人，考学和当官都会受到种种刁难和限制。

宋代的财政收入早就实现货币化，朱元璋却把税收制度倒退了几百年，恢复了低效率的实物征收制和劳役制。“衙门内的传令、狱丁，都由各乡村轮派，即使文具纸张，甚至桌椅板凳公廨之类的修理，也是同样零星杂碎地向村民征取。”“全国盖满了此来彼往短线条的补给线，一个边防的兵镇，可能接收一二十个县份的接济；一个县也可能向一打以上的机构缴纳财物。”“万历二十年，北京的宛平县知县沈榜声称，他每年要向二十七个不同的机构交款，总数则不出白银二千两。”用黄仁宇的话来说，洪武型财政的特点就是“缺乏眼光，无想象力。一味节省，以农村内的经济为主，只注重原始式的生产……不顾投资为来日着想”，“这种维护落后的农业经济，不愿发展商业及金融的做法，正是中国在世界范围内由先进的汉唐演变为落后的明清的主要原因”。

宋代地方经济发展不平衡，部分地区经济高度发达，江南领先于华北，东部比西部发达，由此带动全国经济成长。朱元璋则始终崇尚平均主义，防止局部地区经济领先发展，强迫领先地区向落后地区看齐。宋代货币高度发达，明时则抑制铸币业，有时甚至禁止金银及铜币交易。据估计，整个明代铸钱量不超过千万贯，这不过相当于北宋两年的造币量。因为缺乏货币，无法交易，许多小商小贩失业，“1544 年竟至因‘钱法不通’，人民倒毙于北京”。

宋元都是世界性帝国，从海外贸易中获得了巨大财富。但明朝实行严格的闭关锁国措施，非但不准国人出海，还将外国“朝贡贸易”的数额限制得极低。孙隆基说，“明代中国从蒙古世界系统中摆脱出来，做出背离世界大势的反应。中国从唐末已开始走向海洋，但如今这个新走向变成‘离经叛道’，并被算在‘外族’蒙古的头上，而新冒现的锁国心态则被说成是‘华胄重光’。”

明朝的人文精神更是大大退化。朱元璋开创的明朝，贱视大臣的程度创了中国历史之最。皇帝一不高兴，就把大臣按到地上脱下裤子一顿棍打。

唐宋以生机勃勃的外向型竞争社会呈现于世界，而朱元璋统治下的明朝则是内向的、反竞争的、缺乏想象力的。朱元璋开创的三百年大明，是中国历史上最稳定的朝代之一，而这三百年，却是欧洲历史上最为动荡的阶段。不过正是这些动乱，孕育了现代西方文明。黄仁宇说："克伦威尔在马斯顿荒原击败查理一世（的国王军）时，为公元1644年，也即是中国所谓崇祯皇帝上煤山的一年，也就是明亡的一年。"大明近三百年，正是中国大幅度后退，西方大踏步前进，双方擦肩而过的时代。

尾声

从“黄册库”看明代“祖制”的命运

·1·

如前所述，户口制度是大明王朝一切制度的基础。黄册制度承担着维系职业世袭制、防止百姓自由迁徙、保证国家税收的三重重要使命，所以朱元璋对这个制度异常重视。这从黄册制度的严苛规定中一目了然。

黄册的规格有严格要求，用纸必须是上等厚绵纸，不得染色或者漂白。长宽各为一尺二寸，不得丝毫有误。必须用正楷书写，字体大小、行间距都有明确标准。每一页如果有一个字写错，就必须整页重抄，不得涂抹挖补。装订也有统一标准：必须用牢固的粗棉线装订，可以少量使用糨糊，但糨糊中必须加入椒末等杀虫药来防蛀。

黄册制度实行层层上报制，每次造册时，都由每家每户按官府要求的格式和内容，在“供单”上详细填写自己家在这十年内的人口、财产变化。各州县的主官须亲自审查黄册造办是否真实，每一项与供单记载是否完全相符，然后还要在黄册上签名画押，以示负责，然后将黄册交送到府里。府里同样按这个程序审查一遍，编成本府的总册，签名画押用印后送到本省的布政使司。布政使司审查后，再编成本省的总册，送交户部。最后由户部将全国人口、财产情况汇总，送交皇帝御览（《后湖志》卷四）。

每到新册入库之年，明政府都要从国子监调来一千二百名监生，在御史等政府官员的带领下，进行“查册”工作。“定取国子监监生一千二百名，以旧册对比新册奸弊。”（《后湖志》卷十）

对于黄册存放在何处，朱元璋也花了不少心思。之所以最后将地点定于玄武湖，是因为它水面阔大，湖内有数个岛屿。对于玄武湖优越的天然条件，正德八年（1513），南京通政使司右通政杨廉曾这样分析：

> 太祖高皇帝建都金陵，藏天下黄册于后湖，至太宗文皇帝定

都北平，诸司庶各类多随藏以北，独后湖之藏不动如故。祖宗深谋远虑，灼见于此，故都可迁而藏册之所不可改。不然，辇毂之下，如顺天畿辅之近，如真（定）保定之类，何为而不之京师，而之南京？盖后湖之广周遭四十里，中突数洲，断岸千尺，由是而库于其上，由是而册于其间，诚天造而地设也。其为图籍万年之计，殆无逾于此矣。（杨廉《后湖志·序》）

很明显，朱元璋认为后湖这样环水隔岸的条件，是用来建设档案馆最理想的环境。建库于湖中心，一方面，可以防火；另一方面，又可以保证安全。这一看法得到了朝廷上下的认同。事实上，永乐北迁以后，明王朝的中央国家机关北迁，却单独把黄册库留在南京后湖，这更加突出了玄武湖地理条件之优越。

通过以上叙述，我们可以发现，朱元璋为黄册制度可以说是费尽心血。在他的设计中，这一制度要和他所设立的其他大纲大法一道，作为不可动摇的“祖制”，垂之万世，保证大明王朝的长治久安。在高压政策、精密组织以及朱元璋的高素质干部队伍的合力之下，洪武年间的黄册制度确实运行得极好。通过这样严格的制度，全国的人口信息，十年一次全部汇送到南京。这一时期的黄册制度基本上达到了信息真实、数字准确，因此确实起到了平均赋役的良好作用。这是朱元璋建立黄册制度的初衷之一。

·2·

朱元璋对自己给子孙后代留下的“祖制”是十分自信的。他认为经过自己这颗超级大脑几十年日夜不停地思考，这些“祖制”已经达到尽善尽美的程度，没有改进的余地了。他不放心后代们的智力水平，所以一再强调，他留下的这些规矩，一个字也不许改。他嘱咐后代们“钦承朕命，勿作聪明，乱我已成之法，一字不可改易”（《明太祖实录》卷八十二）。他要求“以后嗣君，并不许立丞相，臣下敢有奏请设立者，文武群臣即时劾奏，处以重刑”（余继登《典故纪闻》卷五）。

那么，这个“祖制”被他的子孙后代们执行得怎么样呢？

明代几乎每一个皇帝都要反复强调自己对祖训的恪守之诚。比如明宣宗就说：“朕祗奉祖宗成法，诸司事有疑碍而奏请者，必命考旧典。盖皇曾祖肇建国家，皇祖、皇考相承，法制详备。况历涉世务，练达人情，谋虑深远，子孙遵而行之，犹恐未至。世之作聪明，乱旧章，驯致败亡，往事多有可鉴。”

明代臣民一提起祖训，更是神魂飞越，推崇得无以复加，崇拜得一塌糊涂。天启年间潘孔璧的说法就很有代表性：

> 太祖……创制立法，至精大备，明明典则，贻厥子孙。……真万代之龟鉴。列圣相承，二百四十七年以来，海内晏如……实我皇祖德泽，法度缠绵而巩固之。……我皇祖经世大法，该而核，简而要矣！

在这样强大的恪守祖训的政治传统之下，表面上看，黄册制度一直运行下来，而且规矩依然森严。黄册库初建时，只是在湖中的旧洲岛上建有少量库房。随着黄册每十年一造，每次汇送户部约六万册，新旧并存，册库也每十年增建约三十间。所以，后湖中的册库与黄册逐渐增多，布满了旧洲、新洲、中洲等各岛。洪武二十四年，有册库三十四间，黄册五万余本。万历三十年，册库增加到六百六十七间。到明朝灭亡前夕，后湖共收贮黄册达一百七十九万余本。正如后湖管册官、南京户部主事计宗道在一首诗中所形容的：“九州图籍归天府，万载珍藏亦富哉。”这样巨大的规模，在当时的世界上是罕见的。自明洪武十四年起，至清兵攻陷南京，黄册库的工作前后二百六十多年从未间断。不论从它保管整理的档案的数量和文件利用的频繁程度，还是从它本身各种规定严密的工作制度，后湖黄册库都是当时世界上最伟大的档案馆之一。

但事实上，到明代中后期，黄册制度只剩下了空壳。

“祖训”远没有朱元璋所说的那样尽善尽美。某些朱元璋制造的土法上马又异常强大的政治机器，只有他这样的政治强人才能开动起来。而他的后世子孙们根本没有那样的精神力量去操纵。于是，虽然人们仍然要保留着祖制的外壳，不敢稍稍触动，但形势的变化已经使得这个外壳变得毫无意义。“祖制”演变成一具可怕的政治僵尸。黄册制度就是这样。明代中后期，黄册制度已经演变成了一个政治笑话。

首先，库内的黄册数量虽然迅速增加，但质量已经大大下降，甚至徒有其表。

朱元璋制定的明确而严格的黄册制造质量标准在洪武、永乐年间得到了贯彻。这两朝的黄册后来被人称为“铜版册”，就是说它坚固厚实，有如铜版。然而明代中期之后，各地造黄册已经不再遵守原来的规定。嘉靖三年，南京吏科给事中彭汝实这样说：

> 各库黄册式样大小不一，中间全损亦殊。大抵体裁最阔大者多损，体裁稍窄小者多全。盖惟阔大则翻阅既难，晒晾不便，收藏搬运之际，亦未免于损破矣。（《后湖志》卷十）

朱元璋规定必须使用厚实白绵纸造册，然而明中期以后，许多地方为贪污经费，专门以脆薄的劣质纸张造册。更有许多在造黄册时动了大量手脚的底层官员为了毁灭罪证，特意使用容易被虫蛀的上过粉的纸来造册，装订时又违反规定，使用大量面制糨糊。这样，黄册送到后湖之后，不久就被蛀蚀一空。

这一着很奏效，明代中期之后，后湖黄册库经常发生黄册“通架蛀光”的情况。弘治三年（1490），黄册库共有七十九万二千九百余册，但其中壳面不存，不同程度被虫蛀或腐烂的已达六十四万七千三百册之多，占百分之八十一以上（《后湖志·为补造虫蛀黄册以备清查事题本》）。

不但黄册的用纸严重违反规定，其内容也越来越敷衍塞责。朱元璋本来要求用正楷书写，后来却普遍是“字迹潦草，行款参差”。

这种状况所反映的，绝不仅仅是基层胥吏们的贪赃枉法，更反映出官僚体系整体的败坏。否则，如此明显的不合程式之处，各级负责审核的官员何以不能发现？后湖收册官员何以竟能接收？

·3·

黄册外表的走样还不是最可怕的，可怕的是黄册内容的严重不实。

按理说，随着时间的推移、经济的发展、人口的上升，明朝总的田地量应该逐渐增长，然而黄册中的记载却恰好相反。实际负担田赋税粮的田地愈来愈少。洪武二十四年（1391），黄册记载全国的土田总额为八百八十万四千六百二十三顷零六十八亩。到了弘治十五年（1502），黄册上登载的全国土田总额只剩下四百二十九万二千三百一十顷零七十五亩，一百一十一年间，全国土田居然减少了四百五十余万顷（《后湖志》卷二）。

与此相同，明代的人口数，居然也是逐渐下降的。嘉靖八年（1529）六月，霍韬在修《大明会典》前夕就提出了这个问题。他在给皇帝的奏章中写道：“洪武初年，户一千六十五万有奇，口六千五十四万有奇。时甫脱战争，户口凋残，其寡宜也。弘治四年，则承平久矣，户口繁矣。乃户仅九百一十一万，视初年减一百五十四万矣；口仅五千三百三十八万，视初年减七百一十六万矣。”（《世宗嘉靖实录》卷一〇二）也就是说，洪武二十六年（1393）根据黄册户口数字的统计，人口已经达到六千零五十四万五千八百一十二人。但到弘治四年（1491）造册时的户口数目，人口反减至五千三百三十八万一千一百五十八人（万历朝《明会典・户口总数》）。按理说，洪武年间兵革初息，弘治时则已承平百年，加上贵州等边远地区都已经开始纳入户口统计，不可能出现这种情况。这只能说明黄册制度已经失去效用。

朱元璋制定黄册制度的目的之一，是使富户多承担赋税，减轻贫困家庭的负担。他将普通百姓为分“三等九则”。关于上、中、下户等的划分，因各地情况不同而有所差别。富户除了交纳正常税赋外，还要承担协助政府收税等任务，贫户的负担则较轻，但是到了明代中期之后，实际情形完全颠倒过来了。基层官员们通过造册，大量营私舞弊，他们不按照实际情况录入人口、田产信息，通过转嫁，造成了穷人多交税役、富人逃避税役的现实。有实力能钻营的富户，在黄册上都被列为“下则”贫户，而一些贫户却被无端编在了“上则”和“中则”之中。顾炎武就说：

夫审户者，原以分别贫富当差，为贫者便。而今曹邑数十年来，豪强户尽行花诡，尽逃上则；下户穷民置数十亩之地，从实开报，反蒙并户。县官耳目不及周至，贫者并，富者除，往往皆然。……卑县（万历）三十三年到任之初，犹执前定户则以拘头役，其间家无寸土，糊口不足，叫号吁天者，皆册中所载中等户则也；其所称下下户者，皆富厚之家所支分节派而来也。……（《天下郡国利病书》卷三九）

朱元璋制定黄册制度，另一个重要目的是维持户口分类制度，防止人口自由流动。到明中期之后，这两个目标都完全落空了。

永乐二年，左都御史陈瑛说："以天下通计人民不下一千万户，官军不下二百万家。"

然而到了正统五年，明朝控制力下降后，军户逃亡者居然达一百二十万人（《明英宗实录》）。卫所士兵远远不及规定，有的只有一半，有的不到十之二三（《大学衍义补·严武备》）。

更为严重的是，普通民户也开始大量逃亡。

宣德时期（1426—1435）江南太仓县的情况是：

> 忱（指周忱，时为江南巡抚）尝以太仓一城之户口考之，洪武年间见丁授田十六亩，二十四年（1391）黄册原额六十七里，八千九百八十六户；今宣德七年（1432）造册，止有一十里，一千五百六十九户。实又止有见户七百三十八户，其余又皆逃绝虚报之数。（周忱《与行在户部诸公书》）

隆庆时期（1567—1572），福建省福宁州的情况是：

> 吾州之籍，自嘉靖以视洪武，户减三之二，口减五之三。自今以视嘉靖，不能加其什一。（《天下郡国利病书》卷九十二）

万历时期（1573—1620），江南应天府的情况是：

> ……（应天府）图籍，嘉靖末年户口尚及正德之半，而今才及五分之一。……（《天下郡国利病书》卷十四）

从这几个例子可见明中晚期民户逃亡之普遍。这种情况下，里甲制度也维持不下去了。大多数地区“里甲寥落，户口萧条”（《陕西通志·备陈灾变疏》），“里无完甲”（《皇明诏令》卷二十）。嘉靖时期，江南某些地区，“有一里仅存四五甲者，有一甲止存一二口者”（《天下郡国利病书》卷三十三）。明末陕西的情况，“有一里一百一十户内，止存十余户者，有一甲十一户内，止存十余丁者，有数甲全逃者”（《皇明经世文编·议复陕西事宜疏》）。

由于这种情况，人们开始称黄册为“伪册”:

> 国初田粮皆有定数，自洪武以来，凡几造黄册矣，然今之粮皆洪武初年之粮，而今之田则十二三耗，非洪武矣。……又况猾民作奸，乃有飞洒、诡寄、虚悬诸弊，故无田之家而册乃有田，有田之家册乃无田，其轻重多寡，皆非的数，名为黄册，实为伪册也。（《天下郡国利病书》卷八十六）

这个时期的黄册，已完全丧失了管理户口和合理征收赋役的作用。“每见十年大造，费民间无限金钱，不过置之高阁。”（《皇朝经世文编》卷二十九）

官府每当奉命造册的时候，照例是一再拖延，直到拖无可拖时便敷衍塞责，照抄旧册，一字不改，“天下大造黄册，率皆誊写旧本，无一实数”（《后湖志》卷十）。后湖黄册库人员把有些地区送解来的新册与上次旧册查对，竟发现在丁口、事产、开除、实在各个方面，新旧两册完全相同，也有一些在新黄册中仍然登记的人户，其实早在一百几十年前便已全户死绝，在历届黄册内也注明是绝户，但每年还是要照抄一遍，下注“绝户，事产俱无”。不敢把这些户从册籍上勾除掉，怕被后湖黄册库查驳。更滑稽的是，有些地区的黄册上所记的人丁不少是年龄达百岁以上。据计算，万历十一年（1583），仅扬州府兴化县一县之内，有百岁以上人口的达三千七百余户之多，每户往往又有这样的老人一二人甚至多人，其中有人无产的又有两千九百余户。(《后湖志》卷十) 这种怪事，显然是由于造册人员一味抄誊旧册，每次普遍递加十岁而造成的。清初顺治十三年 (1656)，户部尚书孙廷铨还向顺治帝报告过，明末有些黄册所开人户姓名及其事产，仍然是明初洪武年间的姓名和数目。

既然黄册已逐渐丧失价值，于是就出现了一套专供州县衙门实际应用，而又并不往上报的册籍，当时叫实征文册，或叫实征黄册，也有叫作白册的。《古今图书集成·户口总编》就当时的情况说：

> 所谓黄册，只取应虚文，非其实矣。有司征税编徭，自为一册，曰白册。

最后，明王朝不得不以一条鞭法在全国范围内取代了黄册制度。随着一条鞭法的实行，黄册制度本可以寿终正寝，但在“祖宗旧制”的威力之下，黄册依然按照旧例层层编造上送。黄册制度不再有任何积极意义，剩下的完全是弊端和祸害。它从编造、申解、保管、查驳到补造这一系列过程，也就退化成一个彻底的反复科敛舞弊的过程。

·4·

明朝灭亡之后，弘光小朝廷终于发现了黄册的用处：他们把这些档案用做造甲和火药的原料。

这一发现并没有挽救南明政权。清军大举南下，轻而易举地攻占了南京。他们带着浓厚的好奇心，参观了这个承载了众多历史传说的黄册库。他们惊讶地发现，尽管明朝在崇祯十七年就灭亡了，但黄册库中最后记载的，居然是崇祯二十四年的户口人丁数字。原来这是崇祯十五年最后一次编造黄册时，各地官员为了省事预造出来的。这成了人们叹息明朝的一个最好例证。

官员们清点了明代黄册，发现仍存有一百七十九万七千余本。其中五十五万五千五百三十本由工部变卖，得银一万六千六百余两。有七十二万八千五百斤，由工部发给靖南王耿继茂造甲用了。有五十八万一千多斤，由江南总督马国柱等取造火药。还有五十四万五千四百九十五斤，为浙江巡抚陈锦所取用……（赵践《记明代赋役档案——黄册的最后遭遇》）

曾经是人类历史上最大的档案馆的黄册库至此灰飞烟灭，以至于后世学者要研究这一著名制度时，几乎找不到一本存世的黄册。我在 2010 年初慕名去玄武湖参观“黄册库旧址”时，发现那里只有一栋现代粗糙的钢筋混凝土仿古小楼，里面只陈列了几张质量很差的史料图片。

附录

朱元璋大事记

1328年　元天历元年

九月，朱元璋生于濠州钟离东乡，父朱五四，母陈二娘，上有三个哥哥两个姐姐，因在家族兄弟中排第八，所以名重八。

1338年　元后至元四年

朱元璋全家由钟离东乡迁居西乡。

1339年　元后至元五年

朱元璋全家由钟离西乡迁居太平乡孤庄村。

1344年　元至正四年

春，淮北大旱，继以蝗灾、瘟疫。

四月，父亲、大哥、母亲及侄子先后病亡，只剩下朱元璋和二哥重六。

九月，朱元璋因年龄小，入皇觉寺为沙弥。五十日后全县大饥，朱元璋被迫流浪乞讨。

1348年　元至正八年

十一月，台州黄岩私盐贩方国珍起兵反元，失败后逃亡海上，聚众数千人抢劫船只，阻塞海路。

是年底，朱元璋重返皇觉寺。

1351年　元至正十一年

五月，北方白莲教首领韩山童与门徒刘福通谋划起义，后韩山童被杀，刘福通以红巾为号，组建红巾军。

八月，萧县李二、彭大、赵均用等响应刘福通起义，攻陷徐州；徐寿辉、邹普胜等也以红巾为号发动起义。

十月，徐寿辉在湖北蕲水称帝，国号大宋（一说国号天完），建元治平。

1352年　元至正十二年

春，郭子兴、孙德崖等在定远起兵，攻占濠州，受刘福通节制。

三月，皇觉寺毁于兵火，后朱元璋投靠郭子兴部，参加起义军。不久娶郭子兴义女马氏为妻，改名朱元璋。

秋，元丞相脱脱攻克徐州，彭大、赵均用奔濠州。

1353年　元至正十三年

春，私盐贩张士诚在泰州起兵反元，三月攻占泰州，五月进占高邮。

六月，朱元璋还乡招募兵勇，濠州人徐达、郭英等归附。

冬，朱元璋攻克定远。

1354年　元至正十四年

正月，张士诚在高邮称诚王，定国号大周，建元天祐。

五月，费聚、吴复、冯国用、冯胜、李善长等相继归附。

七月，朱元璋攻克滁州，邓愈、胡大海等归附；郭子兴自濠至滁。

是年，何真平王成、陈仲玉之乱，以功授惠阳路同知、广东都元帅，守惠州，从此势力崛起。

1355年　元至正十五年　韩宋龙凤元年

正月，郭子兴袭取和洲。

二月，刘福通等迎韩林儿为帝，号小明王，都亳州，定国号宋，建元龙凤。

三月，郭子兴病逝，朱元璋代领其部。

四月，泗州邓愈、怀远常遇春等前来归附；小明王封郭子兴之子郭天叙为都元帅、郭子兴妻弟张天祐为右副元帅、朱元璋为左副元帅。朱元璋自此奉龙凤正朔。

五月，俞通海、廖永安率巢湖水师来归。

六月，朱元璋分兵两路攻打集庆，不克而还。

九月，朱元璋再次攻打集庆。郭天叙、张天祐攻集庆皆死，郭子兴部将尽归朱元璋。

十二月，答失八都鲁大败刘福通，军围亳州，小明王奔安丰。

1356年　元至正十六年　韩宋龙凤二年

正月，徐寿辉大宋政权迁都汉阳。

二月，张士诚攻克平江，以为国都，改平江为隆平府，改称周王。

三月，朱元璋第三次攻打集庆，克之。改集庆路为应天府，以此为根据地，朱元璋自称吴国公。

1357年　元至正十七年　韩宋龙凤三年

四月，朱元璋督师攻克宁国路，亲赴石门请出名儒朱升。朱升献“高筑墙，广积粮，缓称王”的策略。

八月，张士诚降元，被授为太尉。

是年，徐寿辉部将明玉珍攻克重庆。

1358年　元至正十八年　韩宋龙凤四年

十二月，朱元璋攻占婺州，设江南等处行中书省。

1359年　元至正十九年　韩宋龙凤五年

十二月，陈友谅自称汉王。

1360年　元至正二十年，韩宋龙凤六年

三月，朱元璋征召浙江名士刘基、宋濂等至应天，备顾问。

闰五月，陈友谅杀徐寿辉，自立为帝，改国号为汉。寻即顺流东下，进攻应天。

1361年　元至正二十一年　韩宋龙凤七年

正月，小明王封朱元璋为吴国公。

三月，改枢密院为大都督府，以朱文正为大都督。

八月，朱元璋率舟师溯江而上，亲征陈友谅。

十月，明玉珍在重庆称陇蜀王。

1362年　元至正二十二年　韩宋龙凤八年

正月，朱元璋亲自接受龙兴守将胡廷瑞（后改名胡美）归降，改龙兴路为洪都府，设江西等处行中书省。

三月，明玉珍在重庆称帝，国号大夏，建元天统。

1363年 元至正二十三年 韩宋龙凤九年

二月，张士诚部将吕珍等助元兵攻安丰，朱元璋亲自率军救出小明王安置于滁州。

四月，陈友谅亲率大军围攻洪都。

七月，朱元璋率军往救洪都，与陈友谅军大战于鄱阳湖。

八月，陈友谅中流矢而死。

九月，张士诚自立为吴王。

1364年 元至正二十四年 韩宋龙凤十年

正月，朱元璋在应天自立为吴王。

1365年 元至正二十五年 韩宋龙凤十一年

正月，大都督朱文正获罪免官。

六月，胡深为陈友定部将阮德柔所败，被俘遇害。

十月，朱元璋命徐达、常遇春等率师攻取张士诚之淮东根据地。

1366年 元至正二十六年 韩宋龙凤十二年

五月，朱元璋命徐达、常遇春攻张士诚江南根据地。

八月，元廷任命陈友定为福建省平章政事，陈友定占有福建八郡之地。

十二月，朱元璋命廖永忠自滁州迎韩林儿归应天，至瓜洲时韩林儿沉入江中淹死。

1367年 元至正二十七年 吴元年

六月，设礼、乐二局，议礼制乐。

九月，徐达攻克平江，张士诚被俘，被押送应天，被朱元璋“御杖四十而死”。

十月，命徐达为征虏大将军，常遇春为副，率师由淮入河，北伐中原；命李善长、刘基等议定律令。

十二月，李善长、刘基等编成《律令》；方国珍降，被送至南京，直至1374年病死。

1368年 明洪武元年

正月，朱元璋在应天称帝，定国号为大明，年号洪武。立马氏为皇后，朱标为皇太子。以李善长、徐达为左、右丞相。

二月，《律令》修成，颁行天下；命廖永忠为征南将军率师攻何真。

三月，何真降；徐达平定山东。

五月，以胡美为征南将军，何文辉为副将军率师攻打陈友定。年底平定福建，陈友定被俘送往应天，被处死。

六月，杨璟、朱亮祖率军平定广西。

闰七月，徐达渡河北上，规取河北。

八月，明军攻克元大都，元顺帝北逃，元朝灭亡；诏以应天为南京；始建六部。

十二月，徐达平定山西；下诏编修《元史》。

1369年　明洪武二年

四月，诏中书省编制《祖训录》。

六月，常遇春攻陷元上都开平，元顺帝走和林。

七月，常遇春班师南归，卒于途中。

八月，徐达平定陕西。

九月，诏以临濠为中都，“命有司建置城池宫阙，如京师之制”。

1370年　明洪武三年

正月，为肃清蒙古残部，徐达、李文忠奉命分道北征，元河南王王保保大败，退守和林。

二月，设明州、泉州、广州三市舶司。

四月，封皇子樉为秦王、棡晋王、棣燕王、橚吴王、桢楚王、榑齐王、梓潭王、杞赵王、檀鲁王。

十一月，大封功臣，进李善长韩国公、徐达魏国公、李文忠曹国公、冯胜宋国公、邓愈卫国公、常茂郑国公，汤和等二十八人封侯，汪广洋、刘基两人封伯；实行户帖制度。

1371年　明洪武四年

正月，罢李善长，以汪广洋为右丞相。命汤和、傅友德分兵两路伐蜀。

六月，征西将军、中山侯汤和率军大举进攻大夏，大夏亡。

七月，傅友德克成都，蜀地悉平。

1372年　明洪武五年

正月，以魏国公徐达、曹国公李文忠、宋国公冯胜奉命率三路大军北征，结果大败。

六月，冯胜平定甘肃。

1373年　明洪武六年

正月，谪汪广洋为广东行省参政。

五月，编成《祖训录》初本，朱元璋亲自作序。

七月，举胡惟庸为右丞相。

十一月，命刑部尚书刘惟谦等以《律令》为基础，详定大明律。

1374年　明洪武七年

二月，钦定本《大明律》颁行天下。

八月，申定兵卫之政，正式建立卫所制度。

九月，朱元璋撤销泉州、明州、广州三市舶司。

十二月，徙江南民十多万人于凤阳。

1375年　明洪武八年

三月，立钞法，发行大明通行宝钞；廖永忠坐事被赐死。

四月，罢中都营建；刘基暴毙。

1376年　明洪武九年

六月，改行中书省为承宣布政使司。

十月，命右丞相胡惟庸、左御史大夫汪广洋等修订《大明律》。

1377年　明洪武十年

七月，遣邓愈平定吐蕃。

九月，以胡惟庸为左丞相，汪广洋为右丞相。

十一月，邓愈病逝。

1378年　明洪武十一年

正月，封皇子椿为蜀王、柏湘王、桂豫王、楧汉王、植卫王。改封吴王橚为周王。

1379年　明洪武十二年

十一月，封仇成、蓝玉、谢成、张龙、吴复、金朝兴、曹兴、叶升、曹震、张温、王弼共十一人为侯。

十二月，汪广洋因刘基被胡惟庸毒死一案被罢，后被赐死。

1380年　明洪武十三年

正月，胡惟庸谋反被杀，被牵连致死者三万多人；朱元璋废丞相，罢中书省，更定六部官秩；改大都督府为中、左、右、前、后五军都督府。

四月，罢御史台。

七月，西平侯沐英率陕西明军进攻北元，大败北元军队。

八月，已经退休的翰林学士承旨宋濂被流放四川茂州。

九月，朱亮祖坐罪鞭死。

1381年 明洪武十四年

正月，推行里甲制度，令全国郡县编制赋役黄册。

四月，北元南侵，徐达、汤和、傅友德率军进攻北元，大获全胜。

五月，宋濂在被贬途中自缢而死。

九月，以傅友德为征南将军，蓝玉、沐英为副将军率军征讨云南。

十月，以倭寇之威胁，下令禁濒海百姓私通海外诸国。

1382年 明洪武十五年

闰二月，平定云南。

四月，改仪鸾司为锦衣卫，直辖于皇帝。

八月，马皇后病逝。

是年，空印案发，被诛杀者数万人。

是年，罢谏官，设六科给事中，以监察六部。

1383年 明洪武十六年

三月，下诏征滇之军还师，沐英留镇云南。

是年，为朝贡诸国颁发勘合，始行朝贡勘合制。

1384年 明洪武十七年

正月，命汤和巡视浙江、福建、山东海道，以防倭寇。

三月，曹国公李文忠卒。

1385年 明洪武十八年

二月，魏国公徐达病逝。

三月，郭桓案发，受牵连被杀者达数万人。

十月，颁御制《大诰》于天下。

1386年 明洪武十九年

三月，颁布御制《大诰续编》。

十月，林贤案发，胡惟庸罪名升级为私通日本。明朝与日本断交。

十二月，颁布御制《大诰三编》。

1387年 明洪武二十年

正月，以宋国公冯胜、傅友德、蓝玉率军北征故元太尉纳哈出，将辽东纳入明朝势力范围。

十一月，编制完成鱼鳞图册。

1389年　明洪武二十二年

八月，命翰林院同刑部官再次更定《大明律》。

1390年　明洪武二十三年

五月，李善长以谋反罪被诛，妻女弟侄全家七十多人被斩。

十月，严申“禁外蕃交通令”。

1391年　明洪武二十四年

四月，封皇子㮵为庆王、权宁王、楩岷王、橞谷王、松韩王、模沈王、楹安王、桱唐王、栋郢王、㰘伊王。

是年，天下郡县赋役黄册成。

1392年　明洪武二十五年

四月，皇太子朱标薨。

六月，沐英闻皇太子朱标去世，悲痛不已，不久病逝于云南。

八月，靖宁侯叶升坐胡党被诛。

九月，立皇孙朱允炆为皇太孙；更李成桂政权国号为朝鲜。

1393年　明洪武二十六年

二月，凉国公蓝玉以谋反被诛，族灭者一万五千人；颁布《逆臣录》。

三月，会宁侯张温坐蓝党被诛。

1394年　明洪武二十七年

正月，停止外国入贡，禁止民间使用及买卖番香、番货等。

十一月，颍国公傅友德被诬谋反自刎而死。

十二月，定远侯王弼被赐死。

1395年　明洪武二十八年

二月，宋国公冯胜遭无罪赐死。

八月，汤和卒。

闰九月，重定《祖训录》，名《皇明祖训》。

1397年　明洪武三十年

三月，下诏禁民间以金银交易。

四月，禁止擅自出海通番。

五月，《大明律》最终定型，颁示天下。

六月，“南北榜”案发。

1398年　明洪武三十一年

闰五月，朱元璋卒，朱允炆继位，葬朱元璋于孝陵，谥曰高皇帝，庙号太祖。

太祖分封诸王表

洪武三年					
姓名	**系出**	**封号**	**都会**	**就藩**	**卒年**
朱樉	嫡次子	秦王	西安	洪武十一年	洪武二十八年薨
朱㭎	嫡三子	晋王	太原	洪武十一年	洪武三十一年薨
朱棣	四子	燕王	北平	洪武十三年	永乐二十二年崩
朱橚	五子	吴王	开封	洪武十四年	洪熙元年薨
朱桢	庶六子	楚王	武昌	洪武十四年	永乐二十二年薨
朱榑	庶七子	齐王	青州	洪武十五年	宣德三年薨
朱梓	庶八子	潭王	长沙	未就藩	洪武二十三年薨
朱杞	庶九子	赵王	赵州	未就藩	洪武四年殇
朱檀	庶十子	鲁王	兖州	洪武十八年	洪武二十二年薨
洪武十一年					
朱椿	庶十一子	蜀王	成都	洪武二十三年	永乐二十一年薨
朱柏	庶十二子	湘王	荆州	洪武十八年	建文元年薨
朱桂	庶十三子	豫王	大同	洪武二十五年	正统十一年薨
朱楧	庶十四子	汉王	甘州	洪武二十六年	永乐十七年薨
朱植	庶十五子	卫王	广宁	洪武二十六年	永乐二十二年薨
洪武二十四年					
朱㮵	庶十六子	庆王	宁夏	洪武二十六年	正统三年薨
朱权	庶十七子	宁王	大宁	洪武二十六年	正统十三年薨
朱楩	庶十八子	岷王	岷州	洪武二十四年	景泰元年薨
朱橞	庶十九子	谷王	宣州	洪武二十八年	永乐十五年薨
朱松	庶二十子	韩王	开原	未就藩	永乐五年薨

朱模	庶二十一子	沈王	潞州	永乐六年	宣德六年薨
朱楹	庶二十二子	安王	平凉	永乐六年	永乐十五年薨
朱桱	庶二十三子	唐王	南阳	永乐六年	永乐十三年薨
朱栋	庶二十四子	郢王	安陆	永乐六年	永乐十二年薨
朱㰘	庶二十五子	伊王	洛阳	永乐六年	永乐十二年薨

注：洪武十一年，吴王朱橚改封周王；洪武二十五年，豫王朱桂改封代王，汉王朱楧改封肃王；洪武二十六年，卫王朱植改封辽王。

洪武朝功臣世表

姓名	籍贯	封号	功臣次序	封/袭年份	结局
徐达	濠州钟离	魏国公	功臣第二	1370	洪武十八年病逝，因李善长得罪，进位第一
徐辉祖	濠州钟离	袭魏国公爵		1388	永乐五年病逝
常遇春	濠州怀远	鄂国公		1367	洪武二年卒于军中
常茂	濠州怀远	袭爵改封郑国公	功臣第三	1370	洪武二十四年卒，因李善长得罪，进位第二
常升	濠州怀远	袭爵改封开国公		1388	洪武二十六年涉蓝党被诛，一说靖难后被杀
李善长	濠州定远	韩国公	功臣第一	1370	洪武二十三年坐胡党被诛，爵除
李文忠	泗州盱眙	曹国公	功臣第四	1370	洪武十七年卒
李景隆	泗州盱眙	袭曹国公爵		1386	永乐末年去世
冯胜	濠州定远	宋国公	功臣第五	1370	洪武二十八年被赐死，爵除
邓愈	泗州虹县	卫国公	功臣第六	1370	洪武十年病逝
邓镇	泗州虹县	袭爵改封申国公		1380	洪武二十三年受李善长牵连被杀
汤和	濠州钟离	中山侯	功臣第七	1370	洪武二十八年病逝
唐胜宗	濠州定远	延安侯	功臣第八	1370	洪武二十三年坐胡党被诛，爵除
陆仲亨	濠州钟离	吉安侯	功臣第九	1370	洪武二十三年坐胡党被诛，爵除
周德兴	濠州钟离	江夏侯	功臣第十	1370	洪武二十五年以罪被诛，爵除
华云龙	濠州定远	淮安侯	功臣第十一	1370	洪武七年卒于军途
华中	濠州定远	袭淮安侯爵		1376	洪武十七年因李文忠卒坐贬，死于流放地，二十三年追坐胡党爵除
顾时	濠州钟离	济宁侯	功臣第十二	1370	洪武十二年卒，二十三年追坐胡党爵除
顾敬	濠州钟离	袭济宁侯爵		1379	洪武二十三年坐胡党被诛
耿炳文	濠州钟离	长兴侯	功臣第十三	1370	永乐二年自杀，爵除
陈德	濠州钟离	临江侯	功臣第十四	1370	洪武十一年卒

姓名	籍贯	封号	功臣次序	封/袭年份	结局
陈镛	濠州钟离	袭临江侯爵		1381	洪武二十二年卒于军，二十三年追坐胡党爵除
郭兴	濠州钟离	巩昌侯	功臣第十五	1370	洪武十七年卒
郭振	濠州钟离	袭巩昌侯爵		1389	洪武二十三年坐胡党爵除
王志	濠州钟离	六安侯	功臣第十六	1370	洪武十九年卒
王威	濠州钟离	袭六安侯爵		1389	洪武二十三年坐事谪安南卫指挥使
郑遇春	濠州钟离	荥阳侯	功臣第十七	1370	洪武二十三年坐胡党被诛，爵除
费聚	泗州五河	平凉侯	功臣第十八	1370	洪武二十三年坐胡党被诛，爵除
吴良	濠州定远	江阴侯	功臣第十九	1370	洪武十四年卒，追赠江国公
吴高	濠州定远	袭江阴侯爵		1382	永乐十二年被废为庶人
吴祯	濠州定远	靖海侯	功臣第二十	1370	洪武十二年病逝，后追坐胡党爵除
吴忠	濠州定远	袭靖海侯爵		1384	洪武二十三年坐胡党被诛
赵庸	庐州	南雄侯	功臣第二十一	1370	洪武二十三年坐胡党被诛，爵除
廖永忠	无为巢县	德庆侯	功臣第二十二	1370	洪武八年坐事被赐死
廖权	无为巢县	袭德庆侯爵		1380	洪武十七年卒
俞通源	濠州钟离	南安侯	功臣第二十三	1370	洪武二十二年卒，二十三年追论胡党，以死不问，爵除
华高	和州	广德侯	功臣第二十四	1370	洪武四年病逝
杨璟	庐州	营阳侯	功臣第二十五	1370	洪武十五年卒
杨通	庐州	袭营阳侯爵		1384	洪武二十三年追坐杨璟为胡党，爵除
康茂才	蕲州	追封蕲国公	功臣第二十六	1370	洪武三年卒于军
康铎	蕲州	袭蕲春侯爵		1370	洪武十五年卒于军
朱亮祖	庐州六安	永嘉侯	功臣第二十七	1370	洪武十三年坐罪被鞭死，二十三年追论胡党，爵除
傅友德	宿州相城	颍川侯（后进封颍国公）	功臣第二十八	1370（1384）	洪武二十七年自刎死，爵除

姓名	籍贯	封号	功臣次序	封/袭年份	结局
胡美	沔阳	豫章侯（后改封临川侯）	功臣第二十九	1370（1380）	洪武二十三年被赐自尽
韩政	睢州	东平侯	功臣第三十	1370	洪武十年病逝
韩勋	睢州	袭东平侯爵		1386	洪武二十六年坐蓝党被诛，爵除
黄彬	鄂州江夏	宜春侯	功臣第三十一	1370	洪武二十三年坐胡党被诛，爵除
曹良臣	寿州安丰	宣宁侯	功臣第三十二	1370	洪武五年北伐战殁
曹泰	寿州安丰	袭宣宁侯爵		1373	洪武二十六年坐蓝党被诛，爵除
梅思祖	归德夏邑	汝南侯	功臣第三十三	1370	洪武十五年卒，洪武二十三年追坐胡党灭其家
陆聚	籍贯不详	河南侯	功臣第三十四	1370	洪武二十三年坐胡党被诛，爵除
汪广洋	高邮	忠勤伯		1370	洪武十二年坐事被赐死
刘基	处州青田	诚意伯		1370	洪武八年暴毙
薛显	徐州萧县	永城侯		1370	以罪谪居海南，洪武二十年病逝，二十三年追坐胡党，爵除
沐英	濠州定远	西平侯		1377	洪武二十五年病逝
沐春	濠州定远	袭西平侯爵		1392	洪武三十一年病逝
沐晟	濠州定远	袭西平侯爵		1398	正统四年卒
仇成	和州含山	安庆侯		1379	洪武二十一年病逝
仇正	和州含山	袭安庆侯爵		1390	因事爵除
蓝玉	濠州定远	永昌侯（后进封凉国公）		1379（1388）	洪武二十六年二月谋反伏诛
谢成	濠州钟离	永平侯		1379	洪武二十七年坐蓝玉案被诛
张龙	濠州钟离	凤翔侯		1379	洪武三十年卒
吴复	庐州	安陆侯		1379	洪武十六年病逝
吴杰	庐州	袭安陆侯爵		1386	建文年间谪南宁卫指挥使，爵除
金朝兴	无为巢县	宣德侯		1379	洪武十五年卒
金镇	无为巢县	袭宣德侯爵		1386	洪武二十三年追金朝兴坐胡党，爵除
曹兴	籍贯不详	怀远侯		1379	洪武二十六年坐蓝党被诛

姓名	籍贯	封号	功臣次序	封/袭年份	结局
叶升	庐州	靖宁侯		1379	洪武二十五年追坐胡党被诛
曹震	濠州钟离	景川侯		1379	洪武二十六年坐蓝党被诛
张温	籍贯不详	会宁侯		1379	洪武二十六年坐蓝党被诛
周武	开州	雄武侯		1379	洪武二十三年卒
王弼	濠州钟离	定远侯		1379	洪武二十七年被赐死，爵除
李新	濠州钟离	崇山侯		1382	洪武二十八年以事被诛
陈桓	濠州钟离	普定侯		1384	洪武二十六年坐蓝党被诛，爵除
胡海	濠州定远	东川侯		1384	洪武二十四年病逝
郭英	濠州钟离	武定侯		1384	永乐元年卒
张翼	濠州钟离	鹤庆侯		1384	洪武二十六年坐蓝党被诛
张赫	濠州钟离	航海侯		1387	洪武二十三年病逝
朱寿	籍贯不详	舳舻侯		1387	洪武二十六年坐蓝党被诛，爵除
纳哈出	蒙古札剌亦儿部人	海西侯		1387	洪武二十一年卒于军中
察罕	蒙古札剌亦儿部人	袭爵改封沈阳侯		1388	洪武二十六年坐蓝党被诛，爵除
何真	东莞	东莞伯		1387	洪武二十一年卒
何荣	东莞	袭东莞伯爵		1388	洪武二十六年坐蓝党被诛，爵除
孙恪	濠州钟离	全宁侯		1388	洪武二十六年坐蓝党被诛，爵除
濮英	庐州	追封乐浪公		1388	洪武二十年北征被俘自杀
濮玙	庐州	西凉侯		1388	洪武二十六年坐蓝党谪戍，爵除
桑敬	无为	徽先伯		1390	洪武二十六年坐蓝党被诛
张铨	濠州定远	永定侯		1390	卒年不详
俞渊	濠州钟离	越巂侯		1392	洪武二十六年坐事削爵

注：胡美初名廷瑞，避朱元璋讳，改名美。此表皆是身受封或不及封而子孙封者。

《皇明祖训》节选

《皇明祖训》序

朕观自古国家，建立法制，皆在始受命之君。当时法已定，人已守，是以恩威加于海内，民用平康。盖其创业之初，备尝艰苦，阅人既多，历事亦熟。比之生长深宫之主，未谙世故；及僻处山林之士，自矜已长者，甚相远矣。朕幼而孤贫，长值兵乱；年二十四，委身行伍，为人调用者三年。继而收揽英俊，习练兵之方，谋与群雄并驱。劳心焦思，虑患防微，近二十载，乃能翦除强敌，统一海宇。人之情伪，亦颇知之。故以所见所行，与群臣定为国法，革元朝姑息之政，治旧俗污染之徒。且群雄之强盛诡诈，至难服也，而朕已服之；民经世乱，欲度兵荒，务习奸猾，至难齐也，而朕已齐之。盖自平武昌以来，即议定著律令，损益更改，不计遍数。经今十年，始得成就。颁而行之，民渐知禁。至于开导后人，复为《祖训》一编，立为家法。大书揭于西庑，朝夕观览，以求至当，首尾六年，凡七誊稿，至今方定，岂非难哉？盖俗儒多是古非今，奸吏常舞文弄法，自非博采众长，即与果断，则被其眩惑，莫能有所成也。今令翰林编辑成书，礼部刊印以传永久。凡我子孙，钦承朕命，无作聪明，乱我已成之法，一字不可改易。非但不负朕垂法之意，而天地、祖宗亦将孚佑于无穷矣！呜呼，其敬戒之哉！

祖训首章

朕自起兵至今四十余年，亲理天下庶务，人情善恶真伪，无不涉历。其中奸顽刁诈之徒，情犯深重、灼然无疑者，特令法外加刑，意在使人知所警惧，不敢轻易犯法。然此特权时处置，顿挫奸顽，非守成之君所用常法。以后子孙做皇帝时，止守律与大诰，并不许用黥刺、剕、劓、阉割之刑。云何？盖嗣君宫内生长，人情善恶，未能周知；恐一时所施不当，误伤善良。臣下敢有奏用此刑者，文武群臣即时劾奏，将犯人凌迟，全家处死。

自古三公论道，六卿分职，并不曾设立丞相。自秦始置丞相，不旋踵而亡。汉、唐、宋因之，虽有贤相，然其间所用者多有小人，专权乱政。今我朝罢丞相，设五府、六部、都察院、通政司、大理寺等衙门，分理天下庶务，彼此颉颃，不敢相压，事皆朝廷总之，所以稳当。以后子孙做皇帝时，并不许立丞相。臣下敢有奏请设立者，文武群臣即时劾奏，将犯人凌迟，全家处死。

皇亲国戚有犯，在嗣君自决。除谋逆不赦外，其余所犯，轻者与在京诸亲会议，重者与在外诸王及在京诸亲会议，皆取自上裁。其所犯之家，止许法司举奏，并不许擅自拿问。今将亲戚之家指定名目，开列于后：

皇后家　皇妃家

东宫妃家　王妃家

郡王妃家　驸马家

仪宾家　魏国公家

曹国公家　信国公家

西平侯家　武定侯家

四方诸夷，皆限山隔海，僻在一隅；得其地不足以供给，得其民不足以使令。若其自不揣量，来扰我边，则彼为不祥。彼既不为中国患，而我兴兵轻伐，亦不祥也。吾恐后世子孙，倚中国富强，贪一时战功，无故兴兵，致伤人命，切记不可。但胡戎与西北边境，互相密迩，累世战争，必选将练兵，时谨备之。

今将不征诸夷国名，开列于后：

东北：

朝鲜国（即高丽。其李仁人，及子李成桂今名旦者，自洪武六年至洪武二十八年，首尾凡弑王氏四王，姑待之）

正东偏北：

日本国（虽朝实诈，暗通奸臣胡惟庸，谋为不轨，故绝之）

正南偏东：

大琉球国（朝贡不时，王子及陪臣之子，皆入太学读书，礼待甚厚）

小琉球国（不通往来，不曾朝贡）

西南：

安南国（三年一贡）

真腊国（朝贡如常，其国滨海）

暹罗国（朝贡如常，其国滨海）

占城国（自占城以下诸国来朝贡时，内带行商，多行谲诈，故沮之。自洪武八年沮至洪武十二年，方乃得止。其国滨海）

苏门答剌（其国滨海）、西洋国（其国滨海）、爪洼国（其国居海中）、湓亨国（其国居海中）、白花国（其国居海中）、三弗齐国（其国居海中）、渤泥国（其国居海中）

凡古帝王以天下为忧者，唯创业之君、中兴之主及守成贤君能之。其寻常之君，将以天下为乐，则国亡自此始。何也？帝王得国之初，天必授于有德者。若守成之君常存敬畏，以祖宗忧天下为心，则能永受天之眷顾；若生怠慢，祸必加焉。可不畏哉！

凡每岁自春至秋，此数月尤当深忧，忧常在心，则民安国固。盖所忧者，惟望风雨以时，田禾丰稔，使民得遂其生。如风雨不时，则民不聊生，盗贼窃发，豪杰或乘隙而起，国势危矣。

凡天下承平，四方有水旱等灾，当验国之所积，于被灾去处，优免税粮。若丰稔之岁，虽无灾伤，又当验国所积，稍有附余，择地瘦民贫处，亦优免之。不为常例，然优免在心，临期便决，勿使小人先知，要名于外。

凡帝王居安，常怀警备。日夜时刻不敢怠慢，则身不被所窥，国必不失；若恃安忘备，则奸人得计，身国不可保矣。其日夜警备常如对阵，号令精明；日则观人语动，夜则巡禁严密，奸人不得而入。虽亲信如骨肉，朝夕相见，犹当警备于心，宁有备而无用。如欲回避左右，与亲信人密谋国事，其常随内官及带刀人员止可离十丈地，不可太远。如元朝英宗遇夜被害，只为左右内使回避太远，后妃亦不在寝处，故有此祸。可不深为戒备。

凡警备常用器械、衣甲，不离左右；更选良马数疋，调教能行速走者，常于宫门喂养。及四城门，令内使带鞍辔各置一疋，在其所在，一体上古帝王诸侯防御也。

凡夜当警省，常听城中动静。或出殿庭，仰观风云星象何如；不出则候市声何如。

凡帝王居宫，要早起睡迟，酒要少饮，饭要依时进，午后不许太饱。在外行路则不拘。

凡人之奸良，固为难识。惟授之以职，使临事试之，勤比较而谨察之，奸良见矣。若知其良而不能用，知其奸而不能去，则误国自此始。历代多因姑息，以致奸人惑侮。当未知之初，一概委用；既识其奸，退亦何难。慎勿姑息。

凡听讼要明。不明则刑罚不中，罪加良善，久则天必怒焉。或有大狱，必当面讯庶，免构陷锻炼之弊。

凡赏功要当，不当则人心不服，久则祸必生焉。

凡自古亲王居国，其乐甚于天子。何以见之？冠服、宫室、车马、仪仗亚于天子，而自奉丰厚，政务亦简。若能谨守藩辅之礼，不作非为，乐莫大焉。至如天子总揽万机，晚眠早起，劳心焦思，唯忧天下之难治。此亲王所以乐于天子也。

凡古王侯，妄窥大位者，无不自取灭亡，或连及朝廷俱废。盖王与天子，本是至亲；或因自不守分，或因奸人异谋，自家不和，外人窥觑，英雄乘此得志，所以倾朝廷而累身己也。若朝廷之失，固有此祸；若王之失，亦有此祸。当各守祖宗成法，勿失亲亲之义。

凡王所守者祖法。如朝廷之命合于道理，则惟命是听；不合道理，见法律篇第十二条。

持守

凡吾平日持身之道，无优伶近狎之失，无酣歌夜饮之欢；正宫无自纵之权，妃嫔无宠恣之专幸。朕以乾清宫为正寝，后妃宫院各有其所，每夕进御有序。或有浮词之妇，察其言非，即加诘责，故宫无妒忌之女。至若朝堂决政，众论称善，即与施行；一官之语，未可以为必然。或燕闲之际，一人之言，尤加审察，故朝无偏听之弊。权谋与决，专出于己，察情观变，虑患防微，如履薄冰，心胆为之不宁。晚朝毕而入，清晨星存而出，除有疾外，平康之时，不敢怠惰。此所以畏天人而国家所由兴也。

严祭祀

凡祀天地，祭社稷，享宗庙，精诚则感格，怠慢则祸生。故祭祀之时，皆当极其精诚，不可少有怠慢。其风、云、雷、雨师、山川等神，亦必敬慎自祭，勿遣官代祀。

凡祀天地，正祭前五日，午后沐浴更衣，处于斋宫；次日早传制，戒谕百官；又次日告仁祖庙，致斋三日行事。

凡享宗庙、祭社稷，正祭前四日，午后沐浴更衣，处于斋宫；次日为始，致斋三日行事。

凡祭太岁、风、云、雷、雨师、岳镇、海渎、山川、城隍等神，正祭前三日，午后沐浴更衣，处于斋宫；次日为始，致斋二日行事。（春于大祀坛内从祭；秋择日于本坛致祭。）

凡传制遣官代祀历代帝王，并旗纛、孔子等庙，前一日沐浴更衣，处于斋宫；次日遣官。

帝王（春于大祀坛内从祭；秋于祭山川前一日，遣官本庙致祭）

旗纛（秋于祭山川日，遣官本坛致祭）

孔子（春秋仲月上丁日，遣官致祭）

凡祭五祀、户、灶门、井，于四孟月遣内官致祭；中霤，于季夏土旺戊日，亦内官致祭。

谨出入

凡动止有占，乃临时之变，必在已精审，术士不预焉。且如将出何方，所被马忽有疾，或当时饮食、衣服、旗帜、甲仗有变，或匙箸失、杯盘倾、所用违意，或烈风、迅雷逆前而来，或飞鸟、走兽异态而至，此神之报也，国之福也。若已出在外，则详查左右，慎防而回；未出即止。然天象人不能为，余皆人可致之物，恐奸者乘此伪为，以无为有，以有为无，窒碍出入，宜加详审。设若不信而往，是违天取祸也。朕尝临危，几凶者数矣。前之警报皆验，是以动止。必详人事，审服用，仰观天道，俯察地理，皆无变异而后运用，所以获安。

慎国政

凡广耳目，不偏听，所以防壅蔽而通下情也。今后大小官员，并百工伎艺之人，应有可言之事，许直至御前闻奏。其言当理，即付所司施行；诸衙门毋得阻滞，违者即同奸论。（如元朝命相诏有云：诸衙门敢有隔越中书奏请者，以违制论。故内外百司，有所奏请，悉由中书省，遂致迁延沉溺，不能上达；而国至于亡也。）

凡官员士庶人等，敢有上书陈言大臣才德政事者，务要鞫问情由明白，处斩。如果大臣知情者同罪，不知者不坐。（如汉王莽为相，操弄威福，平帝以新野田二万五千六百倾益封莽，莽佯不受，吏民上书颂莽功德者，前后四十八万七千五百七十二人。遂致威权归莽，倾移汉祚。可不戒哉。）

礼仪

凡王国宫城外，立宗庙、社稷等坛。

宗庙（立于王宫门左，与朝廷太庙位置同）

社稷（立于王宫门右，与朝廷大社位置同）

风、云、雷、雨、山川神坛（立于社稷坛西）

旗纛庙（立于风云雷雨山川坛西，司旗者致祭）

凡祭五祀（用豕一，祝帛、香、烛、酒、果）

司户之神（于宫门左设香案，正月初四日，门官致祭）

司灶之神（于厨舍设香案，四月初一日，典膳官致祭）

中霤之神（于宫前丹墀内近东设香案，六月土旺戊日，承奉司官致祭）

司门之神（于承运门稍东设香案，七月初一日，门官致祭）

司井之神（于井边设香案，十月初一日，典膳官致祭）

凡正旦遣使进贺表笺，王具冕服，文武官具朝服。涤宝用宝讫，置表于龙亭，王率文武官就位。王于殿前台上，文武官于台下，行十二拜礼。王送表出宫城门，止离五丈地；文官送出国门，武官从王还宫。

凡遇天子寿日，王于殿前台上设香案，具冕服，率文武官具朝服，行祝天地礼。若遇正旦，拜天地后，即诣祖庙行礼毕，升正殿，出使官，便服行四拜礼。文武官具服行八拜礼。

凡帝王生日，先于宗庙具礼致祭，然后叙家人礼，百官庆贺。礼毕筵宴。

凡遇诏敕至王国，武官随王侍卫，不出郊外；文官具朝服出郊奉迎，安奉诏敕于龙亭，乘马前导。王具冕服于王城门外五丈余地，奉迎至王宫，置龙亭于正殿中。王于殿前台上先行五拜礼毕，升殿侍立于龙亭东侧，武官护卫，文官于台下自行十二拜礼，跪听开读。

凡朝臣奉旨至王府，或因使经过见王，并行四拜礼。虽三公、大将军，亦必四拜。王坐受之。若使臣道路本经王国，故意迂回躲避，不行朝王者，斩。

凡王府文武官，并以清晨至王府门候见。其王所居城内布政司、都指挥司，并卫、府、州、县杂职官，皆于朔望日至王府门候见。若有事召见者，不在此限。

凡进贺表笺，皇太子、亲王于天子前自称曰长子某、第几子某、王某；称天子曰父皇陛下，称皇后曰母后殿下。若孙则自称曰长孙某、封某；第几孙某、封某；称天子曰祖父皇帝陛下，称皇后曰祖母皇后殿下。若天子之弟，则自称曰第几弟某、封某；称天子曰大兄皇帝陛下，称皇后曰尊嫂皇后殿下。若天子之侄，则自称曰第几侄某、封某；称天子曰伯父皇帝陛下、叔父皇帝陛下，称皇后曰伯母皇后殿下、叔母皇后殿下。若封王者，其分居伯叔，及伯叔祖之尊，则自称曰某、封臣某；称天子曰皇帝陛下，称皇后曰皇后殿下。若从孙、再从孙、三从孙，自称曰从孙某、封某，再从孙某、封某，三从孙某、封某；称皇帝曰伯祖皇帝陛下、叔祖皇帝陛下，称皇后曰伯祖母皇后殿下、叔祖母皇后殿下。

凡亲王每岁朝觐，不许一时同至，务要一王来朝，还国无虞，信报别王，方许来朝。诸王不拘岁月，自长至幼，以嫡先至；嫡者朝毕，方及庶者，亦分长幼而至，周而复始，毋得失序。

凡诸王居边者，无警则依期来朝；有警则从便，不拘朝期。

凡天子与亲王，虽有长幼之分，在朝廷必讲君臣之礼。盖天子之位，即祖宗之位；宜以祖宗所执大圭，于上镂字，题曰：奉天法祖，世世相传。凡遇亲王来朝，虽长于天子者，天子执相传之圭以受礼，盖见此圭，如见祖考也。

凡诸王来朝，祭祀办与未办，先常服见天子，三叩头不拜。奉先殿见毕，不拘何殿、楼、阁、门下，天子执大圭，王具冕服，叙君臣礼，行五拜三叩头。见毕，诸王系尊长，天子系侄孙，引王至何便殿。王坐东面西，天子衣常服，叙家人礼，行四拜不叩头；王坐受。然虽行家人礼，君臣之分，不可不谨。天子居正中南面坐，以待尊长。次见东宫，行四拜礼。如王系尊长，东宫答拜。

凡亲王系天子伯叔之类，年逾五十则不朝，世子代之；孙侄之辈，年逾六十则不朝，世子代之。

凡亲王来朝，若遇大宴会，诸王不入筵宴中。若欲筵宴，于便殿去处，精洁茶饭，叙家人礼以待之。群臣大会宴中，王并不入席。所以慎防也。

凡东宫、亲王位下，各拟名二十字。日后生子及孙，即以上闻，付宗人府。所立双名，每一世取一字以为上字；其下一字，临时随意选择，以为双名，编入玉牒。至二十世后，照例续添，永为定式。

东宫位下

允文遵祖训　钦武大君胜　顺道宜逢吉　师良善用晟

秦王位下

尚志公诚秉　惟怀敬谊存　辅嗣资廉直　匡时永信惇

晋王位下

济美钟奇表　知新慎敏求　审心咸景慕　述学继前修

燕王位下

高瞻祁见祐　厚载翊常由　慈和怡伯仲　简靖迪先猷

……

法律

凡皇太子，或出远方，或离京城近处，若有小大过失，并不差人传旨问罪，止是唤回面听君父省谕。若有口传言语，或是赍持符命或朝廷公文前来问罪者，须要将来人拿下，磨问情由，预先备御，火速差亲信人直至御前，面听君上宣谕。是非明白，使还回报，依听发放。其诸王及王之子孙并同。

凡亲王及嗣子，或出远方，或守其国，或在京城，朝廷凡有宣召，或差仪宾或驸马或内官赍持御宝文书并金符前去，方许启程诣阙。

凡王国文官，朝廷精选赴王国任用；武官已有世袭定制。如或文武官员犯法，王能依律剖判者，听；法司毋得吹毛求疵，改王决治。其文武官，有能守正规谏，助王保全其国者，毋得轻易凌辱。朝廷闻之，亦以礼待。

凡王所居国城，及境内市井乡村军民人等，敢有侮慢王者，王即拿赴京来，审问情由明白，然后治罪。若军民人等本不曾侮慢，其王左右人虚张声势，于王处诬陷善良者，罪坐本人。

凡亲王有过重者，遣皇亲或内官宣召。如三次不至，再遣流官同内官召之至京，天子亲谕以所作之非。果有实迹，以在京诸皇亲及内官陪留十日。其十日之间，五见天子，然后发放。虽有大罪，亦不加刑；重则降为庶人，轻则当因来朝面谕其非。或遣官谕以祸福，使之自新。若大臣行奸，不令王见天子，私下傅致其罪而遇不幸者，到此之时，天子必是昏君。其长史司并护卫，移文五军都督府，索取奸臣。都督府捕奸臣，奏斩之，族灭其家。

凡风宪官，以王小过奏闻，离间亲亲者斩。风闻王有大故而无实迹可验，辄以上闻者，其罪亦同。

凡诸王京师房舍，或颇华丽，或地居好处，奸臣恃权，欲巧侵善夺者，天子斩之，徙其家属于边。

凡臣民有罪，必明正其罪，并不许以药鸩之。

凡王遣使至朝廷，不须经由各衙门，直诣御前。敢有阻挡者，即是奸臣。其王使至午门，直门军官、火者，火速奏闻。若不奏闻，即系奸臣同党。

凡王国内，除额设诸职事外，并不许延揽交结奔竞佞巧、知谋之士，亦不许接受上书陈言者。如有此等之人，王虽容之，朝廷必正之以法。然不可使王惊疑。或有知谋之士，献于朝廷勿留。

凡庶民敢有讦王之细务，以逞奸顽者，斩。徙其家属于边。

凡朝廷使者至王国，或在王前，或在王左右部属处言语非理，故触王怒者，决非天子之意，必是朝中奸臣使之离间亲亲。王当十分含怒，不可辄杀；当拘禁在国，鞫问真情，遣人密报天子。天子当询其实，奸臣及使俱斩之。

凡朝廷新天子正位，诸王遣使奉表称贺。谨守边藩，三年不朝，许令王府官、掌兵官各一员入朝。如朝廷循守祖宗成规，委任正臣，内无奸恶，三年之后，亲王仍依次来朝。如朝无正臣，内有奸恶，则亲王训兵待命，天子密诏诸王，统领镇兵讨平之。既平之后，收兵于营，王朝天子而还。如王不至，而遣将讨平，其将亦收兵于营。将带数人入朝天子，在京不过五日而还，其功赏续后颁降。

凡朝廷无皇子，必兄终弟及，须立嫡母所生者。庶母所生，虽长不得立。若奸臣弃嫡立庶，庶者必当守分勿动，遣信报嫡之当立者，务以嫡临君位。朝廷即斩奸臣，其三年朝觐，并如前式。

凡王国内，时常点检军中，不许隐匿逃亡。如或有之，止坐两邻、窝主及有司官并该管头目，毋得问王。王亦毋得隐匿遮护。或奸臣故纵逃亡于部内，欲诬王者，将奸臣斩之，徙其家属于边。

内令

自后妃以下，一应大小妇女及各位下使数人等，凡衣食、金银、钱帛并诸项物件，尚宫先行奏知，然后发遣内官监官。监官覆奏，方许赴库关支。尚宫若不奏知，朦胧发遣，内官亦不复奏，辄擅关支，皆处以死。

凡私写文帖于外，写者接者皆斩。知情者同罪，不知者不坐。

凡庵、观、寺、院，烧香降香，禳告星斗，已有禁律。违者及领香送物者，皆处以死。

凡皇后止许内治宫中诸等妇女人，宫门外一应事务，毋得干预。

凡宫中遇有疾病，不许唤医人入内，止是说证取药。

凡宫闱当谨内外，后妃不许群臣谒见。命妇于中宫千秋节并冬至、正旦、每月朔望来朝；其隆寒、盛暑、雨、雪，免朝。

凡天子及亲王、后、妃、宫人等，必须选择良家子女，以礼聘娶，不拘处所；勿受大臣进送，恐有奸计。但是娼妓不许狎近。

……

兵卫

凡王府侍卫，指挥三员，千户六员，百户六员；正旗军六百七十二名，守御王城四门，每三日一次轮直宿卫。其指挥、千百户、旗军，务要三护卫均拨。

凡亲王入朝，以王子监国。

凡亲王入朝，其随侍文武官员，马步旗军，不拘数目。若王恐供给繁重，斟酌从行者，听。其军士仪卫、旗帜、甲仗，务要鲜明整肃，以壮臣民之观。

凡朝廷调兵，须有御宝文书与王，并有御宝文书与守镇官。守镇官既得御宝文书，又得王令旨，方许发兵；无王令旨，不得发兵。如朝廷止有御宝文书与守镇官，而无御宝文书与王者，守镇官急启王知，王遣使驰赴京师，直至御前闻奏。如有巧言阻挡者，即是奸人，斩之毋惑。

凡王国有守镇兵，有护卫兵。其守镇兵有常选指挥掌之。其护卫兵从王调遣。如本国是险要之地，遇有警急，其守镇兵、护卫兵并从王调遣。

凡守镇兵，不许王擅施私恩；其护卫兵或有赏劳，听从王便。

凡王出猎演武，只在十月为始，至三月终止。

凡亲王府各给船马符验六道，以供王遣使奏报所用。

凡王教练军士，一月十次，或七八次、五六次。若临事有警或王有闲暇，则遍数不拘。

亲王仪仗：

令旗一对　清道二对　幰弩一张　白泽旗一对　戟一十对　矟一十对
弓箭二十副　刀盾一十对　绛引幡一对　㧐鼓二面　金钲二面
金鼓旗二面　花匡鼓二十四面　画角一十二枝　板一串　笛二管
锣二面　节一把　夹矟一对　告止幡一对　传教幡一对　信幡一对
戏竹一对　笛四管　头管四管　杖鼓一十二面　板一串　大鼓一面
响节四对　红销金伞一把　红绣伞一把　曲盖二把　方伞四把
戟氅一对　戈氅一对　仪锽一对　殳义一对　仪刀四对　班剑一对
吾杖一对　立瓜一对　卧瓜一对　骨朵一对　镫杖一对　斧一对
幢一把　麾一把　诞马八疋　马杌一箇　鞍笼一个　交椅一把
脚踏一个　水罐一个　水盆一个　香炉一个　香盒一个
拂子二把　扇六对　唾壶一　唾盂一

供用

凡亲王每岁来朝，自备饮膳。其随从官员军士盘费，马疋草料，俱各自备，毋得干预有司，恐惹事端。

凡亲王每岁合得粮储，皆在十月终一次尽数支拨。其本府文武官吏俸禄及军士粮储，皆系按月支给，每月不过初五。其甲仗接缺拨付，所在有司，照依原定数目，不须每次奏闻。敢有破调稽迟者，斩。

凡亲王钱粮，就于王所封国内府分，照依所定则例、期限放支，毋得移文当该衙门，亦不得频奏。若朝廷别有赏赐，不在已定则例之限。

凡亲王、郡王、王子、王孙及公主、郡主等，每岁支拨：

亲王（唐制：岁该谷四千八百石，绢四千八百匹，绵四百五十斤；宋制：领节度使，岁该谷二千四百石，钱四千八百贯，绢二百疋，绫一百疋，罗十疋，绵五百两）

今定米壹万石

郡王（唐制：岁该米七百石，田六十顷；宋制：领观察使，岁该粟一千二百石，钱二千四百贯，绢二十疋，绵五十两）

今定米贰千石

镇国将军（唐制：岁该米六百石，田五十顷；宋制：郡王子以下，量才授官，照其官品高下给禄）

今定米壹千石

辅国将军（唐制：岁该米五百石，田四十顷）

今定米捌百石

奉国将军（唐制：岁该米四百石，田二十五顷）

今定米陆百石

镇国中尉（唐制：岁该米三百石，田十四顷）

今定米肆百石

辅国中尉（唐制：岁该米二百石，田八顷）

今定米叁百石

奉国中尉（唐制：岁该米二百石）

今定米贰百石

公主及驸马食禄米贰千石

郡主及仪宾食禄米捌百石

县主及仪宾食禄米陆百石

郡君及仪宾食禄米肆百石

县君及仪宾食禄米叁百石

乡君及仪宾食禄米贰百石

凡皇太子次嫡子并庶子，既封郡王之后，必俟出阁，每岁拨赐，与亲王子已封郡王者同。女俟及嫁，每岁拨赐，与亲王女已嫁者同。

凡郡王嫡长子袭封郡王者，其岁赐比初封郡王减半支给。